beck'sche reihe

W0470545

bsr

Die Zeit scheint sich zu beschleunigen, vor allem für Jugendliche. In immer schnelleren Rhythmen jagt ein Trend den nächsten. Die Zahl jugendlicher Lebensstile wächst explosionsartig. Fluktuation scheint das einzige Kontinuum im Meer jugendlicher Subkulturen zu sein ... Doch sind die jugendlichen Lebenswelten wirklich ein einziges Chaos? Oder gibt es doch ungeschriebene Regeln, Steuerungsprozesse, Logik und handfeste materielle Interessen? Existieren Gemeinsamkeiten zwischen den vordergründig so verschiedenen Stilen der Punks und Skinheads, Hooligans und Gothics, Jesus Freaks und Satanisten, Autonomen und Neonazis? Nach seinen aufsehenerregenden Einzelstudien über junge Rechtsradikale, Skinheads, religiöse und andere Szenen legt Klaus Farin nun eine grundlegende Analyse der jugendlichen Subkulturen in Deutschland vor.

Der Autor

Geboren 1958 in Gelsenkirchen, seit 1980 – Punk sei Dank – in Berlin. Nach Tätigkeiten als Schülerzeitungsredakteur und Fanzine-Herausgeber Buchhändler und Verleger, Konzertveranstalter und -Security, freier Autor und Journalist für Presse, Hörfunk und Fernsehen sowie Lehrbeauftragter und Vortragsreisender in Schulen, Jugendklubs, Akademien und Unternehmen. Diverse Veröffentlichungen über Skinheads, Fußballfans, Neonazis, Gothics, Karl May und andere.

Seit 1998 Leiter des *Archivs der Jugendkulturen*, das Materialien jeglicher Art (Fanzines, Flyer, Tonträger, Bücher, wissenschaftliche Studien usw.) über und aus Jugendkulturen sammelt, analysiert, archiviert und der interessierten Öffentlichkeit zur Verfügung stellt.

Kontakt: Archiv der Jugendkulturen e. V, Fidicinstraße 3, 10965 Berlin; Tel.: 030/694 29 34; Fax: 030/691 30 16; E-Mail: archivderjugendkulturen@t-online.de; Homepage: www.jugendkulturen.de.

Sowie: www.generation-kick.de.

Klaus Farin

generation-kick.de

Jugendsubkulturen heute

Verlag C. H. Beck

Die Deutsche Bibliothek – CIP-Einheitsaufnahme

Farin, Klaus:
generation-kick.de: Jugendsubkulturen heute / Klaus Farin. –
Orig.-Ausg. – München : Beck, 2001
München : Beck, 2001
(Beck'sche Reihe 1407)
ISBN 3 407 45947 1

Originalausgabe
ISBN 3 406 45947 1

Umschlagentwurf: + malsy, Bremen
Umschlagabbildung: © Steven Weinberg, gettyone stone

Satz: Fotosatz Reinhard Amann, Aichstetten
Druck und Bindung: Druckerei C. H. Beck, Nördlingen
Printed in Germany

www.beck.de

Gebrauchsanweisung

Der Leser funktioniert heute als Benutzer von Informationen. Seine Informationsquellen sind entweder papierner (Zeitungen und Bücher) oder persönlicher Art, durch das Gespräch und im Anhören von Meinungen. So versucht er, jener Forderung gerecht zu werden, die da heißt, er habe objektiv und nüchtern Informationen (von objektiven und nüchternen Autoren) aufzunehmen.

Ich glaube nicht an dieses romantische Bild vom Verhältnis zwischen Journalist und Leser. Die Information ist eine Münze mit zwei Seiten. Die obere Seite zeigt die Niederschrift eines nur selten exakt wiedergegebenen Sachverhalts, von der uns abgewendeten Seite blickt das Gesicht desjenigen, der dieses Informationskörnchen aus der täglichen Wüste an Nachrichten herausgesucht hat, d. h., der Informant ist ebensowichtig wie die Information.

Alle Konsequenzen, die sich aus den Reportagen dieses Buches ergeben, sollten deshalb nicht als „Information" verstanden werden, sondern als Belege einer Meinung, die zu einer Meinung anregen will. Jeder kann die hier geschilderten Erfahrungen selbst machen, selbst belegen und wird so zu seinem eigenen Informanten. Die abgewendete Seite der Münze, die Person eines jeden, entscheidet über Erkenntnisse und Konsequenzen.[1]

Inhalt

Einleitung

„Ja, so ist die Jugend heute,
schrecklich sind die jungen Leute."
Wilhelm Busch

Als in den letzten Jahren meiner schulischen Karriere (wir befinden uns in den mittleren 70er Jahren) allerorts linke Theoriezirkel und Studienkreise erblühten, verweigerte ich mich ihnen stets erfolgreich mit dem trotzigen Spruch: „Wenn das stimmt, was eure Marx, Marcuse & Co. beschreiben, dann brauche ich die nicht zu lesen, dann erfahre ich das auch so – im realen Leben." Und außerdem „kommt es nicht darauf an, die Welt zu interpretieren, sondern sie zu verändern".

Je mehr ich in den nächsten Jahren aufgrund meiner Arbeit als Journalist in Kontakt mit diversen universitären „Jugendforschern" kam, desto stärker wuchsen meine Ressentiments gegen theorienschöpfende Schreibtischhocker, die zwar alles über „die Jugend" oder einzelne Jugendkulturen zu wissen glaubten (oder sich zumindest nach außen so präsentierten), aber, wie sich im konkreten Gespräch bald herausstellte, zu meiner Überraschung nur selten oder sogar noch niemals mit realen Angehörigen dieser Szenen gesprochen, ein Konzert oder andere Events besucht, bei einem Fußball‚spiel' in der Fankurve gestanden hatten. So hatte ich mir „wissenschaftliche Forschung" bisher nicht vorgestellt. Nun wunderte ich mich allerdings auch nicht mehr über die krasse Diskrepanz zwischen den entwickelten Theoriegebäuden und der Realität jugendlicher Lebenswelten. Geradezu ängstlich, schien es mir, vermieden die ForscherInnen eine Überprüfung ihrer Thesen durch Kontakte mit Angehörigen jener Szenen, über die sie opulente Bücher veröffentlichten. Offenbar befürchteten sie (und in vielen Fällen zu Recht), daß sich ihr Untersuchungsgegenstand im realen Leben nicht so verhielt, wie es die mühsam entwickelte Theorie vorsah. (Im Journalismus gibt es dafür das hübsche geflügelte Wort: „Ich laß mir meine Geschichte doch nicht kaputtrecherchieren.") Außerdem mögen die Experten aus den Szenen die selbsternannten „Experten" aus den Universitäten schon aufgrund ihres Habitus nicht sonderlich und, nicht an „wissenschaftliche" Umgangsformen gewöhnt, pflegen dies auch in der Regel deutlich zu sagen (bzw. anschließend in ihren Fanzines zu berichten): „Zunächst hat die gute Frau erst mal eine geschlagene Dreiviertelstunde gelabert. Unterbrechungen ihres glorreichen Vortrages duldete sie nicht; als einer der Weimarer sie wegen einer Aussage zum Thema Drogen witzig kritisieren wollte, schrie sie ihn gleich an: ‚Ich glaube, da hab' ich mehr Ahnung als du.' Nun begann die Tussi auch noch, von ihren (ach so vielen) Szene-Erfahrungen zu labern. H. wollte nun doch mal wissen, was die Frau wirklich drauf hat, und fragte sie: ‚Was ist Ihrer Meinung nach Oi!?' Tja, es brach das große Schweigen aus. Nach einiger Zeit kam dann irgendwas mit Skins und Arbeiterbewegung ... H. gab ihr den Tip *Cockney Rejects*, dazu sagte die werte Dame nichts mehr. Es kann ja nicht jeder, der sich mit der Skinhead-Bewegung beschäftigt, COCKNEY REJECTS kennen ...“[2]

Credibility

Ihr seid Lehrer und Beamte
Seid Gelehrte sogenannte
Ihr schreibt Bücher, seid im Fernsehen
Und ihr glaubt, daß wir euch gern sehen
Slime: „Linke Spießer“, 1983

Ich selbst war jahrelang, Woche für Woche, bei Regen, Schnee und Sonne, ins Stadion gepilgert, in einem Jugendzentrum und diversen anderen Gruppen und Szenen meiner Heimatstadt engagiert, schließlich auf den Spuren des Punk in der (für mich damals einzigen deutschen) Großstadt Berlin gelandet – und ernsthaft beleidigt ob dieses unprofessionellen, mißbräuchlichen Umgangs mit meiner Generation. Ich schwor mir, es besser, also völlig anders zu machen und der Erwachsenenwelt zu verkünden, wie „die Jugend“ wirklich drauf war ...

Natürlich wußte ich aus eigener Erfahrung, auch wenn ich es nur sehr, sehr ungern zur Kenntnis nahm, daß „die Jugend“ keinen monolithischen Block darstellte, nicht nur Aufbruch und Hoffnung, Rebellion und (politisches) Engagement verkörperte, sondern leider stets auch Wiederkäuer sämtlicher Dummheiten und spießiger, autoritärer und rückwärtsgewandter Ideen der Menschheitsgeschichte war. Schließlich bildete unsere kleine Gruppe linksengagierter Schüler selbst in den vom Aufbruch der 68er geprägten 70er Jahren nur eine Minderheit inmitten von „unpolitischen“ oder sogar in der CDU-Schüler-Union organisierten Gleichaltrigen; schließlich hatte ich hautnah erlebt, wie der Sohn eines SPD-Bundestagsabgeordneten mit seiner Gang zwei Schuljahre lang folgenlos schwächere Mitschüler „mobben“, verprügeln und um Hunderte von DM „Schutzgeld“ erpressen konnte, bis ihn seine schulischen Leistungen zwangen, vom Gymnasium abzugehen; schließlich hatte ich erlebt, wie Neonazis 1978 unser Jugendzentrum nach einem „Rock Gegen Rechts“-Festival professionell niederbrannten. Das alles gab es schon in den Siebzigern in der alten Bundesrepublik, nicht erst heute im wiedervereinigten Deutschland. Auch wenn Jugendliche selbst (und die heute Alten in ihrer „Erinnerung“ an ihre eigene Jugendzeit) es nicht wahrhaben wollen und sich gerne in diffuser Abgrenzung zur Elterngeneration definieren („Nie so werden wie die ...“): „die Jugend“ denkt schon immer *fast* genauso spießig und ‚unpolitisch‘, rechtskonservativ oder linkskonform, gewaltbereit und konsumtrottelig wie ihre erwachsenen Leitbilder auch.

Daß auch „die Wissenschaft“ keinen monolithischen Block darstellte, bemerkte ich erst Jahre später, als ich mich aus beruflichen Gründen immer häufiger mit Vertretern dieser Zunft konfrontiert sah und so zwangsläufig deren Arbeiten zur Kenntnis nehmen mußte. Immerhin, las ich eines Tages erstaunt, hatte sogar ein Wissenschaftler, der Soziolinguist Irwing Deutscher, schon 1971 festgestellt, daß „ein Forscher kompetente Sozialforschung nur an Subkulturen betreiben kann, deren ‚Muttersprache‘ er beherrscht oder in deren Welt er sich so hineinzuversetzen bemüht, daß die wichtigsten linguistischen Eigenheiten für ihn verständlich werden“.[3] In der Praxis begegne ich derart engagierten ForscherInnen allerdings bis heute selten, dementsprechend stellen oft haarsträubende „Übersetzungs-“ und „Interpretationsfehler“ eher die Regel als eine Ausnahme dar. „Die Realität der empirischen Jugendforschung ist katastrophal“, mahnten schon 1989 Henrik Kreutz und Ute van Beuningen ihre KollegInnen. Die beiden Wissenschaftler hatten in einer großangelegten Studie 157 empirische Untersuchungen aus den Jahren 1961 bis 1977 analysiert und dabei ein erschreckendes Bild gewonnen: „Bereits die Planung ist mithin wissenschaftlich unzureichend. ... Weniger als 20 Prozent der Studien können Repräsentativität hinsichtlich der Untersuchungspopulation ernsthaft beanspruchen. Der große Rest ist bereits von diesem einfachen Gesichtspunkt aus als unzureichend zu qualifizieren. ... Konzentration der Mittel auf phantasielose Untersu-

Der Soziologentag

Dirk Kaesler, Professor für Soziologie an der Universität Marburg, über einen Kongreß der Deutschen Gesellschaft für Soziologie im Oktober 2000, bei dem 1.500 Soziologen vier Tage lang zusammenkamen, um über das Thema „Gute Gesellschaft" nachzudenken:

„Jutta Allmendinger, derzeitige Vorsitzende dieses Wissenschafts-Clans, erste Frau nach immerhin 16 Männern in 90 Jahren an diesem Platz, skizzierte kämpferisch und konstruktiv, wie dieser Verein ein wirklich ‚guter' werden könnte. Sie sprach überzeugend eine Einladung zum Mitmachen an alle aus, die sich dem Unternehmen Soziologie anschließen wollen, ganz gleich, ob sie promoviert, habilitiert oder professoniert sind. Wenn sie nur etwas zu sagen haben, sind sie herzlich willkommen in der Soziologie. Wirklich viel besser könne diese allerdings erst werden, wenn sie sich systematisch um den wissenschaftlichen Nachwuchs in ihren Reihen kümmere, durch Standardisierung und Lizensierung der wissenschaftlichen Ausbildung. Ein Ende müsse sein mit den rein zufälligen Gelegenheitsstrukturen für Promovierende. Bei der kühlen Feststellung, daß man manchen Standorten nur sehr schlechte Noten für die Praxis ihrer Doktoranden-Ausbildung verleihen könne, wurde das Gesicht mancher Fachvertreter recht blaß. Und einige der in ihre Sitze hingeräkelten Alt-68er setzten sich fast senkrecht auf, als die Münchner Ordinaria forderte, daß man darüber nachdenken müsse, wie man die Professionalisierung der deutschen Soziologie nicht nur verbessern könne, sondern diese teilweise überhaupt erst herstellen müsse.

Überhaupt schienen sich viele der derzeitigen Stellenbesitzer an den Universitätsinstituten für Soziologie, die der pseudo-legendären 68er-Generation angehören, schon von der Fragestellung nach der ‚guten Gesellschaft' merkwürdig provoziert zu fühlen. Bei den derzeit 1.401 Mitgliedern der DGS liegt das Durchschnittsalter bei 54 Jahren. In diesem Alter scheint man seine Ruhe haben zu wollen, besonders von Fragen nach der ‚Guten Gesellschaft'. Lieber will man selbst ein gutes Leben führen, was auch immer man darunter versteht.

In dem Maß, wie sie zynisch, verbittert oder einfach nur träge geworden sind, wollen sie in Ruhe gelassen werden, wenn es darum geht, die ganz einfachen Fragen ihres Fachs zu stellen und zu beantworten. Sie wollen nicht wahrhaben, daß es unverändert eine der obersten Aufgaben gerade der Soziologie ist, die Gesellschaft vor Legenden zu bewahren."

Aus: *Süddeutsche Zeitung* vom 14. Oktober 2000

chungsanlagen, Durchführung der empirischen Erhebung mit ungesicherten Mitteln und anspruchslose Formen statistischer Auswertung herrschen vor…"[4]

Der Autor bei der Recherche während der Chaos-Tage Hannover 1996

Obwohl „Jugend“ als Forschungsobjekt eine hohe Popularität genießt, scheint das reale Interesse an den Objekten der Begierde merkwürdig gering zu sein. „Generationen von Soziologen haben sich mit einem Gegenstand herumgeschlagen, mit dem sie offensichtlich nichts anzufangen wußten“, bemerkte schon 1981 der Politik-Redakteur der *Süddeutschen Zeitung*, Rainer Stephan, im *Kursbuch*.[5] Wie läßt sich diese Diskrepanz erklären?

Der Hannoveraner Soziologe Hartmut Griese bemerkt dazu: „Die empirische Forschung ist bestenfalls Begleitwerk, Schmuck, Illustration dessen, was bereits theoretisch bzw. ideologisch festgelegt ist“ (a. a. O., S. 43). Die entscheidenden Fragen (und Antworten) der Jugend(sub)kulturforschung werden also „vorwissenschaftlich oder bereits metatheoretisch entschieden“ (Griese, a. a. O.). Die von einzelnen AutorInnen oder „Schulen“ präsentierten Theorien und empirischen Befunde sind stets auch Hinweise auf die Eigen-*Interessen* der betreffenden AutorInnen bzw. Versuche, die *Definitionsmacht* im gesellschaftlichen Diskurs zu erringen. Die reale Differenziertheit jugendlicher Lebenswelten weicht so im Zuge der Theoriebildung und Konzeptionierung von Forschungsprojekten den plakativen Anforderungen des Marktes. Aus Fragen werden

Antworten, aus widersprüchlichen Erkenntnissen monokausale Schubladen-Theorien: „Generation X“ oder „@“, „Risiko-“ oder „Multioptionsgesellschaft“, die „skeptische“ oder die „narzißtische“ Generation, „Sinn-“ oder „Erlebnisgesellschaft“ usw.[6]

So bestimmen eigene Weltanschauungen und Vor-Urteile, ein „vorwissenschaftlich-ideologisches und nicht-diskutiertes Menschenbild“ (Griese, S. 10) die jeweilige Theoriebildung. Der Markt plaziert ein weiteres Nadelöhr zwischen Wissenschaft und gesellschaftlicher Realität, das durch seine rigide, konjunkturabhängige Auswahl nicht nur entscheidet, was überhaupt (gefördert und damit) erforscht werden soll, sondern auch die gewonnenen Erkenntnisse erneut einer Selektion unterzieht, bis diese, zu bloßen *Konstrukten* von Realität verdünnt und manipuliert, wieder in die Gesellschaft einfließen – und damit die Realität verändern. „Denn ‚Jugend‘ reagiert auf ‚Jugend‘, auf die herrschenden Jugend-, Gewalt- und Subkultur-Bilder. Wenn sich also unsere – meist negativen – (Erwachsenen-)Konstrukte zu ‚Jugend‘, ‚Gewalt‘ und ‚Subkulturen‘ wandeln, wenn sich unser ‚Menschenbild‘ verändert, vielleicht verändert sich dann auch das reale Verhalten der jungen Menschen“ (Griese, S. 12) – eine durchaus nachdenkenswerte These.

„Die Jugend“ als Forschungsobjekt

Bereits im „Wörterbuch der Gebrüder Grimm“ von 1877 findet sich der Begriff „Jugendforschung“, allerdings definiert als „Forschung, die man *in* der Jugend anstellt“. Diese Zeiten sind vorbei. Heute sind Jugendliche längst nicht mehr Subjekt eigener Forschungen, sondern Objekt von WissenschaftlerInnen, JournalistInnen und PädagogInnen, deren Intentionen sie in der Regel nicht einmal erfahren und deren Erkenntnisse sie entweder gar nicht erst zu sehen bekommen oder aufgrund der gewählten Sprache und Präsentationsformen nicht begreifen können. Und wohl auch nicht sollen, denn die Zielsetzungen der Forschung sind nicht selten gegen die subjektiven Interessen der Jugendlichen bzw. auf ihre bessere Kontrollierbarkeit hin ausgerichtet. Die Erforschung jugendlicher Subkulturen durch Markt- und universitäre Forschungsinstitute ist immer auch „Ethnologie im eigenen Land, Erforschung des Unberechenbaren und oft Unverständlichen, Reaktion auf bisher unbekannte Phänomene und Provokationen – mit dem Ziel: Nachvollziehen, Verstehen, Beeinflussen, Kontrollieren, Integrieren, Kolonialisieren" (Griese, S. 28).

Zwar wird „der Jugend" zumeist ein gewisser temporärer Extremismus zugestanden, doch der dominierende pädagogische Impetus der deutschen Jugendforschung, auch der soziologischen, führt dazu, daß Jugendkulturen nicht zunächst wertneutral und neugierig-offen erforscht werden, sondern die Einschätzung und Bewertung der untersuchten Kulturen von Anfang an eine zentrale Bedeutung gewinnt: Das Ziel bleibt die Integration in die Normenwelt und Umgangsformen der zumeist kulturell vollkommen anders sozialisierten Forschergeneration. „Stellt der Rock and Roll ein Symbol der Teilkultur der Heranwachsenden dar, so ist nichts dagegen einzuwenden, wenn Jugendliche mit 16 Jahren dem Rock and Roll anhängen; bedenklich wird es aber, wenn sich jemand noch mit 26 Jahren mit dieser Art von Musik identifiziert. Die beibehaltene Identifizierung läßt vermuten, daß der Anschluß an die Erwachsenenwelt selbst dann nicht gelang, als er möglich wurde" (Bell 1965[7]).

Der Soziologe Griese betont demgegenüber: „Jugend ist im Grunde genommen kein genuin pädagogisches Thema – es wird dazu gemacht, vor allem in Deutschland. Immer wenn Politik und Gesellschaft versagen, erfolgt der Ruf nach (mehr) Pädagogik und Erziehung, die an Jugendlichen richten soll, was Erwachsene gerade verpfuschten. Damit kann

a) Pädagogik sich immer wieder neu legitimieren,
b) Politik ihre Probleme geschickt delegieren, und
c) Familie und Schule bekommen den ‚Schwarzen Peter' zugeschoben" (Griese).[8]

Doch was nützt „Umwelterziehung" in der Schule gegen BSE und Atomkraftwerke? Verhindert „Friedenspädagogik" Kriege? Hilft die „Dritte-Welt-Pädagogik" den derzeit 800 Millionen an Hunger Sterbenden? Bewahrt „interkulturelles Lernen" Flüchtlinge vor der Abschiebung? Möglicherweise ja, wenn in 25 Jahren die heute so erzogenen Jugendlichen Bundeskanzler oder Konzernmanager geworden sind ...

Nach diesem – zugegeben – kleinen Exkurs wider die Pädagogisierung von „Jugend"[9] zurück zum Thema:

Andererseits habe ich im Laufe der Jahre auch immer wieder die negativen Folgen und Defizite absoluter Theorielosigkeit nicht nur im journalistischen Alltagsgeschäft erkennen müssen. So wichtig und selbstverständlich bei Arbeiten über eine Jugendkultur Gespräche mit Angehörigen dieser Kultur und teilnehmende Beobachtungen ihrer Aktivitäten auch sind – es reicht nicht immer. Wenn man wirklich wissen will, warum zum Beispiel eine bestimmte Jugendkultur zu einem bestimmten Zeitpunkt entstand, boomte, sich wandelte oder wieder verschwand, benötigt man mehr Informationen als die subjektiven Erzählungen und aktuellen Bilder der Szene(-Angehörigen) zum Zeitpunkt der Recherche. Grundlegende Theorien, szene- und zeitübergreifende Analysen können da sehr hilfreich sein – als Denkanstöße.

Wie und warum

kommt es – gerade in der *Wissenschaft*, die sich der Wahrheitsfindung und objektiven Erkenntnis verschrieben hat – zu verschiedenen und teilweise sich widersprechenden Erkenntnissen, d. h. empirischen Daten, theoretischen Deutungen und Interpretationen?

Theorien (Deutungen, Interpretationen) sind Ergebnis biographisch-professioneller Erfahrungen (z. B. *beruflicher Sozialisation*) und sind beeinflußt von ideologisch-politischen Interessen des Forschers, der immer auch *Alltagsmensch* und, vor allem als Sozial- oder Erziehungswissenschaftler, *politisch-ideologisch denkendes Individuum* ist. Den sozialwissenschaftlichen Theorien (hier: über die Ursachen und Motive von Gewalt und Rechtsextremismus bei Jugendlichen) liegen meist anthropologische und philosophische *Prämissen* (in Form von *Menschenbildern, Gesellschaftsauffassungen* und/oder *Weltanschauungen*) und ein diesen zugeordnetes Wissen zugrunde, die in letzter Instanz die Erkenntnisse theoretischer Art, also die Deutungen, Erklärungen und Interpretationen, *determinieren*. Anthropologisch-philosophische Prämissen sind sozusagen die Brille, durch die gesellschaftliche Phänomene, vor allem die „sozialen Probleme", betrachtet, bzw. der *Selektionsfilter*, durch den empirische Befunde (soziale Tatsachen) nach dem Motto „was paßt, was paßt nicht" bzw. nach Konsistenzprinzipien ausgesiebt werden. Auch im Bereich der wissenschaftlichen Theoriebildung bzw. der theoretischen Erklärung von Phänomenen, Ereignissen oder empirischen Daten bestimmt die „subjektive Wahrnehmung" das, was erkannt, also wahrgenommen, als wahr an-genommen, wird. Weiter verhindert das Prinzip der *„kognitiven Dissonanz"* (und wohl auch die Eitelkeit und das übersteigerte Selbstwertgefühl der Vertreter der Zunft), daß abweichende (neue) Überlegungen und Ideen zu einmal als wahr angenommenen Erkenntnissen in die bisherigen theoretischen Deutungen integriert werden.

Theorien sind *Konstrukte*. Das einzige, was wir empirisch als *„objektive*

Von Kulturen und Subkulturen, Szenen und Lebensstilen

Obwohl „die“ Wissenschaft es bei der konkreten Untersuchung des Objektes ihrer Begierde, wie wir gesehen haben, nicht immer so genau nimmt, verwendet sie doch gerne reichlich Energie darauf, ihren Untersuchungsgegenstand exakt zu definieren. Ich gestehe, daß ich von diesen gelegentlich endlos geführten Debatten um die korrekte Definition wenig halte, sind sie doch zudem häufig ein Versuch, noch Ungreifbares begreiflich zu machen, wenigstens begrifflich zu kasernieren, auftretende Widersprüchlichkeiten sprachlich zu begradigen. Dennoch scheint mir zumindest eine kurze Erläuterung der in diesem Buch verwendeten Begriffe sinnvoll.

Realität“ feststellen können, ist die Tatsache, daß die vorliegenden Theorien zur Erklärung der Ursachen von „Rechtsextremismus und Gewalt“ bei Jugendlichen voneinander *abweichen* – oder sich gar widersprechen.

Die Aufgabe, die aber hier nicht geleistet werden kann, wäre nun, all diese Perspektiven/Theorien inhaltsanalytisch zu rekonstruieren, also zusammenfassend und vergleichend darzustellen.

Eine notwendige und dafür äußerst hilfreiche Voraussetzung wäre die Kenntnis der jeweiligen (Wissenschafts-)*Biographie des Jugendforschers* (vor allem seiner/ihrer eigenen Jugend) sowie der früheren Schriften (z. B. welches „*Jugendbild*“ lag/liegt vor?) und auch der jetzigen beruflichen *Situation/Perspektive* (Karriere) sowie der gesellschaftlichen (politisch-ideologischen) *Interessen*. Um eine theoretische Perspektive nachvollziehen und damit verstehen zu können, auch verstehen und erklären zu können, weshalb verschiedene ForscherInnen zu unterschiedlichen Erkenntnissen, Deutungen usw. gelangen, benötigt man vor allem Wissen und Kenntnisse über die Person/Biographie der TheorieproduzentInnen. *Die Kenntnis der Biographie eines Forschers ist der Schlüssel zum Verstehen seiner Theorie*. In der Regel bleiben Biographie und Person der Jugendforscher jedoch im Dunkeln – ein wohlgehütetes Geheimnis, eine Tabula rasa.

Also, JugendforscherInnen: Schreibt, informiert auch über euch *selbst*, über eure *eigene* (Wissenschafts-)Biographie, erzählt von *eurer* Jugend und den gemachten Erfahrungen, von *eurem* Jugendbild, gebt Hinweise auf *eure* Anthropologie (Menschenbild) und politische Theorie (Gesellschaftsbild), macht Aussagen über *euren* derzeitigen Status und *eure* Zukunftsperspektive, damit verständlich wird, wie und warum ihr so und nicht anders argumentiert, wie „wissenschaftliche“ Erkenntnis zustande kommt.[10]

Hartmut M. Griese: Jugend, Rechtsradikalismus und Gewalt – Defizite und Desiderata (1996). In: Griese 2000, S. 124ff.

Kultur

„Die Menschen verfügen nicht mehr in dem Ausmaß über Instinkte, wie dies bei den Tieren der Fall ist. Unsere Handlungen und Verhaltensweisen sind auf der einen Seite weniger instinktgesichert, auf der anderen weniger instinktfixiert, und darin besteht der Vorteil unserer Instinktarmut. Denn die anthropologischen Anlagen des Menschen bieten unendlich viele Möglichkeiten für die soziale Gestaltung individuellen Verhaltens. Seit es Menschen gibt, versuchen diese, die aus dieser biologischen Offenheit resultierenden Belastungen (durch ständig erforderliche situative Entscheidungen) durch das Einführen, Verbindlichmachen, Tradieren von Regeln zu kompensieren. Soziologen sprechen in diesem Zusammenhang von Verhaltensmustern, Rollen, Institutionen, je nach Komplexitätsgrad solcher sozialen Regelsysteme. Die Summe gesellschaftlicher Regelsysteme in ihrer Verwobenheit, inklusive der darin enthaltenen Normen und Werte, versteht die Soziologie unter dem Begriff ‚Kultur'. Oder anders ausgedrückt: Kultur läßt sich definieren als die gesamte Konfiguration von Verhaltensmustern, Rollen, Institutionen, die den Angehörigen einer Gesellschaft gemeinsam sind."

Prof. Laszlo A. Vaskovics, 1994[11]

„*Kultur* ist der Inbegriff alles nicht Biologischen in der menschlichen Gesellschaft. Oder anders gesagt: Kultur ist die Summe aller Institutionen, Bräuche, Werkzeuge, Normen, Wertordnungssysteme, Präferenzen, Bedürfnisse usw. in einer konkreten Gesellschaft. Somit ist *Subkultur* ein Teil einer konkreten Gesellschaft, der sich in seinen Institutionen, Bräuchen, Werkzeugen, Normen, Wertordnungssystemen, Präferenzen, Bedürfnissen usw. in einem wesentlichen Ausmaß von den herrschenden Institutionen etc. der jeweiligen Gesamtgesellschaft unterscheidet" (Schwendter, a. a. O., S. 10f.).

Die Blütezeit der Subkultur-Forschung waren die 70er und 80er Jahre. Heute sind Subkulturen sowohl begrifflich als auch als Gegenstand wissenschaftlicher Forschung relativ out. In Zeiten zunehmender Individualisierung von Beziehungsgeflechten und verbindlichen Normen- und Wertekatalogen sei es schon schwierig, verbindliche Gemeinsamkeiten der Mehrheitsgesellschaft zu finden, geschweige denn von eindeutig abweichenden Gruppen und Orientierungen. Das ist sicherlich richtig, ignoriert allerdings auch die anhaltende Debatte darüber, „ob es sich hierbei um eine gesamtgesellschaftliche

Tendenz oder aber um eine Veränderung handelt, die sich primär in der Gruppe der jüngeren Modernisierungsgewinner in den Großstädten abspielt" (Scherr, S. 35). So stellte die Soziologin und Vorsitzende von Pro Familia, Uta Meier, fest, daß die Individualisierungs- und Pluralisierungstendenzen „bildungs-, schicht- und geschlechtsspezifisch erheblich variieren".[12] Vor allem für die Angehörigen der „unfreiwilligen" Subkulturen (Obdachlose, Gefängnisinsassen usw.) dürfte sich wenig verändert haben.

Doch auch für den überwiegenden Teil der in diesem Buch vorgestellten „freiwilligen" Subkulturen macht der Begriff weiterhin Sinn, auch wenn die „sozialen Herkunftsmilieus ihre Bindungskraft größtenteils eingebüßt haben" (Vollbrecht[13]) und der Subkulturbegriff deshalb von der „Klassenlage" gelöst werden sollte. So ist heute ein proletarischer Hintergrund keineswegs mehr notwendig, um Skinhead zu werden.

Vollbrecht u. a. plädieren dafür, den Begriff Jugendsubkulturen durch *Lebensstil* zu ersetzen. Der theoretische Rahmen des Lebensstilkonzeptes bietet einerseits den Vorteil, umfassender auch wenig vor der Mehrheitsgesellschaft abweichende Kulturen zu berücksichtigen, und vermeidet zudem eine negative Konnotation, wie sie der Begriff der Sub(sic!)kultur immer noch enthält, andererseits trifft er auf bestimmte Subkulturen schlicht nicht zu. Während das Punk- oder Skinhead-Dasein sicherlich für die meisten einen ganzheitlichen Lebensstil darstellt, reduziert sich etwa das Hooligan-Dasein im wesentlichen auf das Wochenende. Menschen haben in der Regel nur einen „Lebensstil", können aber durchaus mehreren Subkulturen zur gleichen Zeit angehören.

Am weitverbreitetsten dürfte der Begriff *Szene* sein: ein loses Netzwerk von Menschen mit ähnlichen Orientierungen und/oder Interessenlagen, vor allem zur Freizeitgestaltung. Szenen sind freiwillige Gemeinschaften oftmals Gleichaltriger, in der Regel überregionale Phänomene mit lokalen Anbindungen: Die (international existierende) Techno-Szene trifft sich in der Stadt X im Club Y. Während die *Clique* als zwischenmenschliche Basis der Szene-Aktivitäten auf direkten, körperlichen Begegnungen fußt, können Szenen allerdings auch rein virtuelle Begegnungsstätten sein, siehe etwa die Computer-/Internet-Szenen.

Manche Subkulturen und Szenen haben sich wiederum selbst andere Begrifflichkeiten für ihr Netzwerk zugelegt: Crews und Posses statt Cliquen, Clans für die eher virtuell kommunizierenden Gemeinschaften, tribes statt Subkulturen. So soll die selbstgewählte Artenvielfalt der jugendlichen Kulturen zumindest in diesem Buch auch erhalten bleiben.

Im Rhythmus der Zeit

Der Rhythmus der Zeit, in der wir leben, beschleunigt sich, von Jahr zu Jahr, von Woche zu Woche, von Tag zu Tag – vor allem für Jugendliche. Stets auf der Suche nach dem nächsten *Kick*, messen sie ihren ärgsten Feind, die Langeweile, eher in Sekunden als in Minuten. Zapp. So jagt in immer kürzeren Intervallen ein „Trend" den nächsten, gilt morgen schon als out und langweilig, was heute noch in den Medien als „Mega-Trend" gefeiert wird. Die Zahl der gleichzeitig nebeneinander existierenden Lebensstile, Subkulturen und Moden wächst explosionsartig, denn die Trends und Moden von gestern verschwinden nicht mehr spurlos, sondern leben im gewaltigen Meer der Kulturen auf weniger spektakulärem Niveau fort, verändern sich möglicherweise im Laufe der Jahre, vereinigen sich mit anderen Stilen zu etwas völlig Neuem und warten darauf, daß die nächste oder übernächste große Welle sie vielleicht wieder mitreißt und an die Oberfläche spült, während ein Großteil der Akteure von gestern heute schon wieder auf anderen Wellen ihre Abenteuer suchen. Stete Fluktuation stellt das einzige Kontinuum dar...

Doch sind die jugendlichen Freizeit- und Alltagskulturen heute wirklich ein einziges Chaos? Oder existieren vielleicht doch heimliche Regeln, unbewußte Steuerungsprozesse, Logik und Sinn im steten Wandel? Lassen sich Gemeinsamkeiten zwischen den vordergründig so absolut verschiedenartigen Stilen jugendlicher (Sub-) Kulturen entdecken?

Früher war alles einfacher. Als man „die Jugend" vor rund 120 Jahren im wachsenden Dschungel der großstädtisch-industriellen Ballungszentren entdeckte, glaubte man tatsächlich, so eine Art neuer Menschenrasse gefunden zu haben, auf die die bisherigen Regeln der kindlichen wie der erwachsenen Gesellschaft nur bedingt anwendbar seien. Noch bis in die sechziger Jahre hinein sprach man gerne von „der Jugendkultur" im Singular – als gäbe es da nur eine einzige, die ganze Generation der Jungen einschließende Lebens-

Der Kick

„Ich brauche immer einen *Kick*. Jeder Jugendliche hat das. Das gehört zum Leben dazu. Ein *Kick* ist gefährlich, etwas Heimliches oder Verbotenes. Das Herz muß einem in die Hose rutschen, man fängt an zu zittern oder kriegt Schweißausbrüche, der Puls ist auf 500. Lebensgefährlich muß es sein. Ich muß wissen, daß da irgendwas passieren kann. Aber trotzdem muß ich auch wissen, daß da nix so schlimm ist, daß es tödlich enden kann oder meinen Rest des Lebens verändert. Es ist fast wie eine Sucht. Wenn Jugendliche keinen *Kick* haben, kosten sie ihr Leben gar nicht aus. Was sollen sie denn später erzählen?"

Julia (15), in Tuckermann/Becker, S. 9f.

welt. (Dabei wußte man eigentlich spätestens seit den „Halbstarken"-Krawallen der Fünfziger, daß die Marke „Teenager" durchaus sehr unterschiedliche Modelle hervorbringen konnte.) In Folge der 68er-Kulturrebellion entdeckten Kriminologen und progressive Soziologen, daß es zumindest zwei Varianten von „Jugend", vor allem delinquenter Jugend, gab: Die „Subkulturen" des Proletariats und die „Gegenkulturen" der Mittelschichten erweckten Forscherinteressen. Deren Erkenntnisse brachten den Mythos einer autonomen „Jugend"-Phase jenseits der Erwachsenen-Gesellschaft zum Einsturz. „Die Jugend", aus der klassen- und milieuspezifischen Perspektive betrachtet, entpuppte sich nun, selbst da noch, wo sie rebellierte, als Abbild ihrer jeweiligen Stammkulturen und deren sehr unterschiedlichen Lebensbedingungen. Wer sich aufmachte, „die Jugend" zu studieren, erfuhr plötzlich so manches über „die Gesellschaft".

In den Achtzigern versuchte man, der Fülle neu auftauchender Jugendkulturen durch eine ebenso große Fülle von Einzelstudien Herr zu werden; in den Neunzigern kapitulierte man vor der jugendkulturellen Vielfalt und der zielgerichteten Verschlankung von Fördermitteln, vergaß alles, was man vielleicht einmal gelernt hatte, spezialisierte sich auf opportune, überschaubare Sammelgebiete wie „Jugend und Gewalt" bzw. „Mediengewalt", „Jugend und Rechtsradikalismus", „Sekten und Okkultismus" usw. und sicherte sich damit seinen Marktanteil und die Einkommen der zu versorgenden freien Mitarbeiter. Daß die verkündeten Forschungsresultate immer willkürlicher, politikkonformer und vor allem einander immer häu-

Jugendliche wollen den ultimativen Kick

HAMBURG Immer mehr Jugendliche suchen nach dem Extremen und nach dem Risiko. Von 3000 Befragten ab 14 Jahre haben 7 Prozent bereits Bungee-Jumping-Erfahrung von einer Brücke oder einem Fernsehturm. Dreimal so viele wollen das Kickerlebnis noch ausprobieren. Das ergab die Studie „Xtrem. Der kalkulierte Wahnsinn", die das Freizeit-Forschungsinstitut von British American Tobacco veröffentlichte. Das Hauptmotiv für die Extremsucht ist die Verhinderung von Langeweile. Die Jugendlichen haben mehr Angst vor der Erlebnisarmut des Alltags als vor dem Risiko.

aus: *Horizont*, 28.9.2000

figer widersprechend ausfielen, merkte kaum noch jemand. Schließlich war es ja auch praktisch: Konnte sich so doch jeder genau das herausziehen, was die eigene Meinung stützte.

Allerdings wäre es – bei aller berechtigten und notwendigen Kritik am universitären Forschungsbetrieb – unfair, die Wissenschaft dafür verantwortlich zu machen, daß sich die Realität zusehends komplexer entwickelte. „Die Jugend" hat sich nun einmal ganz objektiv in den letzten 25 Jahren in auch für noch so professionelle JugendforscherInnen nicht mehr überschaubare Parzellen aufgelöst. Die Individualisierungs-, Pluralisierungs- und Globalisierungsprozesse in Politik, Ökonomie und Kultur der Gesamtgesellschaft wirkten sich selbstverständlich auch (und vermutlich sogar besonders stark) auf „die Jugend" aus. „Kulturelle Milieus haben sich vom Schichtbegriff entkoppelt. Szenen nivellieren die Sozialstruktur und bilden die Gesellschaftsordnung der 90er Jahre; als Performanceraum alltagskultureller Stile outen sie sich expressiv. Will heißen: die Welt ist enorm komplex geworden" (Großegger).[14] Die Zeit der monokausalen Ursachen- und geschlossenen Kulturtheorien ist definitiv vorbei. Also:

Vergessen Sie die „Theorie der Subkultur" von Rolf Schwendter, die „Soziologie der jugendlichen Subkulturen" von Mike Brake, ebenso die Studien von John Clarke, Phil Cohen, Stuart Hall, Dick Hebdige, Paul Willis u. a. aus dem Kreis des Birminghamer Centre for Contemporary Cultural Studies (CCCS) und auch die Beiträge der Deutschen Dieter Baacke, Wilfried Ferchhoff, Rolf Lindner und vieler anderer – und lesen Sie sie wieder. Nehmen Sie die darin angebotenen theoretischen Modelle als *eine* mögliche Sichtweise. Greifen Sie sich aus der Fülle an Material das heraus, was Ihnen heute nützlich erscheint. Ignorieren Sie einfach die geschlossenen Theoriepaläste vergangener Zeiten, prüfen Sie einzelne Thesen auf ihre heutige Relevanz (vertrauen Sie Ihren eigenen Beobachtungen mehr als den medialen Inszenierungen von Realität), studieren Sie die zum Teil erstaunlich präzisen Beobachtungen und zeitgeschichtlich bemerkenswerten Originaldokumente, wenden Sie jenen respektlos-respektvollen Stil des *Samplings*, der *Bricolage*, den die Jugendforschung den Jugendsubkulturen seit zwei Jahrzehnten hochachtungsvoll als kreatives Stilprinzip attestiert, auf die Jugendforschung selbst an.

Und somit selbstverständlich auch auf dieses Buch. „Wissen läßt sich als die Fähigkeit eines Menschen begreifen, selbst etwas in Gang zu setzen", definierte Eike Hebecker, Bildungsredakteur des online-Magazins *www.politik.digital.de*, die aktuellen Anforderungen der digitalen „Informationsgesellschaft". „Nicht die potentiell erreichbaren Informationen, sondern die Kompetenzen der Auswahl, Bewertung und zweckorientierten Nutzung sind die entscheidenden Schlüsselqualifikationen für den Wissenserwerb. Dazu gehört, zielsicher von Informationsinsel zu Informationsinsel zu springen – um dabei die Konvergenz von Medien, Inhalten und eigenen Interessen herzustellen. Das kann nur jeder für sich selbst. Nur wer flexibel und zugleich zielsicher ist, kann Orientierung und Kontinuität aus dem Chaos der Informationen gewinnen. Nur wer über diese Kompetenzen verfügt, ist in der Lage, der ‚Informationsflut' zu begegnen. Nur der kann gewonnene Erkenntnisse in soziales und politisches Handeln einfließen lassen. Nur der kann als ‚gut informierter Bürger' eine aktive Rolle in der heutigen Gesellschaft wahrnehmen."[15]

Das Buch ist ein traditionelles Medium und doch in seiner Orientierung auf den mündigen, selbst reflektierenden Leser den neuen digitalen und interaktiven Medien näher als dem Totalitarismus der Fernsehbilder. Dieses Buch bietet Ihnen keine „neutrale" oder „objektive" Beschreibung der Jugend(sub)kulturen, so etwas kann es gar nicht geben, und auch keine abschließende, allumfassende Theorie dazu, sondern eine hoffentlich reichhaltig sprudelnde Quelle unterschiedlichster und zum Teil widersprüchlicher Fakten und Ansichten zur eigenen Meinungsbildung und Weitererforschung. Es kann Ihnen beim besten Willen nicht die Möglichkeiten des WorldWideWeb bieten, möchte Sie aber dennoch zur selbstbestimmten Aneignung seiner Texte motivieren. Sie können es linear bis zu seinem Ende weiterlesen, Sie können sich aber auch zunächst auf die beiden großen Haupttexte konzentrieren und anschließend den szenischen Einzelporträts widmen (oder umgekehrt) und bei Bedarf jederzeit intertextuell von „Informationsinsel zu Informationsinsel springen". Sie werden im Laufe dieses Buches immer wieder auf *Hype(r)links* treffen, die Sie auf interessanten Nebenpfaden und scheinbar beliebigen Exkursionen zu Ihrem Ausgangspunkt zurückführen. Wie weit und zu welchem Ziel Sie die Reise durch den Dschungel der Jugendkulturen letztlich bringen wird, entscheiden Sie – nur Sie.

Zum Entstehungsprozeß dieses Buches

Dieses Buch entstand zwischen Mai 1995 und Februar 2001, wobei in einer geballten letzten Arbeitsphase am Text von Anfang Juli bis Ende Dezember 2000 das gesamte Material noch einmal gesichtet, überprüft, aktualisiert wurde. Das nun vorliegende Werk hat nur noch wenig mit dem Exposé gemeinsam, das ich im Frühjahr 1995 dem Verlag einreichte. Geplant war zunächst

- eine Abhandlung zur Geschichte der Jugend(kulturen), sodann
- eine kritische Analyse der vorliegenden Sub- und Jugendkultur-Theorien; schließlich, daraus abgeleitet,
- der Entwurf einer eigenen, die Vielfalt der gegenwärtigen Szenen und Lebensstile berücksichtigenden und dennoch umfassenden Theorie der Jugend(sub)kulturen.

Alle diese Elemente finden Sie in diesem Buch, und doch anders als geplant. Das Dilemma begann eigentlich schon damit, daß ich eines Tages aus der Bibliothek unseres Institutes zwei große Kisten mit Büchern nach Hause trug – all die „Klassiker" und „Standardwerke" der Nachkriegsjahre, die ich schließlich (noch einmal) lesen mußte, wollte ich sie kritisch zerpflücken. Und das hatte ich vor.

In der Tat stolperte ich schon bald über die gröbsten „Theorien", peinlichsten Fehleinschätzungen und absurdesten Behauptungen professoraler Autoren. Doch während sich mein Bleistift unermüdlich ins Papier hineinfraß, um die als Zitat geeigneten Passagen zu markieren, geschah etwas Unerwartetes: Ich las mich fest. Immer wieder, an den seltsamsten Stellen, blitzten geniale Ideen, gescheite Beobachtungen und erstaunliche Funde auf. Zufällig an zwei aufeinanderfolgenden Tagen in verschiedenen Werken entdeckte Party-Szenen aus den 20er, den 50er und den 90er Jahren enthüllten zuvor nicht einmal geahnte Wesensverwandtschaften zwischen Jugendkulturen; Studien und Interviews zur „Faschisierung" des öffentlichen Lebens aus den frühen 30er Jahren erklärten detailgetreu die Situation in Thüringen, Sachsen oder Brandenburg heute.

Manches von dem, was mich faszinierte, werden Sie auf den folgenden Seiten wiederfinden – in der Hoffnung, Sie ein wenig neugierig zu machen, Sie zu motivieren, sich weiter mit dem Thema Jugend(sub)kulturen zu beschäftigen.[16]

Und sollte das Resultat dieser Beschäftigung eine brauchbare „Theorie der Jugendkulturen" sein, wäre ich sehr dran interessiert. Persönlich glaube ich allerdings, daß diese Theoriebildung nur durch eine meines Erachtens unzulässige Versimplifizierung der komplexen und hochgradig widersprüchlichen Realität(en) nicht nur von „Jugend" heute gelingen kann.

Unsere Realität entspricht mehr denn je dem von Claude Levi-Strauss vor über dreißig Jahren – eigentlich am Beispiel sog. „primitiver Völker" – entwickelten System der Bricolage. Nicht nur die Zeichen, auch ihre Bedeutungen ändern sich ständig. Ambivalenz – Weltoffenheit, kreative Flexibilität – statt erstarrter „Identität" ist angesagt. Die Jungen sind darin fitter (nicht nur was die Nutzung der neuen Kommunikationstechnologien angeht). Sie denken tendenziell offener als wir Alten, statt „Entweder ... oder" „sowohl ... als auch", statt nur „schwarz" oder „weiß" mögen sie es lieber bunter. Die meisten zumindest. Doch auch die, denen es heute schon viel zu „bunt" zugeht hierzulande, die es lieber wieder etwas „weißer" (bzw. brauner) hätten, werden Ihnen im Laufe dieses Buches begegnen.

Der Satz „Die Jugend ist kein Vergnügen mehr“ aus dem Munde einer fünfzehnjährigen Schülerin meint sicher etwas völlig anderes als der gleiche Satz, von einem entnervten fünfzigjährigen Lehrer ausgesprochen. Und doch könnten möglicherweise beide recht haben.

PS: Noch eine kurze Gebrauchsanleitung:

[1] Fett gedruckte Fußnoten wie diese weisen darauf hin, daß Sie im Anhang (ab S. 225) unter der betreffenden Ziffer möglicherweise interessante zusätzliche Informationen erwarten.

[2] Normal gedruckte Fußnoten wie diese verweisen lediglich auf genauere Quellenangaben eines Zitates für den Fall, daß Sie es im Original nachschlagen möchten.

Geschichte der „Jugend“

> **Ju|gend:** *die;* - ; - **1** Zeit, in der ein Mensch sich physisch (= körperlich) u. psychisch (= seelisch) entwickelt (nach der Kindheit, d. h. ca. zwischen dem 13. u. dem 30. Lebensjahr), Ant.: (das) Alter **2 Jugend u. verlorene Zeit kommt nicht wieder in Ewigkeit:** die Jugend u. die Zeit kann man nicht wieder zurückholen, auch wenn man es noch so gerne möchte

Deutsches Wörterbuch, 1996

Die „Jugend“ als solche ist erst gut 120 Jahre alt, geboren im Kontext der Industrialisierung und der sich daraus entwickelnden bürgerlichen Gesellschaft.[17] Die zunehmende Bedeutung erworbener Fähigkeiten – und damit Schulpflicht und verlängerte Ausbildungszeiten – machten eine neue biographische Phase an der bisherigen Nahtstelle des Übergangs vom Kind zum Erwachsenen notwendig. Die „Jugend“ hatte also von Anfang an eine klare Funktion: In ihr sollten die schulische und berufliche Ausbildung sowie die Ablösung von der Herkunftsfamilie erfolgen, der zukünftige Erwachsene sollte seine neuen Rollen als „autonome“ Produktions- und Konsumeinheit, als Sexualpartner und politisch-religiös-ideologisch integrierter Mitbürger erlernen.

Doch das funktionierte offenbar nicht immer reibungslos. Vor allem die schulentlassenen, männlichen Arbeiterjugendlichen nutzten die „Kontrollücke zwischen Schulbank und Kasernentor“ für allerlei „Aufsässigkeiten“. „Um der Zukunft willen, die von ihr zum großen Teil mit abhängt, muß die Arbeiterjugend wieder emporgehoben, müssen die Entarteten wieder zu Wohlgearteten herangebildet, die Zuchtlosen in Zucht genommen, der überschäumende Becher des aufbrausenden Unmuts muß ausgegossen, die Grenzen einer übermäßigen Freiheit müssen eingedämmt werden“, heißt es in einer der vielen Schriften zum Thema „Zuchtlosigkeit unter der Jugend“, die seit Ende des 19. Jahrhunderts auf den Markt kamen.[18]

Kriminelle Jugend

Die ängstliche Betrachtung „der Jugend“ als Sicherheitsrisiko war nicht völlig neu. Jugendliche standen auch schon in früheren Zeiten unter Generalverdacht: „Ein Blick ins Sachregister des Deutschen

Der Halbstarke (Version I)

Er steht am liebsten müßig am Markte, und er ist der geschworene Feind der Ordnung, er hat eine leidenschaftliche Abneigung gegen die Ordnung; darum haßt er die Regelmäßigkeit, ebenso alles Schöne und ganz besonders die Arbeit, zumal die geordnete, regelmäßige Pflichterfüllung. So hat er gar keinen Sinn, kein Gefühl für das, was einem anderen Menschen das Leben lebenswert macht: Heim, Familie, Freundschaft, nun gar erst Vorwärtsstreben, Begeisterung; vor allen Dingen ist er völlig apathisch gegen ideale Güter, Kunst, Wissenschaft, Religion. Alles Schöne und Geordnete ärgert ihn; ich brauche das Wort im biblischen Sinne, es reizt ihn direkt zur Sünde, löst in ihm die Freude am Zerstören aus, und wenn es auch nur jener Vandalismus wäre, der zerstört, um zu zerstören, ohne den geringsten Vorteil zu haben.

Man hat in der Erziehung der schulentlassenen Jugend sehr oft den Fehler gemacht, daß man den großen Abschnitt nicht beachtet hat, der mit dem 17. resp. 18. Jahr im jugendlichen Leben eintritt. Er ist einschneidender und wesentlicher als jener nach beendeter Schulzeit. Der großstädtische Junge ist mit 17 Jahren männlich und völlig körperlich reif geworden. Der Erziehung des Elternhauses ist er auch in geordneten Verhältnissen entwachsen; er ist frei und kann sich leicht jeder Kontrolle, zumal mit unerlaubten Mitteln, entziehen. Meistens verdient er, zumal wenn er intelligent ist, ziemlich viel Geld, verhältnismäßig mehr als nach zehn Jahren, wenn er eine Familie zu versorgen hat. In sein Leben sind ganz neue äußere und innere Kämpfe gekommen; Weltanschauungsfragen regen sich in ihm, wovon er bis jetzt gar keine Ahnung hatte. Es ist, nebenbei bemerkt, äußerst gefährlich, solche jungen Leute über 18 Jahren mit den jüngeren Jahrgängen in einem Verein zusammenhalten zu wollen. Das ist sehr oft der Grund, warum die Jugendvereine nicht weiterkommen, sondern sogar leicht zugrunde gehen.

In gewisser Weise gilt das auch in dem Unterschied zwischen dem Briten (14–17jähriger „Straßenjunge", kf) und dem eigentlichen Halbstarken. Dieser hat sich nun definitiv für das Schlechte und Gemeine entschieden, und was jener unbewußt tat, tut dieser mit Bewußtsein, ja mit einer gewissen Überzeugung. Er ist der klar bewußte Feind der Ordnung, d. h. der Gesellschaft, der Konvention, des sozialen Lebens, des Gesetzes; seine Arbeitsscheu ist zum Haß gegen die Arbeit geworden, er ist völlig unfähig geworden, irgendwelche regelmäßige Arbeit zu tun, er ist beseelt vom bösen Willen. Manchmal kommen noch Phrasen von Anarchismus usw. hinzu; aber im großen und ganzen gibt er sich mit solchen Dingen kaum noch ab. Er hält es nicht für nötig, sein Leben und sein Tun vor anderen und vor sich auch nur im geringsten zu beschönigen. Er will eben das Gemeine, und das Gemeine ist ihm Lebensluft. Diese Halbstarken, die aus allen Kreisen der menschlichen Gesellschaft kommen, bilden den Mob, sind eine furchtbare, grauenerregende Macht, zumal im großstädtischen Leben; ein Schlamm, der immer mehr nach unten sinkt und, wenn das soziale Leben in ruhigen Gleisen fortfließt, sich am Boden der Gesellschaft festsetzt. Wehe, wenn ein reiner Mensch in diesen Morast hineingetreten ist, wie leicht kann er dann hineingezogen werden und ersticken, noch mehr wehe, wenn etwa durch eine Revolution, vielleicht auch nur durch einen Generalstreik oder durch große politische Erregungen das soziale Leben erschüttert wird, dann kommt dieser Schlamm nach oben und ist von furchtbarer Wirkung. Dieser Mob ist viel schlimmer und verderblicher als einzelne sog. schwere Verbrecher. Gegen diese kann man sich schützen, jene Mächte der Finsternis aber wirken vergiftend, verpestend, viel schlimmer als alle ansteckenden Seuchen. Es ist – das mag gleich hier bemerkt werden – Pflicht des Staates, gegen diese furchtbaren Elemente einzuschreiten; wenn der Staat weiter hier gleichgültig bleibt, so duldet er seine allerschlimmsten Feinde.

Die Halbstarken treiben meistens ihr Wesen erst des Abends und in der Nacht; die Kaschemmen, die Herbergen allerniedrigster Ordnung, die gemeinsten Kellerwirtschaften und vor allen Dingen die Bordelle und die Hinterräume der kasernierten Straßen sind ihre Schlupfwinkel. Es gibt keine Roheit, keine Sünde, keine Niederträchtigkeit, zu der diese Halbstarken nicht bereit sind, wenngleich sie sich, fast möchte man sagen leider, von einem wirklichen Verbrechen noch fernhalten, so daß man sie, wenigstens auf längere Zeit, nicht unschädlich machen kann. Sie sind, ich möchte sagen, gleichsam Makler unter den Verbrechern, sie vermitteln zwischen Hehlern und Stehlern, sie kundschaften aus, wo ein Verbrechen begangen werden kann, und leisten Helferdienste. Wenn sie abgefaßt werden, können sie nur, infolge unserer unglücklichen Gesetze, die den Erfolg der Taten, selten oder nie die Gesinnung in Betracht ziehen, zu ganz kurzen Freiheitsstrafen verurteilt werden. Der Anblick dieser Menschen ist grauenerregend, zumal wenn sie sich mit einer schäbigen Eleganz kleiden und den feinen Herrn spielen. Sexuell sind diese Leute fast alle pervers, natürlich mit furchtbaren venerischen Krankheiten behaftet.

Und nun das Ende. Entweder gehen sie an völliger Entkräftung, Schwindsucht, Auszehrung zugrunde, oder sie haben sich in ein wirkliches Schwerverbrechen eingelassen, kommen auf lange Jahre ins Zuchthaus, sterben dort bald, weil sie das Leben nicht ertragen können, oder kommen auf kurze Zeit heraus und werden rückfällig und beenden dann später ihr entsetzliches Dasein hinter Gefängnismauern.

Auszug aus einer 1912 von Pastor Clemens Schultz über „Die Halbstarken" von St. Pauli veröffentlichten Broschüre; gefunden in: Schock und Schöpfung, S. 393.

Bücherverzeichnisses für die Jahre kurz vor 1900 bis zum Ersten Weltkrieg ist verblüffend: Dort finden wir natürlich unsere ‚Jünglinge‘ (und entsprechend umfangreiche Titellisten), aber unter ‚Jugendlicher‘ wird lapidar verwiesen auf ‚Verbrecher‘, ‚Strafrecht – Verbrecher‘, ‚Jugendstrafrecht – Strafe – Verbrecher – Verwahrlosung‘ … Der ‚Jugendliche‘ ist also der sittlich Verwahrloste, der Bummelant, der Brutale – der Auffällige, Abweichende, Kriminelle“ (Herrmann 1982).[19] Um 1890, berichtet Gillis, kehrte sich die gesellschaftliche Sichtweise jugendlicher Kriminalität um: Wurde diese zuvor als Attribut der *Frühreife* und damit als Kennzeichen des Erwachsenen betrachtet, so wurde sie nun zum Attribut der *Unreife* und damit zum Wesensmerkmal der Jugend (so daß selbst erwachsene Kriminelle eigentlich nur „so etwas wie zu groß gewordene Kinder sind“[20]). „Das Jugendalter selbst wurde als Ursache von Kriminalität identifiziert“ (Gillis, S. 224f.).

Vor allem ab 1913/14 zeigten sich immer deutlicher die negativen Nebenwirkungen der „Entdeckung“ dieses seltsamen Zwitter-Status „Jugend“: Eine neue Welle von Gesetzen und Verordnungen schränkte die Unabhängigkeit von Jugendlichen weiter ein – häufig mit dem Argument des „Jugendschutzes“. „Die Vorstellung von Abhängigkeit und Unreife wurde allmählich das Handlungsprinzip aller staatlichen und freien Träger, die mit Erziehung und Fürsorge hinsichtlich dieser Altersgruppe befaßt waren“ (Gillis, S. 205). Jugend war nicht mehr wie zu Beginn der reformpädagogischen Euphorie der Vorkriegszeit handelndes Subjekt, sondern wurde zunehmend zum Objekt patriarchalischer Vorstellungen von „Kinderrettern“ und konservativen Eliten, die vor allem den Einfluß der progressiven politischen Organisationen auf die Jugend fürchteten. „Was mit dem Kampf um einen Freiraum begann, in dem die Jugend nach ihren eigenen Regeln leben konnte, endete damit, daß man sie in eine neue Angepaßtheit zwängte, die von der positivistischen Sozialwissenschaft unterstützt wurde. Darüber hinaus wurden die Jugendlichen, indem man sie vor der dekadenten Welt der Erwachsenen zu schützen versuchte, von jenen bürgerlichen und sozialen Rechten abgeschnitten, die ihr einziger wirksamer Schutz gegen die Älteren waren“ (Gillis, S. 188).[21]

Die „Kinderretter"

Wer waren eigentlich die „Kinderretter", die – mit bis in die 50er Jahre hinein steil zunehmendem Einfluß – so viel Energie darauf verwandten, die Jugend vor sich selbst zu schützen? Welche Interessen verfolgten sie, und welche Ängste kanalisierten sie mit ihrem Engagement für „die Jugend"? Eine professionelle Jugendarbeit im heutigen Sinne existierte schließlich noch nicht; wer sich im ersten Viertel des 20. Jahrhunderts jugendarbeiterisch betätigte, tat dies nicht aus beruflichen Gründen, sondern hatte sehr persönliche, nicht selten gesellschaftspolitische Motive.[22]

Zunächst stammten sie selbstverständlich aus den besitzenden und gebildeten Klassen. Wer hätte auch sonst die Ressourcen (Freizeit, Geld) gehabt, sich derart intensiv ehrenamtlich um anderer Leute Kinder zu kümmern. Häufig waren sie im Hauptberuf Pfarrer, Lehrer oder Offiziere, seit der Jahrhundertwende aber auch zunehmend (Ehe-)Frauen, die in der Jugendarbeit eine sinnvolle soziale Lebensaufgabe fanden. Das öffentliche Engagement von Frauen irritierte zwar anfangs die konservative Männerwelt, doch sie konnten kaum etwas gegen Initiativen einwenden, die sehr häufig zur Begründung ihrer Arbeit „die einzigartige Verantwortung der Frau für die Kinderpflege und ihre naturgegebene Rolle als Beschützerin der Jugend" (Gillis, S. 219) betonten.

Ihre wichtigsten Helfer wurden jedoch bald Angehörige der sogenannten „White-collar"-Gruppen, jener Schicht der kleinen Angestellten und Beamten, die gerade erst die Schwelle zwischen Proletariat und Mittelschicht überschritten (hatten), aber bei den bisherigen Mittelschichtangehörigen noch nicht wirklich respektiert wurden, zum Beispiel die Volksschullehrer. Schichten- und milieuspezifisch etwas durchlässigere Jugendverbände wie der Wandervogel, Sportvereine, die Heeresreservisten und wohltätiges bürgerliches Engagement halfen ihnen dabei, die soziale Trennung von der Mittelschicht zu verringern. Die traditionellen Wege des Aufstiegs – Adel, Militär, Unternehmer – blieb den aus Arbeiter- und selbständigen Handwerkerfamilien Stammenden versperrt, ihr Kapital war die Arbeit mit der Jugend in den sich neu entfaltenden und ordnenden Branchen Bildung und Sozialarbeit. So prägten die Träume, Ängste und Anforderungen, denen diese neuen Mittelschichtler unterlagen, noch Jahrzehnte lang das Jugendbild und damit die Jugend(verbands-)

arbeit und -politik in Deutschland. „Disziplin, hinausgeschobene Befriedigung von Konsumwünschen und Angepaßtheit: das waren die Schlüssel für ihren Erfolg in den schwierigen Jahren der Inflation während der zwanziger Jahre, in der Weltwirtschaftskrise und dann wieder in der Zeit der Entbehrung nach dem Zweiten Weltkrieg. Ihre Angst, das normalerweise den Angehörigen der Mittelschicht gewährte Ansehen zu gewinnen und zu bewahren, wurde in Schulen und Jugendorganisationen institutionalisiert" (Gillis, S. 222f.). „Die Jugend" hatte sich aus der Sicht ihrer Betreuer erneut gewandelt – vom romantisch verklärten Rebell der Erneuerung gegen die materialistische, städtisch-industrielle „Zivilisation" zum Karriere- und zugleich Risikofaktor für die eigene Biographie. „Die Vorstellung von einem Leben, das frei sein würde von all den Sorgen und Verantwortlichkeiten einer durcheinandergeratenen Zivilisation, war ihr Erlösungstraum, die Vision der verwahrlosten Jugend ihr immer wiederkehrender Alptraum. Um diesen Traum am Leben zu erhalten, preßten sie der Jugend eine Anpassung und eine Abhängigkeit auf, die sich für einen bedeutenden Teil der Bevölkerung als inakzeptabel herausstellte. Anstatt die Unabhängigkeit und die Normenabweichung der Armen als Ergebnis ihrer ökonomischen Lage zu betrachten, bliesen sie lieber ihre eigenen Ängste künstlich auf, indem sie die legitimen Traditionen der Jugend als strafbare Vergehen behandelten" (Gillis, S. 237) – und erschufen so genau die Art einer *selffulfilling prophecy*, die erst das „abweichende Verhalten hervorbringt, das sie zu verabscheuen vorgibt und das in Wahrheit doch hervorgebracht wird, damit die darauf gegründeten Ideologien und Institutionen aufrechterhalten werden können" (Gillis, S. 236).

Daß man, um die Grenzen und Normen der Erwachsenen-Gesellschaft überhaupt erst zu erkennen, sie zunächst einmal ab- und gelegentlich überschreiten, ihre Verbindlichkeit austesten muß, (an)erkannten die Älteren natürlich. So wurde „der Jugend" durchaus ein größerer Spielraum für Regelverletzungen jeglicher Art zugestanden, dienten diese doch letztlich der Integration in die herrschenden Normen, das heißt: in jene der Mittelschichten. Und das war neu – und äußerst konfliktträchtig.

Hatte man noch zur Jahrhundertwende die Jugendlichen der unteren sozialen Schichten fast als eine eigene „Rasse" betrachtet, die quasi *natürlich* „verroht" und für keine Erziehungs- und Bildungsmaßnahmen zugänglich sei, so führte die „Entdeckung des Jugendalters" durch die Mittelschichten nun zu massiven Anstrengungen, ihre eigenen Normen und Werte verbindlich auf alle anderen Schichten zu übertragen. „Jener Umgang mit der Jugend, der in den Eliteschulen schon weit entwickelt, bislang aber unter Kindern der Arbeiterklasse noch kaum erprobt war, nämlich eine Mischung aus Sport und Exerzieren, wurde nun auf *alle* ausgedehnt. Die körperliche Seite des Menschseins, von der älteren Generation der Jugendarbeiter so mißtrauisch beäugt, wurde bei der neuen rasch zu einer fixen Idee. Hemdsärmel traten an die Stelle des Priesterkragens, das abschreckende missionarisch-christliche Betragen machte einer informelleren, kameradschaftlichen Art Platz" (Gillis 1994, S. 184f.).

Die erste Jugendkultur: der „Wandervogel"

„Das Schlagwort *Jugendkultur*, das im verflossenen Jahre in der Öffentlichkeit aufgetaucht ist, bedeutet zunächst eine besondere, ihrem Wesen angemessene Lebensführung der Jugend, einen besonderen jugendlichen Lebensstil. Hierunter würde sich mancher wahrscheinlich nichts vorstellen können, wenn es nicht seit mehr als einem Jahrzehnt den Wandervogel gäbe. Er hat den ersten ernsthaften Versuch gemacht, eine Jugendkultur zu schaffen. Das darf heute wohl als bekannt vorausgesetzt werden. Nämlich, daß der Wandervogel nicht lediglich ein Verein für Schülerwanderungen war und auch nicht als ein solcher entstanden ist. Sondern daß das Wandern für ihn Ausdruck eines spezifisch jugendlichen Lebensgefühls und zugleich das Mittel zu jugendlicher Lebensbestätigung war. Das Wandern diente dazu, die Jugend aus dem Schoße der Familie herauszuführen, diente ihrer Absonderung und gab ihr Gelegenheit, sich draußen eine eigene Geselligkeit zu bilden, unter sich zu sein und unabhängig von den Erwachsenen und oft im Gegensatz zu ihnen sich eigene Interessen und Ideale, ja eine eigene Sprache und Gesittung zu schaffen."[23]

Aus heutiger Perspektive läßt sich kaum noch erahnen, was an einer Bewegung so besonders provokant wirken mochte, deren hauptsächliche Aktivitäten darin bestanden, daß Jungen in Lederhosen, später auch gemeinsam mit Mädchen im Dirndl, klampfenbewaffnet und fröhliche deutsche Volkslieder auf den Lippen, hinaus in die

Gründungen, Spaltungen, Wiedervereinigungen. Chronologie des Wandervogel

1895–99	An einem Gymnasium in Berlin-Steglitz führt der Student Hermann Hoffmann Wanderungen und mehrwöchige Fahrten mit Schülern durch.
1900	Der Stenographielehrer Karl Fischer übernimmt die Leitung der noch namenlosen Wanderbewegung.
4.11.1901	Auf seine Initiative wird im Steglitzer Ratskeller der *Ausschuß für Schülerfahrten, Wandervogel* (A. f. S.) gegründet. Im Verein sind „Alte Herren", die die Organisation nach außen vertreten sollen, und junge Führer. Später tritt an die Stelle der „Alten Herren" der „Eufrat" (Eltern- und Freundesrat). Das Wohlwollen von offizieller Seite sichern ihm der Reformpädagoge Ludwig Gurlitt, der einen lobenden Bericht an das preußische Kultusministerium schickt, und die Unterstützung des Direktors Lück vom Steglitzer Gymnasium.
1902	Auch außerhalb von Steglitz werden Wandervogel-Gruppen gegründet.
1904	Aufgrund des autokratischen Führungsstils von Fischer kommt es zum Streit. Der A. f. S. wird aufgelöst. Die Opposition gründet den *Wandervogel, Eingetragenen Verein zu Steglitz bei Berlin* (Steglitzer e. V.). Fischer gründet mit dem Rest den *Altwandervogel* (AWV), der zahlenmäßig der stärkste Bund bleiben und am meisten zur Ausbreitung des Jugendwanderns beitragen wird. Neue Ideen und Impulse kommen jedoch aus den anderen Bünden, der AWV verhält sich in den Auseinandersetzungen konservativ.
1905	Dies zeigt sich schon, als ein *Bund der Wanderschwestern* gegründet wird, der organisatorisch vom AWV unabhängig bleiben muß, weil dieser das Mädchenwandern ablehnt. Die Spur der Wanderschwestern verliert sich wenig später.
1906	Aus dem AWV geht die *Deutsche Akademische Freischar* hervor. In ihr finden sich schulentlassene Wandervögel, aber auch ältere Führer aus anderen Jugendbünden zusammen, um an den Universitäten das Bundesleben fortzusetzen.
	Bei einer Bundesversammlung des AWV wird der Antrag der Ortsgruppe Jena auf Einführung des Alkoholverbots und des Mädchenwanderns abgelehnt. Daraufhin verlassen ihre Mitglieder den AWV und gründen den *Wandervogel, Deutscher Bund für Jugendwanderungen* (WVDB). Aus diesem Bund kommen neue Impulse für die Bewegung. Er tritt für das Mädchenwandern ein, eines seiner prominente-

	sten Mitglieder ist Hans Breuer, der den „Zupfgeigenhansl", *das* Liederbuch des Wandervogel, herausgibt.
1911	Nach langen Auseinandersetzungen wird auch im Steglitzer e. V. das Mädchenwandern zugelassen.
1912/13	Der *Wandervogel, Bund für Deutsches Jugendwandern e. V.* (WVEV) wird gegründet. In ihn treten der WVDB und der Steglitzer e. V. geschlossen, der AWV zu zwei Dritteln ein. Abstinenz von Alkohol und Nikotin wird festgelegt. Bezüglich der Mädchen einigt man sich darauf, getrennt zu wandern, bestimmte Feste jedoch gemeinsam zu feiern. Bestehende gemischte Gruppen sollen von der Gauleitung genehmigt werden.
Okt. 1913	Verschiedene Organisationen der Jugendbewegung und ihnen nahestehende Gruppen laden zu einem Fest der gesamten Jugendbewegung auf den Hohen Meißner bei Kassel, in der Hoffnung, eine Vereinigung aller Bünde in die Wege zu leiten. Nur einige der Wandervogel-Führer erscheinen als Einzelpersonen. Ansonsten ist es ein Fest der Älteren, vor allem der Akademischen Bünde, die sich dort zur *Freideutschen Jugend* zusammenschließen. Von ihnen stammt die programmatische „Meißnerformel": „Die Jugend, bisher nur ein Anhängsel der älteren Generation, aus dem öffentlichen Leben ausgeschaltet und auf eine passive Rolle angewiesen, beginnt sich auf sich selbst zu besinnen. Sie versucht, unabhängig von den Geboten der Konvention sich selbst ihr Leben zu gestalten. Sie strebt nach einer Lebensführung, die jugendlichem Wesen entspricht, die es ihr aber zugleich auch ermöglicht, sich selbst und ihr Tun ernst zu nehmen und sich selbst als einen besonderen Faktor in die allgemeine Kulturarbeit einzugliedern."
Juli 1914	Zu Kriegsbeginn melden sich die Wandervögel scharenweise freiwillig. Sie organisieren sich als Feldwandervögel in den verschiedenen Frontabschnitten und setzen dort, wo immer möglich, das Gruppenleben fort. 7.000 von ihnen fallen.
1918/19	Bei der Rückkehr der Feldwandervögel kommt es zu Differenzen mit den Jungen, die sich nicht mehr von den Älteren führen lassen wollen. Politische Auseinandersetzungen spalten die Freideutsche Jugend.
20er Jahre	Die Wandervogelbünde ändern, obwohl sie teilweise unter demselben Namen weiterbestehen, ihre Organisationsform und ihr Erscheinungsbild: Die Bündische Jugend entsteht.[24]

Natur zogen, Sport trieben, sich bei Kriegs- und Geländespielen amüsierten und abends am Lagerfeuer gemeinsam (strikt vegetarisch) kochten und dabei über Gott und die Welt plauderten. Doch die wilhelminischen Mittel- und Oberschichten reagierten zunächst schockiert, als die 1901 von dem Berliner Stenographielehrer Karl Fischer gegründete Organisation unter ihren Kindern immer populärer wurde. „In ihrer Entstehungszeit war die Bewegung in der Tat äußerst individualistisch, ja sogar anarchisch in ihrer militanten Haltung gegenüber allen konventionellen Beschränkungen der freien Entfaltung. Wenn man ums Lagerfeuer saß oder privat zusammen im ‚Nest' war, dann ermunterte man sich beim Wandervogel, dem Ausdruck der tiefsten Gefühle freien Lauf zu lassen, dann hatte man das sichere Bewußtsein, daß keines der viktorianischen Tabus im Kreise der Gruppe Gültigkeit hatte. Das kameradschaftliche ‚Heil' hatte die verhaßten Formalismen der konventionellen Grußformen ersetzt, und es diente auch dazu, die Gleichheit zu unterstreichen, die mit dem neugewonnenen Sinn für Brüderschaft einherging. Fischers Vorbild war der mittelalterliche Vagabund, frei von Sorgen und achtlos gegenüber jeglichen gesellschaftlichen Zwängen und Verantwortungen, die an das Erwachsensein geknüpft sind. Spontaneität, Empfindsamkeit und andere schöngeistige Fähigkeiten der Wandervogel-Kultur waren wohl kaum geeignet, beim Militär oder bei den Behörden Unterstützung zu finden. Die ausgefallene Kluft der Wandervögel, ihr ungehemmtes Verhalten und ihr Ruf, sie seien für sexuelle Freiheiten, schockierten die wilhelminische Oberschicht und brachten der Bewegung den Ruf des Rebellischen ein" (Gillis, S. 198 u. 201).

Doch schon bald änderte sich die Haltung vieler Eltern der Mittelschicht gegenüber den Selbstbehauptungsbestrebungen ihrer Söhne und Töchter, bemerkten sie doch, daß das jugendliche Rebellentum der Wandervögel in hohem Maße „von Anfang an von Erwachsenen gelenkt wurde" (Gillis, S. 200). „Konflikte mit den Eltern hatte ich nicht. Von solchen Sachen haben wir gar nichts im Kopf gehabt. Natürlich ist durchgeführt worden, was die Alten vorexerziert haben", erinnert sich ein Berliner Wandervogel. „Aufstand gegen das Elternhaus? Was uns damals so bewegte, das war, daß wir raus an die frische Luft wollten. Dann wollten wir auch nicht mit Schlips und Kragen rumlaufen. Wir wollten uns freier bewegen. Das war ein Protest, ja. Daß wir mit den Alten, den Vätern

Wandervögel während der Zeit der Weimarer Republik, 1932

ernsthafte Auseinandersetzungen gehabt hätten, wär' uns, glaube ich, gar nicht in den Sinn gekommen."[25]

So grenzten sich die jugendlichen Wandervögel zwar mit ihrer Freizeitkleidung und anderen Accessoires von den „Alten" ab, doch alles, was sie dazu gebrauchten, entnahmen sie der Erwachsenenwelt, vor allem der einzigen traditionellen „Freiluft-Kultur", dem Militär. (Erst in der Weimarer Zeit begann die Jugendbewegung, einen Teil ihres Bedarfs über eigene Firmen selbst zu produzieren und zu vertreiben.) Bezahlen mußten diese Produkte für die jugendlichen Wanderer ohnehin deren Eltern; Bafög gab es noch nicht, und ArbeiterInnen mit eigenem Einkommen waren unter den bürgerlichen Wandervögeln rar. So entstand „eine starke wirtschaftliche Bindung an die Ökonomie der ‚Alten'",[26] die eine wirkliche Autonomie verhinderte. Das galt auch für den Verband selbst. „So enthalten die Wandervogel-Hefte der Vorkriegszeit zahlreiche Annoncen von Privatfirmen und etliche Aussagen darüber, daß die Existenz dieser Zeitschriften von dem Wohlwollen der Inserenten abhing. In den Zeitschriften finden sich unter ‚sonstige Mitteilungen' oft unerwartet lange werbende Abhandlungen z. B. über bestimmte Marken von Suppenwürfeln, Kochern oder Wanderapotheken. Ein besonders eindrücklicher Beweis für die Wirtschaftsmacht der Annonce-Kunden ist die in Artikeln über das richtige Kochen geführte Debatte um den Suppenwürfel. 1908 wurde mehrfach über den mangelnden Nährwert und die geringe Schmackhaftigkeit der Maggi-Suppen geklagt und empfohlen, durch Verbesserung der jugendlichen Kochkünste die Abhängigkeit von diesen ,Illusionssuppen' zu verringern. Doch die Maggi-Lobby erwies sich als stärker; ein paar Monate nach diesen kritischen Veröffentlichungen können wir folgenden Hinweis der Schriftleitung lesen: ,Maggi-Bouillon-Würfel und Maggi-Suppen werden uns neuerdings von vielen Wandervögeln auf Grund mehrfacher Erprobung als durchaus praktisch, wohlschmeckend und bequem für Fahrten mit Abkochen gerühmt. Wir freuen uns, diese auch von uns gemachte Erfahrung von unseren Wandervögeln bestätigt zu sehen' – und gleich daneben die Maggi-Annonce! Aber schließlich – es gab damals kein frei verfügbares Taschengeld oder Ferienjobben – war der Wandervogel ja gänzlich auf die finanziellen Mittel der bürgerlichen Eltern und Förderer angewiesen; ohne deren Geld keine Ausrüstung, kein Landheim, keine Fahrt und kein Lager! Die Jugendkultur des Wandervogels entfaltete sich also in einem von den Erwachsenen tolerierten und geschützten Freiraum" (Linse, a. a. O., S. 405) – der jederzeit geschlossen werden konnte, würden sich die Freizeitaktivitäten ihres Nachwuchses in eine Richtung radikalisieren, die den Eltern nicht paßte.

Doch dazu bestand kaum Anlaß: Trotz allen Geredes vom „Generationenkonflikt" engagierten sich die Wandervögel in erster Linie nicht *gegen* die Elterngeneration, sondern *für* das Recht der Jungen auf eigene Freiräume und Geselligkeitsformen. Sie suchten *Distanz* zu den Alten, aber nicht *Opposition*, und bei genauerem Hinsehen entpuppten sich manch radikale Ansichten und Praktiken, die den Wandervögeln nachgesagt wurden, als Vorurteile. So zeichnete die Wandervögel nicht ungezügelte, gar gleichgeschlechtliche Promiskuität aus, sondern, ganz im Gegenteil, „sexuelle Regression" war „der Preis, den der Wandervogel dafür bezahlen mußte, daß die Erwachsenen den (bildungs-)bürgerlichen Jungen und Mädchen ein eigenes Jugendalter und eigene Jugendorganisationen zugestanden. Die asketische Körperstählung als Hauptmittel gegen krankhafte Sinnlichkeit war sein Motto; das Produkt des Wandervogels war ein Geschlecht, das seine Geschlechtlichkeit durch ,Kameradschaftlichkeit' ersetzt hatte. Schließlich ging die erfolgreiche Verdrängung der

Sexualität so weit, daß aus der Jugendbewegung eine neue Form der Ehe, die entsexualisierte ‚Kameradschaftsehe', hervorging, da die jugendliche Neutralisierung der Geschlechtlichkeit vielfach auch im Erwachsenenalter nicht mehr rückgängig zu machen war" (Linse, a. a. O., S. 399f.). „Sie saßen an den Abenden bei Kerzenflammen um den aus rohem Holz gezimmerten Tisch und plauderten um ihre Probleme und Ideale. Sie sprachen über die ‚sexuelle Frage', stellten sittliche Postulate auf, forderten Reinheit von jedem Kameraden, sprachen von Zeugung und Geburt als von mystisch heiligen Dingen und fanden nicht den Mut, ihren Mädchen mit mehr als scheuem Händedrücken zu begegnen. Sie glichen in diesen Stunden jenen mittelalterlichen Mystikern, die ihre Brunst in Inbrunst zu verwandeln vermochten", erinnert sich der zeitgenössische Romancier Albin Stuebs.[27] „Ihre Einstellung zur Sexualität war deutlich puritanisch", bestätigt auch Gillis. „Selbst als man Mädchen in den Bund aufnahm, gab es starke Widerstände gegen gemeinsame Aktivitäten. Man bevorzugte den Volkstanz, weil man ihn im Kreise tanzte und damit frühreife Paarbildung vermied" (Gillis, S. 201f.).

Ein weiteres Argument gegen die Integration von Mädchen war die Angst vor einer Angleichung der Geschlechter: „Die Mädels, die verbengeln da so, und die Jungs, die verweichlichen."[28] Und vor allem letzteres widersprach den Zielen des Wandervogel. So waren auch die Wanderungen des Vereins, bei denen oft bis zu fünfzig Kilometer am Tag „geklotzt" wurden, nicht nur sinnliche Naturerfahrungen fernab der verderblichen großstädtischen „Zivilisation", sondern stets auch körperliche und geistig-moralische Selbstdisziplinierung und damit gar nicht so weit entfernt von Wehrertüchtigung und nazistischer „Kraft-durch-Freude"-Ideologie. Und in der Tat scheint in den Liedern, Schriften, persönlichen Briefen und anderen erhaltenen Originaldokumenten der Wandervogel-Bewegung[29] immer wieder ein leidenschaftlicher, jugendlich-naiv idealisierter Patriotismus durch, der sich nicht selten recht zeit- und milieukonform in rassistischen Theorien erschöpfte. „Ein Gramm Lehre über die Beschaffenheit eines guten Rucksacks mag den Wandervogel mehr fördern als fünf Kilo Rassentheorie", beklagt sich 1914 ein Autor im *Wandervogel* (Linse, a. a. O., S. 406). Wenig später werden viele „idealistische" Wandervogel-Jugendliche erlebnishungrig in die „Stahlgewitter" des Ersten Weltkrieges marschieren.

Doch schon früher hatten viele Wandervogel-Eltern, die besorgt die steigende Attraktivität sozialistischer und demokratischer Gruppierungen sogar an den Universitäten, den Kaderschmieden *ihres* Nachwuchses, registrieren mußten, erkannt, daß die „im wesentlichen apolitische Haltung der Bewegung sie trotz ihrer unkonventionellen sozialen und kulturellen Eigenschaften zu einer brauchbaren Alternative zur sozialistischen Jugendbewegung" (Gillis, S. 203) machte. Zwar hatte der Wandervogel durchaus den Anspruch einer „klassenlosen Jugendbewegung", doch in der Realität blieben die Ideen und Ideale der Wandervögel eng ihrer eigenen sozialen Herkunft verbunden, und Arbeiterjugendliche fanden nur sehr selten den Weg in ihre Reihen. Zum einen hatten sie weder die Freizeit (angesichts der damals üblichen 59[!] Stunden Wochenarbeitszeit für Lehrlinge) noch das Taschengeld, das man den Mitgliedern der Organisation abverlangte, zum anderen hatten aber auch die alltäglichen Umgangsformen und der puritanische Lebensstil der Mittelschichtjugendlichen „keine Ähnlichkeit mit dem Erfahrungsbereich der Kinder aus der Arbeiterklasse, die zu einer ganz anderen Wertung von Männlichkeit und Weiblichkeit erzogen wurden. Was Wunder also, daß die Wanderer, wenn sie durch die Arbeiterviertel zogen, mit Gespött und sogar mit tätlichen Angriffen begrüßt wurden" (Gillis, S. 203f.).

Die proletarische Variante: Wilde Cliquen

Auch unter proletarischen Jugendlichen bildete sich – allerdings im wesentlichen erst in den 20er Jahren – eine autonome Jugendsubkultur heraus, die nicht nur in Opposition zu bürgerlichem Wandervogel und Hitler-Jugend stand, sondern auch zur eigenen Stammkultur. Die „Wilden Cliquen" bestanden zum größten Teil aus männlichen arbeitslosen und unqualifizierten Jugendlichen zwischen 16 und 25 Jahren. Zeitgenössischen Schätzungen zufolge gab es allein in Berlin bis zu 600 dieser Cliquen mit bis zu 10.000 Mitgliedern.[30]

Die Cliquen waren eher locker organisiert. Es gab zwar einen Anführer, den sogenannten Cliquen-„Bullen", der zumeist etwas älter war als der Rest der Clique und durchaus autoritär Entscheidungen treffen durfte, der allerdings nicht formal gewählt wurde, sondern aufgrund von Körperkraft, Mut, Zuverlässigkeit und Witz in diese Rolle hineinwuchs und das Vertrauen der Clique immer wieder bestätigen mußte. Die Aktivitäten der Cliquen beschränkten sich im wesentlichen auf Geselligkeit. „Ein gemeinsames und ursprüngliches Anliegen aller Cliquen – deshalb auch ‚wilde Wandercliquen' genannt – war tatsächlich die Organisierung der Freizeit, insbesondere durch Ausflüge, Wanderungen und Übernachtungen in den Wäldern und ländlichen Vororten der Großstadt" (Rosenhaft, a. a. O., S. 346). Ansonsten konzentrierte sich ihr Interesse auf ‚Wein, Weib, Tanz und Gesang':

Grün-weiß-grün ist unsere Farbe
Grün-weiß-grün ist unser Stolz
Wo wir Latscher sehn, jibt's Keile
Wo wir Nazis sehn, Kleinholz.[31]

„Latscher", das waren die bürgerlichen Wandervögel. „Diese Wandervögel, die mochten wir ja nicht", erinnert sich ein ehemaliges Mitglied der Berliner Wilden Clique „Ostpiraten". „Die waren uns zu zahm, zu lahm. Wenn die mal irgendwo mit den Zelten waren, die sind dann meistens ohne Zelte wieder nach Hause gefahren. Da gab's natürlich manchmal auch einen Polizeieinsatz."[32] Nicht nur in ihrer oft die Regeln des bürgerlichen Anstandes und Gesetzbuches verletzenden Wildheit unterschieden sich die proletarischen Cliquen von den bürgerlichen wie später die „Halbstarken" von den „Teenagern", sondern vor allem auch in ihrer Alltagsmoral wurden die Gegensätze zwischen den beiden subkulturellen Lebenswelten deutlich. Zigaretten, Pfeifen und Alkohol waren ein unerläßliches Zubehör ihrer Cliquen-Kultur, und Sexualität wurde nicht verdrängt, sondern sehr offensiv (und wenig beeinflußt von den emanzipatorischen Impulsen anderer Jugendbewegungen) zumindest verbal thematisiert, wenn auch mangels Frauen in den Cliquen selten praktiziert.

Obwohl der bürgerliche Wandervogel durchaus ein Vorbild der proletarischen Cliquen war und man vieles an Kleidungsstil, Accessoires und Verhaltensweisen von diesem übernahm, achteten die Cliquen doch sehr auf deutliche Distinktionsmerkmale. So ergänzte man die herkömmliche Wanderkluft durch Piratenmützen und Cowboyhemden, kreierte eigene Fahnen und Abzeichen und gab sich blutrünstige Namen wie Todesverächter, Blutige Knochen, Apachenblut, Schrecken des Westens, Edelweißpiraten, Totenkopfbande, Tatarenblut usw. – „‚Wilde Gesellen vom Sturmwind umweht / Fürsten in Lumpen und Loden ...‘. Sie fühlten sich eins mit dem theatralischen Donner ihres Liedes, stürzten ihre Becher Schnaps oder Wein hinunter und waren in diesem Augenblick überschwenglichen abenteuerlichen Dranges alles in einem: Südseefahrer, Indianerhäuptlinge, Rebellen, Vitalienbrüder (Seeräuber, kf), Florian Geyer und Rinaldo Rinaldini – Helden der Abenteuer und des gefahrvollen Ungestüms, gleich unter welcher Flagge es segelte“ (Stuebs, S. 14).

Einen ideologischen Überbau hatten sie nicht und lehnten dies auch ab. Politische Organisationen, die Cliquen-Mitglieder für sich rekrutieren wollten, hatten es schwer. Hellmut Lessing und Manfred Liebel kommen zwar in ihrer Studie „Wilde Cliquen. Szenen einer anderen Arbeiterjugendbewegung“ zu dem Ergebnis, daß die Mehrzahl der Cliquen „politisch nach links“ tendierte, während nur „fünf von 250“ (a. a. O., S. 46) der untersuchten Cliquen der SA nahestanden oder sich später in diese integrierten. Ihre „aktionistische Art und ihr undiszipliniertes Vorgehen“ (Mischok, a. a. O., S. 72) stießen bei den organisierten Sozialisten und Kommunisten dennoch auf wenig Gegenliebe, und auch für viele ältere Arbeiter waren sie schlicht „Lumpenproletarier“.

Die bürgerliche Gesellschaft dagegen fühlte sich von den Wilden Cliquen regelrecht bedroht. Und in der Tat entlud sich die alltäglich aufgestaute Wut der Arbeiterjungen häufig gegen die Kinder der Bürger, die für ihre Klassenzugehörigkeit abgestraft wurden.

Die (Fast-)Gleichsetzung der Wandervögel mit den Nazis in dem oben zitierten Cliquenlied deutet bereits an, daß es auch bei den in den 30er Jahren zunehmenden Konfrontationen zwischen Wilden Cliquen und Hitler-Jugendlichen „nicht primär um politischen Widerstand gegen die Nazis“ ging, sondern um den „nicht zielgerichteten Zoff mit dem System und seinen Repräsentanten, besonders mit der Mittelschichts-Hitlerjugend und ihren ‚Streifen‘“ (Findeisen/Kersten, S. 65). Die Opposition der Wilden Cliquen begründete sich in ihrer sozialen Herkunft aus der Arbeiterklasse und einem tiefverwurzelten Mißtrauen gegen die „Schlips-und-Kragen“-Milieus.

Ein Aufnahmeritual in der Wilden Clique Tatarenblut:

Der Bulle erwartete ihn im freien Ring zwischen den Zelten. Er trug die breiten Athletenschultern bewußt nach oben gereckt und den dicken, runden und kurzbehaarten Schädel mit schmaler Stirn in den Nacken gebogen.

Der Bulle kniff die Augen zu einem schmalen Spalt zusammen, als müßte er Thomas endgültig durch einen linsenhaft konzentrierten Blick prüfen. Nach einer Sekunde sagte er: „Du hast etwas von einer Schreiberseele."

Thomas sah sich gezwungen, seine Ehre zu retten. Er sagte kurz: „Maschinenarbeiter." Der Bulle nickte gnädig. „Gut." (Stuebs, S. 8)

„Wir waren nicht politisch, und doch waren wir wieder politisch, wenn wir Nazis gesehen haben", erinnert sich der „Ostpirat" weiter. „Es ist ja bekannt, daß die SA schwer in Berlin reinkam. Das war ein richtiger Aufmarschplan. Die schoben sich vom Westen, von Charlottenburg, Wilmersdorf, langsam vor. Also hier am Schlesischen Bahnhof gab's 1930 noch kein SA-Lokal. Da ist einmal ein SA-Zug durchgekommen, da waren an jeder Reihe zwei Schupos, um die zu bewachen. Das brodelte wie ein Kessel. Das war unmöglich 1930, wenn ein SA-Mann da durchkam. Die Vororte, die besseren Gegenden, da waren sie zu Hause. Da machten sie so ihre Versammlungen, Wahlveranstaltungen usw. Und da standen die auch immer so mit ihren Autos. Und da sind wir dann so dran mit unseren Messern, haben bei acht oder zwölf Wagen die Reifen durchgestochen. Da haben die uns dann reihenweise verhaftet" (Mischok, a. a. O., S. 62).

Das Ende der Weimarer Republik bedeutete auch das Ende der Wilden Cliquen in ihrer bisherigen Form. Einige ehemalige Cliquen-Mitglieder entzogen sich der Verfolgung, indem sie untertauchten, manche schlossen sich dem politischen Widerstand an, viele lebten ihre dissidente Haltung zum bürgerlichen Staat verdeckter weiter, einige integrierten sich zumindest nach außen hin. Und manche erlebten, wie ihre „halbstarken" Kinder die Geschichte der Wilden Cliquen unter anderen gesellschaftlichen Rahmenbedingungen wiederaufleben ließen.

Die Fünfziger

Spare, lerne, leiste was
So hast du, kannst du, giltst du was.

Die Fünfziger – für die Deutschen Jahre der Erniedrigung und Jahre eines kometenhaften Wiederaufstiegs zugleich. Der Osten schien endgültig verloren, „die Russen" herrschten in „Mitteldeutschland", westliche Besatzer – Negersoldaten! – führten den Deutschen vor Augen, wie sich zivilisierte Länder kulturell weiterentwickelt hatten, während in Deutschland die Lichter ausgingen: Bikinis und Kunststoffkleider, Musikboxen und Kofferradios, Nescafé und Kaugummi, Nagellack und „Nietenhosen". Staunend und zugleich verbittert starrten die (West-)Deutschen auf die vielen neuen Wunderdinge, die da vor allem aus den USA zu ihnen gelangten; doch zunächst erging es ihnen nicht anders als ihren „Brüdern und Schwestern" aus der sich auflösenden Deutschen Demokratischen Republik 1989/90: Sie durften alles bestaunen, hatten aber keine harte D-Mark, es sich selbst zu kaufen.

Das änderte sich jedoch bekanntlich schnell. Der Kalte Krieg des Westens gegen den Osten brauchte starke Verbündete, ein neues Bollwerk gegen den Kommunismus mitten in Europa. Und darin waren die Deutschen gut, vor allem, wenn man sie gut entlohnte, das hatten sie schließlich gerade erst eindrucksvoll bewiesen. Also Schwamm drüber. Aus Kriegsgegnern und Besatzern wurden Aufbauhelfer. Während manche Siegermächte selbst noch an den gewaltigen Kriegskosten laborierten und die Lebensmittel für ihre Bevölkerungen rationieren mußten, fand Westdeutschland im Konsumrausch eine neue Identität. Fortan hatte nur noch „die Zone" den Krieg verloren, der Westen erschöpfte sich in immer schneller aufeinanderfolgenden Konsumwellen: nach der Freßwelle die Möbelwelle, dann die Reise- und die Autowelle …

Die Sache hatte allerdings einen Haken: Mit den neuen Segnungen aus dem Ausland kam auch Unerwünschtes, Subkulturelles ins Land, das sich mit den ungebrochenen Vorstellungen der Älteren, was „deutsch", „korrekt", „sauber", „anständig" sei, nicht in Einklang bringen ließ: „Buschmusik" und Comics, neue Kleidungsstile und Geschlechterrollen – eine neue Form jugendlicher Aufsässigkeit erschütterte die deutsche Leitkultur.

„Halbstarke“ beim Rock 'n' Roll-Konzert, 1957

Ein unerschöpfliches Füllhorn voller Subkulturen und alternativer Lebensstile wie heute existierte da allerdings noch nicht. Selbst die Musik begann gerade erst ihre rebellische Kraft zu entfalten. Vor allem gab es kaum Räume, in denen Jugendliche unkontrolliert unter sich sein konnten. „Ein eigenes Zimmer, das man nicht mit Bruder oder Schwester teilen mußte, war bereits Luxus, und selbst dann hieß es: ‚Laß doch die Tür ruhig angelehnt, ihr habt ja wohl keine Geheimnisse.‘ Bei Geburtstagen waren die Eltern selbstredend die meiste Zeit dabei, mit kleinem Begrüßungstrunk und ständigem Vorstellen. Später gab es ‚Parties‘, aber die Mutter spaziert immer noch herein und heraus, um zu sehen, ob Häppchen oder Bowle ausgegangen sind. Und wenn man außer Haus ging: keine Discos, keine Jugendzentren, keine Wohngemeinschaften. Nur stets und ständig von Erwachsenen betreute und überwachte Einrichtungen. Was blieb, waren Kino, Parkbänke, Spielplatzecken und vielleicht eine Milchbar mit Musikbox. Das war's im wesentlichen. Um elf zu Hause sein, Viertelstunde Toleranzspiel-

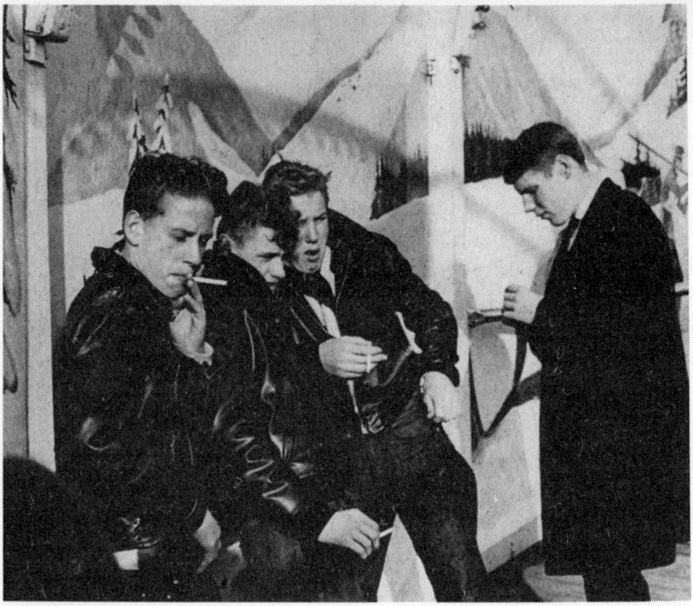

Deutsche Halbstarke, Mitte der 50er Jahre, eifern ihrem Idol Marlon Brando nach

raum, danach gibt's Krach" (Thomas Ziehe, in: Schock und Schöpfung, S. 217f.).

Und Krach gab's ständig. „Nicht, solange du deine Füße unter meinen Tisch stellst!" – Verbote, Widerworte, Umgehungstricks, die doch ans Licht kamen, theatralische Verzweiflungsauftritte der Mütter, beleidigtes Dauerschweigen der Väter, noch immer häufig Schläge, Zimmerarrest, Taschengeldentzug. „Mach sofort die Buschmusik aus!", „So gehst du mir nicht auf die Straße." – Ein zentrales Kampffeld waren, neben Musikgeschmack und Ausgehzeiten, die Kleidung und andere optische Accessoires. Kein Wunder, war die aus Amerika hereinströmende Mode doch die erste Massenkonsumware, die Jugendlichen eine Unterscheidung zu den Erwachsenen ermöglichte. Jeans und spitze schwarze Schuhe, Elvistolle oder langes Nackenhaar bei den Jungs, Lidstrich und kirschrote Lippen bei den Mädchen symbolisierten Aufsässigkeit und Sexualität. „Die Kultur des Bürgers mit ihren komplizierten emotionalen Hemmungen und Verdrängungen, ihren regulierten Tempi von Zurückhaltung und Entlastung, ihre Verpflichtung auf die protestantische Ethik – Arbeit, Karriere, Konkurrenz und Leistung – und auf die Ideologie der privaten Familie und des idealen Heims bildete eine reiche und komplexe Schutzhülle um die sich entwickelnde Produktionsweise. Aber als der Kapitalismus nach dem Krieg in sein technisch fortgeschritteneres, korporatives Konsum-Stadium hineinwuchs, wurde diese kulturelle Schutzhülle aufgelöst. Der fortgeschrittene Kapitalismus verlangte auf einmal nicht Sparsamkeit, sondern Konsum; nicht Genügsamkeit, sondern Stil; nicht den Aufschub von Genuß, sondern direkte Befriedigung der Bedürfnisse; nicht dauerhafte Güter, sondern Wegwerfprodukte: den ‚swingenden', nicht den nüchternen Lebensstil. Das Arbeitsevangelium paßte schwerlich zu einem Leben, das sich zunehmend um Konsum, Vergnügen und Spiel drehte. Die sexuelle Repression und das Häuslichkeitsideal konnten der zunehmenden ‚Permissivität' nicht standhalten" (Clarke u. a., S. 115f.).

„Korrektheit – das ist eine Anforderung, die in den fünfziger Jahren geradezu Schlüsselcharakter hatte. Das richtete sich zunächst gegen die Anarchie und ‚Freizügigkeit' der unmittelbaren Nachkriegsjahre, der Trümmer-, Schwarzmarkt- und Plünderzeit. Aber symbolisch ging es um mehr. Die fast besessene Konzentration auf Ordnung, Anstand, Sauberkeit war gegen den ‚Irrtum' der jüngsten Vergangenheit gerichtet. In dieser Sichtweise war der Nationalsozialismus ein unkontrollierter Ausbruch gewesen. Um das innere Tier im Zaume zu halten, das da losgelassen worden war, mußten die ‚alten' Tugenden wieder her, zumal diejenigen aus dem Reservoir preußischer Werte. Der Rigorismus im alltäglichen Detail sollte vor Fehlverhalten schützen. Die peinliche Beachtung von Regeln und Verhaltensnormen sollte symbolischen Schutz bieten – davor, noch einmal ‚ertappt' zu werden und abermals etwas falsch gemacht zu haben. Bestimmte Alltagskonventionen wurden fast mit ethischem Gehalt aufgeladen. Nicht (schlecht) auffallen, nicht unkorrekt aussehen: Wie es draußen ausschaut, sieht's im Innern aus! Jetzt galt es, ein für allemal eine saubere Haltung zu zeigen und dauerhaft zu bewahren" (Ziehe, a. a. O., S. 254).

Die meisten Eltern ahnten wohl, daß sie den Zug der Moderne nicht mehr stoppen konnten, und reagierten um so hysterischer, vor allem gegenüber den Töchtern, bei denen der Anblick von

„Schminke" oder lackierten Fingernägeln schon reichte, sie beim Verlassen der elterlichen Wohnung noch schnell mit einem aufmunternden „Komm du mir mal mit einem Kind nach Haus" zu verabschieden.

Der Halbstarke (Version II)

„Letzter Lagebericht von der ‚Rock-and-Roll-Front' zwischen Hansastraße und Brückstraße: das Capitol, in dem die *Saat der Gewalt* dreimal täglich (14.30, 17.15 und 20 Uhr) ekstatisch aufgeht, steht noch – vier Schaufensterscheiben zu Bruch – sechs Autos umgeworfen – zwölf Verkehrsschilder demoliert – ein Dutzend Mülltonnen vernichtet. Eine regelrechte Schlacht zwischen Polizei und ‚Rock-and-Rollern' wurde am Samstagabend geschlagen: mit einem Wasserwerfer und Gummiknüppeln ging eine Hundertschaft Tschako-Polizei gegen die ‚außer Rand und Verstand' tobenden Jahrgänge 1938 bis 1944 vor und schlug sie in die Flucht.

Zwischen den über 2000 Jugendlichen und den 100 von Funksprüchen und vom Polizeipräsidenten Kanig selbst dirigierten Polizeibeamten entwickelte sich jedesmal das gleiche Katz-und-Maus-Spiel. Nach den Kinovorstellungen strömten die Jugendlichen – fast alle im genormten Dreß von genieteten Texashosen, Lederjacken oder buntgestreiften Rollkragenpullovern – zu Hunderten in die Innenstadt. Sobald Polizei auftauchte, begann ein vielstimmiges Gejohle. Dann feierte die blinde Zerstörungswut Triumphe. Man warf Verkehrsschilder um, riß Weihnachtsgirlanden von den Geschäften und zertrümmerte Scheiben.

Für einen halbwegs vernünftigen Menschen ist der Krawall um diesen gehaltlosen amerikanischen Musik-Rabatz ebenso unverständlich, wie den entfesselten Halbwüchsigen selbst das Motiv ihrer blinden Zerstörungswut und kindischen Provokationen unklar sein dürfte. ‚In London und Duisburg haben die es ja auch gemacht', war die Kurzschlußlogik von vier Burschen, die jemand nach dem Grund ihres verstandlosen Tuns fragte."

Westdeutsche Allgemeine Zeitung vom 3. Dezember 1956, gefunden in: Schock und Schöpfung, S. 271.

Die „Halbstarken"

Anfang der 50er Jahre erlebten die Wilden Cliquen der Weimarer Republik ein überraschendes Comeback. Vor allem in den Jahren 1956 bis 1958 kam es in zahlreichen bundesrepublikanischen Großstädten, oft im Anschluß an Rock'n'Roll-Konzerte oder -Filme, zu Ausschreitungen und Massenprügeleien zwischen zumeist 15- bis

Saalschlacht beim Rock 'n' Roll-Konzert *Bill Haleys* am 27.12.1958, bei der nicht nur die Saaleinrichtung, sondern auch die Musikinstrumente zertrümmert wurden

20jährigen Arbeiterjugendlichen. Als *Bill Haley & The Comets* im Herbst 1958 auf Deutschlandtournee kamen, zerlegten Fans in Berlin, Hamburg, Essen und Stuttgart die Konzertsäle. Der christliche *Rheinische Merkur* klagte daraufhin, daß der „Komet der Triebentfesselung" ausgerechnet „am Tag der Papstwahl" einen „Feldzug wider die letzten Reste von Anstand und Selbstachtung" unternommen habe,[33] und das Ost-Berliner SED-Zentralorgan *Neues Deutschland* beschimpfte den „Rock'n'Roll Gangster" *Haley*, eine „Orgie der amerikanischen Unkultur" angerichtet zu haben.[34]

Interessanterweise waren sich in ihrer Ablehnung des Rock 'n' Roll die ‚Alten' beider Systeme völlig einig. Während Kirchenvertreter im Westen nach der Polizei riefen und Rock'n'Roll-Konzerte zu verbieten suchten, selbst progressive Kulturkritiker von „Nicht-Kultur", „minderwertigem Schund" und einem „Akt von Verdummung" (Lamprecht, S. 86f.) sprachen und westdeutsche Politiker mutmaßten, die Halbstarken seien „aus der Ostzone gesteuert",[35] erklärte DDR-Staatschef Walter Ulbricht in Ost-Berlin persönlich: „Dieser Lärm ist nichts als ein Ausdruck der Hemmungslosigkeit; er spiegelt die anarchistischen Verhältnisse der kapitalistischen Gesellschaft wider. Ein System, das am Absterben, am Verfaulen ist, bringt solche Ausschreitungen hervor. Es kann sich nicht darum handeln, diese Jugendlichen zu kritisieren, es geht vielmehr darum, die Verantwortlichen zu verurteilen ..." Und Verteidigungsminister Willi Stoph analysierte treffsicher: „Der Rock 'n' Roll ist dazu da, um die Öffentlichkeit über die von den Bonner Machthabern betriebene gefährliche Politik der Vorbereitung eines Atomkrieges auf dem Boden Westdeutschlands hinwegzutäuschen. Rock 'n' Roll ist ein Verführungsmittel, um die Jugend reif zu machen für den Nato-Atomkrieg."[36]

„Rauschgiftsüchtige in Ekstase"

Ein Schrank, ein Bett, eine Kommode mit einem Radio, ein Tisch, drei Stühle. Und Bilder – jede Menge Bilder! Über dem Kopfende des Bettes klebten sie neben-, unter- und übereinander. Es waren die grellbunten, aufreizenden Fotos aus Zeitschriften, die an unseren Kiosken nicht gehandelt werden. Muskelpakete in Tigerfellen. Rauschgiftsüchtige in Ekstase. Sex-Bomben. Kalte Killer mit Maschinenpistolen. Der ganze Abschaum einer verfaulenden Pseudo-Zivilisation ...

Orang-Pelzer und Gammler-Mingo waren in unserer Stadt glücklicherweise nur Einzelexemplare dieser mehr und mehr aussterbenden Gattung, sozusagen dem Neandertaler enger verwandt als dem Homo sapiens, die mit überlauten Kofferheulen, überlangen Haaren und überdrehten Modeticks an bestimmten Ecken das Stadtbild verschandelten. Die meisten bezeichneten sich als „Beat-Fans", die „nur ihren Beat liebten" und auf keinen Fall mit Rowdys und Arbeitsbummelanten in einen Topf geworfen sein wollten. Sie führten sozusagen ein Doppelleben: In der Schule und im Betrieb hielten sie sich mehr oder weniger gut, aber in der Freizeit „hakte es aus"...

„Auf eine solche Äußerlichkeit dürfen Sie nicht viel Wert legen. Die meisten genieren sich selbst, wenn wir ihnen klarmachen, daß sie in unserer sozialistischen Gesellschaft doch nicht herumlaufen können, als gehörten sie einer primitiven Horde an. Wir nehmen das mehr von der komischen Seite, damit sich diese Kunstfreunde nicht so wichtig vorkommen."

Hier unterlag der sonst so lebenserfahrene Erzieher einem Irrtum.

Aus: Günter Radtke: Die Tätowierten. Kriminalroman. DDR 1971.

Realistisch betrachtet, beteiligte sich nur eine verschwindende Minderheit – selbst großzügige Schätzungen sprechen von „nur 5–10 Prozent der Gesamtjugend“[37] – an den „Halbstarken“-Gangs und -Krawallen, doch diese schockierten die Erwachsenengesellschaft so sehr, daß sich 1956 sogar der Deutsche Bundestag mit diesen beschäftigte – und schließlich *Peter* wieder richten mußte, was *Bill* und *Elvis* erschüttert hatten.

Liebe Rock'n'Roll-Fans!

Ich habe schon vor Zehntausenden von Rock'n'Roll-Freunden gesungen. Und jedes Auftreten hat mich glücklich gemacht, weil ich spürte, daß Euch meine Songs Freude bereiteten, daß Ihr den Rock 'n' Roll so gern mögt, wie ich das tu. Ich weiß auch, daß wir Jungen bei diesen Rhythmen nicht stocksteif wie Ölgötzen sitzen bleiben können. Aber von Rhythmus im Blut bis zu ekelhaften Balgereien, zertrümmerten Stühlen und Polizei-Alarm ist ein weiter Weg. Ein Weg, den alle Rock'n'Roll-Fans lieber links liegenlassen sollten.

Da ich *Bill Haley* sehr verehre, war ich bei seinem Auftreten im Berliner Sportpalast. Ich habe diesen denkwürdigen Abend von Anfang bis zum Schluß erlebt. Die Show *Bill Haleys* war ausgezeichnet. Aber was einige sogenannte Fans dann aufführten, das war beschämend. Ich weiß, daß der Großteil der Zuhörer mit diesen Krachmachern nichts zu tun haben wollte. Aber der Krach ist immer lauter.

Ich habe mit *Bill Haley* nach der Vorstellung gesprochen. Er gestand mir, daß er so etwas in Amerika noch nie erlebt hatte. Aber auch er weiß zwischen den echten Fans und den Raufbolden zu unterscheiden.

Weil wir Jungen eine andere Musik lieben als die ältere Generation, werden wir von manchen Leuten scheel betrachtet. Das ist nicht schlimm. Schlimm ist aber, wenn einige wenige uns alle in ein falsches Licht rücken. Und das soll und darf nicht sein. Rock 'n' Roll ist Freude, aber nicht Krawall und Zerstörung. Vergeßt das nie!

Euer Peter Kraus

Aus: *Bravo* Nr. 47/1958; gefunden in: Schock und Schöpfung, S. 283.

Die „Halbstarken“ bekannten sich mit ihrer Mode, ihrer Musikleidenschaft, ihrem ganzen Stil demonstrativ zur (US-amerikanischen) Siegerkultur, und das mangels eigener Räume auch noch öffentlich sichtbar auf der Straße. Sie bildeten keine politische Opposition zu ihren Eltern und waren durchaus auch wie diese stolze Arbeiter, die häufig sogar in denselben Fabriken und Zechen ihrer Väter und Großväter beschäftigt waren. Doch durch ihr bloßes „Herumlungern“ in ihrer Freizeit demonstrierten die „Eckensteher“, daß sie

Schlagersänger *Peter Kraus* und sein Auto werden bei einem nächtlichen Ausflug in Schwabing 1958 von weiblichen Fans umlagert

mehr vom Leben erwarteten als eintönige, oft sinnlose Arbeit und nicht begründete Unterordnung. Ihr Aufstand gegen die Anständigen, die gnadenlos aufbauenden Alten war eine kulturelle, alltagsästhetisch wirksame Lebensstil-Rebellion – und möglicherweise gerade deshalb so wirksam. „Kritische Argumentation mit den anerkannten Mitteln des Systems wird in der Regel eher hingenommen als die Aufkündigung von Übereinkünften, was als schön und stilistisch gelungen zu gelten habe. Es ist ein bemerkenswerter Tatbestand, der oft übersehen wird: die Verletzung kultureller Gesamt-Übereinkünfte kann irritierender wirken als ein wohlartikulierter Widerspruch" (Baacke).[38]

Vor allem die Leidenschaft der „Halbstarken" für Filme mit amerikanischen Rebellen wie *Elvis Presley* („Jailhouse Rock" bzw. „Rhythmus hinter Gittern", 1957), *Bill Haley* („Rock around the clock" bzw. „Außer Rand und Band", 1956), *James Dean* („Rebel without a cause" bzw. „... denn sie wissen nicht, was sie tun", 1955, „Giant" bzw. „Giganten", 1956) und *Marlon Brando* („The Wild

One“ bzw. „Der Wilde“, 1953, „On the Waterfront“ bzw. „Die Faust im Nacken“, 1954) provozierten ihre Väter, denn hier ging es nicht um etwas so Nebensächliches wie Politik, sondern hier wurden die Männer der Kriegsgeneration im Kern ihrer Identität in Frage gestellt: Die „hüftschwingende, lässige Erotik“ der Rock'n'Roll-Jugend forderte die „marode Männlichkeit, das graue Versagertum der deutschen Kriegsmänner und die Arbeitswut und Unauffälligkeit der Wiederaufbau-Generation“[39] heraus.

Wir

Wer will nicht mit Gammlern verwechselt werden?
Wir
Wer sorgt sich um den Frieden auf Erden?
Wir
Ihr lungert herum in Parks und in Gassen
Wer kann eure sinnlose Faulheit nur hassen?
Wir
Denn jemand muß da sein, der nicht nur vernichtet
Der unseren Glauben erhält
Der lernt, der sich bildet, sein Pensum verrichtet
Zum Aufbau der morgigen Welt.

Freddy Quinn: „Wir“, 1966

Obwohl die „Halbstarken“ (oder auch: die Rocker, die Teddyboys, die Rockabillys) manches aus der frühen (Arbeiter-)Jugendbewegung übernahmen, war doch eine Sache neu: Die entscheidenden Impulse für ihren Stil (Musik, Mode usw.) erhielten sie nicht mehr aus ihrem persönlichen, sozialen, regionalen Umfeld, sondern – vermittelt über die kommerziellen Strukturen der Medien-, Musik-, Modeindustrie – aus der Fremde. Die Tage der kommerziellen Unschuld von Jugendkulturen sind damit gezählt. Von nun an werden selbst rebellischste Subkulturen nicht mehr unbeeinflußt von kommerziellen Interessen, sozusagen ganz authentisch auf der Straße, entstehen und gedeihen – ganz zu schweigen von den Freizeitkulturen des jugendlichen Mainstreams.

Die Entdeckung des „Teenagers"

Die Trümmer des abgestürzten Flugzeuges von *Ritchie Valens*, *Buddy Holly* und *The Big Bopper* waren noch nicht verraucht, da boten Tanzschulen schon neben Foxtrott und Walzer Rock'n'Roll-Kurse an, und Petticoats waren in jedem Kaufhaus zu bekommen. *Der Spiegel* hatte *Elvis Presley* bereits zu Weihnachten 1956 in einer Titelstory als „Schlager" abgehakt, und die seit August des gleichen Jahres erscheinende erste Teenager-Illustrierte *Bravo* brachte rührende „Sonderberichte" über die „Halbstarken". Was immer kommerziell verwertbar schien, wurde aufgegriffen, aus seinen sozialen Zusammenhängen gelöst, geglättet und als Massenprodukt vermarktet. Was (und vor allem wer) sich nicht integrieren ließ, wurde stigmatisiert, kriminalisiert, der Polizei oder dem Jugendamt überlassen. Doch das waren eher Ausnahmen, die vor allem als Schreckensgemälde und Warnung dienten, was denjenigen alles passieren könnte, die zu sehr den Konsens des Mainstream verließen. „Die Jugend" als solche wurde überwiegend optimistisch-positiv gesehen; ähnlich den reformpädagogischen Erneuerern des frühen 20. Jahrhunderts stand Jugend nun wieder für Wandel, Erneuerung, Aufbruch – für eine positive Kraft. Nur ging es diesmal nicht um einen Wandel der gesellschaftlichen Verhältnisse, um einen Aufbruch aus den verheerenden Niederungen des Kapitalismus, sondern – um das genaue Gegenteil: die „Jugend" als Jungbrunnen und unerschöpflicher Quell des kommerziellen Marktes. Mehr als eine halbe Milliarde Mark stand allein den 15- bis 20jährigen in der Bundesrepublik 1955 für die Freizeitgestaltung zur Verfügung, 2,3 weitere Milliarden gaben sie für Kleidung aus.[40]

> **„Freizeit ist Konsumzeit.**
>
> Die Jugendkulturen funktionieren nach einem ganz simplen Prinzip. Und so beginnt sich der motivierte Marketer und Werbestratege für die Freizeitwelt pubertierender Mädchen zu interessieren. Und er staunt, denn – Emanzipation hin, Wertewandel her – die Teenage-Girls sind um vieles traditioneller, als man vermuten würde. Wie eh und je gehen sie gerne bummeln und konsumieren noch immer gern fürs Styling. Und so ist das, was Teengirls heute wollen und was sie brauchen, Massenware zu Billigpreisen."[41]

Deutsche Jugend in den 50er Jahren, darunter *Cornelia Froboess* und rechts von ihr der spätere Schlagersänger *Rex Gildo*

Das Erfolgsrezept war dabei ein ganzheitliches: Zum ersten Mal in der jungen Geschichte des Marketing wurden nicht einzelne Produkte vermarktet, sondern gleich eine komplette Jugendkultur: Sog. Teenager-Musik (die 1960 bereits 40 Prozent des Plattenumsatzes ausmachte),[42] Teenager-Filme, Teenager-Zeitschriften, Teenager-Klubs und bald sogar ein eigenes Wörterbuch der Teenager-Sprache – „Steiler Zahn und Zickendraht"[43] – bildeten eine eigene (Konsum-)Welt aus Waren, die nur für Teenager produziert worden waren.

Die Jugendlichen hatten damit zum ersten Mal mächtige erwachsene Verbündete gegen die restriktive Dominanz ihrer Eltern. Habt Spaß, amüsiert euch! ermunterten *Bravo*, Schallplattenindustrie, Kaufhäuser und viele andere, die auf den gigantisch anwachsenden Freizeitmarkt der Teenager setzten, die Jungen zum Aufstand gegen die Alten. Denn „ein Mädchen mit 16 braucht so wenig zum Glück / Nur ein paar schicke Platten mit heißer Musik", wußte *Conny Froboess* (und natürlich den „Conny-teen"-Pullover für 29,80 DM und die „Cornelia-Teenager-Kosmetik“ für 4,95 DM). Aber wer braucht schon schicke Klamotten, brisk-Frisiercreme und Kosmetik, wenn er in den eigenen vier Wänden bleibt. Deshalb gehen „Blue jean-Boy und Blue jean-Baby“ schon in den 50er Jahren besonders gerne aus. „Sagt Bescheid, ihr kommt heut spät nach Haus. / Bringt Platten mit und möglichst viel / Von *Elvis* und von *Tommy Steel.* / Kinder, das wird heute wieder schick.“

Die Teenager-Kultur war vor allem eine Star-Kultur; ein Großteil der angebotenen Waren bezog sich direkt auf einzelne Stars (z. B. Kleidungsstücke, die nach Film- oder Musikstars benannt wurden) oder diente sogar ausschließlich dazu, den Fan-Status öffentlich zu dokumentieren. Noch steckte das Merchandise-Geschäft in den Kinderschuhen. Erst in den 80er Jahren werden amerikanische Heavy-Metal-Bands auf Welttourneen gehen, um ihre T-Shirt-Kollektionen zu verkaufen, und Sportartikelanbieter die passenden Sportarten zu ihren Waren kreieren. Doch auch die im Aufbau befindliche Vergnügungsindustrie der 50er Jahre erwies sich in manchen Bereichen schon als recht pfiffig und professionell. Kaufhäuser organisierten *Events* mit Popstars zur Vermarktung ihrer Kleidung, Plattenfirmen gründeten „Fanklubs“, und in den frühen Sechzigern zierten plötzlich alle möglichen Produkte Bilder von Stars und Sternchen. Ganz oben auf der Hitliste der Teen-Favourites: die *Beatles*. „Mehr als 100 Firmen stellen derzeit 150 verschiedene Massenartikel her, auf denen die Konterfeis oder die Namen der vier *Beatles* prangen: Damenstrümpfe, Luftballons, Pullover, Slips und Hemden, Schuhe, Hüte, Hosen, Jacken, Keksverpackungen, Limonadengläser und Schals, Eierbecher, Puppen, Kaugummipäckchen, Broschen und Ringe – und natürlich die ‚Original‘-*Beatles*-Perücken“ (Lamprecht, S. 100). Wenig später, dreißig Jahre vor „Big Brother“, zeigen zwei amerikanische Fernsehproduzenten, daß es prinzipiell möglich ist, mit einer originellen Idee und viel Hype jeden zum (One-Minute-)Star zu machen und lukrativ zu vermarkten, sei das Produkt (die Sendung, die Platte) auch noch so miserabel: „Im Sommer 1965 inserierten die TV-Produzenten Bert Schneider und Robert Rafelson im Showbusiness-Branchenblatt *Variety*: ‚Vier irre Jungs gesucht, Alter 17 bis 21, die Mut zur Arbeit haben.‘ Aus den 437 Anmeldungen wurden vier ausgesucht. Nur zwei von ihnen konnten Noten lesen, keiner Schlagzeug spielen; ihre Gitarrenkünste und Gesangstalente reichten allenfalls für den

Hausgebrauch. Doch der 30-Minuten-Fernsehfilm, den Regisseur Schneider im Stil der *Beatles*-Groteske ‚A Hard Day's Night' mit ihnen drehte, wurde als Beginn einer Serie vom NBC-Fernsehen angekauft. Nach drei Monaten harten Trainings lieferten die vier den Singletitel ‚Last Train to Clarksville' ab, der auf Grund der TV-Serienpopularität bereits in der ersten Woche 500.000 Käufer fand. Noch vor der Auslieferung der zweiten Single gingen 1.051.280 Vorbestellungen ein. *The Monkees*, die sich im Plattenstudio von Routiniers aushelfen und Hitmelodien von anderen liefern ließen, verkauften im ersten Jahr allein in den USA je mehr als sechs Millionen LPs und Singles. Bei ihrer ersten Tournee brach eine Massenhysterie unter den Teenagern aus. *Monkee*-Gitarren, *Monkee*-Comics, *Monkee*-Pullover, *Monkee*-Hosen etc., in einer eigens geschaffenen Ladenkette ‚The *Monkee* Stores' feilgeboten, brachten 1967 über 25 Millionen Dollar ein."[44]

„Von den Untertanenpflichten feudalistischer Zeiten ist der heutige Mensch entbunden. An ihre Stelle ist die Pflicht zum Konsum getreten, dem alle mit einem Eifer nachkommen, als täten sie es freiwillig", resümiert der progressive Kulturpessimist Helmut Lamprecht in seinem Vorwort zu einer Neuauflage seines Werkes über „Teenager und Manager" 1965. „Die politische Lethargie der jungen Generation hat gewiß mehrere Motive; am umfassendsten dürfte aber die allgemeine Konsumideologie auf die jungen Gemüter einwirken. Kritisches Interesse an dem, was ‚draußen' geschieht, kommt selten auf. Die Amüsierindustrie erweist sich als Macht. Politische Aktivität gar wird kaum erst in Betracht gezogen" (a. a. O., S. 9ff.). „Es gibt keine rebellierende Jugend mehr", bestätigt auch Rainer Fabian in seiner Reportagensammlung „Idole in unserer Zeit". „Die Jugend rebelliert nicht, sie konsumiert" (a. a. O., S. 66). Doch als dieses Werk im Sommer 1967 aus der Druckerei in die Buchhandlungen kommt, hat sich das Bild von „Jugend" bereits radikal gewandelt. Aus konsumfreudig-naiven „Teenagern" wurden – wieder einmal – gefährliche Täter. Bilder amerikanischer Hippies und Anti-Vietnamkrieg-Demonstranten bevölkerten die Medienwelt, Protestaktionen französischer und deutscher StudentInnen ließen erahnen, daß diese unerwartete Welle des Aufruhrs auch (West-)Deutschland überfluten wird. „Barrikaden werden wichtiger als *Elvis Presley* und *Johnny Hallyday*. Die Jugend begnügt sich nicht mehr mit der ihr vom System zugewiesenen Rolle, Produktionskraft und Konsumentenschar für den kapitalistischen Markt zu sein, und muckt auf. Der Untergrund meint es ernst. Die Jugend ist im Begriff, die Macht zu übernehmen!" (Hollstein, S. 20 u. 27)

Die Genese des Begriffs „Subkultur"

Als der amerikanische Soziologe Milton Gordon 1947 in einem kurzen Aufsatz – „The Concept of the Sub-Culture and Application" – wohl als erster[45] den Begriff der „Subkultur" in die wissenschaftliche Diskussion einbrachte, bezog er sich „explizit auf ethnische Gruppierungen in den USA, auf italienische Immigranten z. B., sowie generell auf die schwarze Bevölkerung" (Lindner, a. a. O., S. 5). Die zentrale Erkenntnis der sogenannten „Chicago school" (R. Park u.a.: The City, 1925; F. M. Thrasher: The Gang, 1927; William S. Whyte: Street Corner Society, 1943):[46] Das Leben in den (jugendlichen) Gangs der unteren sozialen Schichten folgte anderen Regeln als das der (weißen) Mittelschichten; die Annahme jenseits sozialer Unterschiede universell gültiger Werte und Normen war offensichtlich ein Mythos.

Sehr schnell wurde aus Normen und Verhaltensweisen, die von denen der Mittelschicht abwichen, „Delinquenz". Albert Cohens Aufsatz „Kriminelle Subkulturen" erscheint 1957 auch in deutscher Übersetzung in der *Kölner Zeitschrift für Soziologie und Sozialpsychologie* – ein Sonderheft zum Thema „Jugend-Kriminalität". René König interpretiert in seinem Beitrag in der gleichen Ausgabe die aktuelle „Teenager-Kultur" bereits als Vorbote eines „Normenkonflikts zwischen der Welt der Jugendlichen und der Erwachsenen".[47] 1961 veröffentlicht Rowohlt Cohens Buch „Kriminelle Jugend. Zur Soziologie des jugendlichen Bandenwesens", 1968 erscheint ein weiterer einflußreicher Aufsatz von Albert Cohen und James Short – „Zur Erforschung delinquenter Subkulturen" – in dem von Fritz Sack und René König herausgegebenen Einführungsband zur „Kriminalsoziologie". Fritz Sack definiert das Thema erneut maßgeblich mit seinem Beitrag „Die Idee der Subkultur: Eine Berührung zwischen Anthropologie und Soziologie" (ebenfalls in der *Kölner Zeitschrift für Soziologie und Sozialpsychologie*).[48] In diesem Kontext sollten jugendliche Subkulturen lange Jahre verharren – zumindest aus der Perspektive der Jugendsoziologie.

Das „Subkultur"-Modell von Schwendter

Rolf Schwendter, 1939 in Wien geboren, Dramaturg, Regisseur, Liedermacher, Kochbuchautor, Rechtswissenschaftler und Philosoph, seit 1975 Professor für Devianzforschung an der Gesamthochschule Kassel, ist nicht nur ein faszinierendes Unikum der linken Subkulturen, sondern auch sicherlich ihr wichtigster deutschsprachiger Theoretiker. Sein Standardwerk „Theorie der Subkultur", 1970 verfaßt, erlebte bis heute vier Auflagen und zahlreiche essayistische Erweiterungen und Aktualisierungen.

Schwendter unterscheidet (in Anlehnung an Walter Hollstein) zunächst zwei Typen von „Subkultur": einmal die „Teilkulturen" (innerhalb der dominanten, sprich: Mittelschichten-Kultur wirkend), zum anderen die „Gegenkulturen" (in Opposition zum herrschenden System wirkend). „Die Teilkultur ist keine eigenständige Kultur, die *von* oder aus der Jugend hervorgeht; sie ist Kultur *für* die Jugend, Konsum- und Kompensationskultur mit hohem Integrationsgrad. Innovativ eigenständige Ansätze werden zur Mode deklariert und kommerzialisiert, wodurch ihr Kritik- und Konfliktpotential abgebaut wird. Da sich Teile der Erwachsenenwelt an dieser Freizeit-, Mode- und Konsumkultur ausrichten, erhält sie einen zusätzlichen Integrationsfaktor, wodurch sie zur ‚dominanten Teilkultur' unserer Gesellschaft wird und dieser einen scheinbar puerilen Anstrich verleiht, der wiederum von der Werbung unterstützt wird."[49]

Diese Teilkulturen interessieren Schwendter im folgenden weniger; sein Hauptaugenmerk richtet sich auf die politisch orientierten oder wirksamen „Gegenkulturen". Hier differenziert Schwendter zunächst wieder zwischen zwei Typen von

Subkulturen:

progressive Subkulturen ← → regressive Subkulturen

Schwendter benennt folgende zentrale Unterschiede zwischen progressiven und regressiven Subkulturen:

- „Die Normen, Institutionen etc. der progressiven Subkulturen dienen diesen dazu, den gegenwärtigen Stand der Gesellschaft aufzuheben, weiterzutreiben, einen grundsätzlich neuen Zustand zu erarbeiten. Die Normen, Institutionen etc. der regressiven Subkulturen dienen diesen dazu, einen vergangenen Stand der Gesellschaft, Normen, die nicht mehr oder nicht in dieser Weise in der gegenwärtigen Gesellschaft wirksam sind, wiederherzustellen" (a. a. O., S. 37).

- „Die regressiven Subkulturen können notwendigerweise nicht Avantgarde werden, sondern nur Elite – dadurch erübrigt sich auch die Erstellung einer konkreten (positiven) Utopie für regressive Subkulturen" (a. a. O., S. 49).
- „Progressive Subkulturen wollen das gesamtgesellschaftliche Wertordnungssystem umgestalten; regressive Subkulturen wollen im allgemeinen nur einen Austausch der Nutznießer des Standards" (a. a. O.).
- „Progressive Subkulturen äußern ihre Feindseligkeit direkt gegen das Establishment; regressive Subkulturen neigen – wie die kompakte Majorität – dazu, diese auf Ersatzobjekte zu übertragen" (a. a. O.).
- „Progressive Subkulturen entstammen in höherem Ausmaß dem Proletariat (inklusive proletarische Intellektuelle und technische Intelligenz), regressive Subkulturen dem Kleinbürgertum und Lumpenproletariat. Dies erklärt auch infolge zahlenmäßiger Verringerung des Kleinbürgertums die relative Abnahme regressiver Subkulturen" (a. a. O.).

Auch die „regressiven Subkulturen" interessieren Schwendter nur am Rande. Zwar hatte die NPD gerade erst parlamentarische und außerparlamentarische Erfolge erzielt, die sie nie wieder in ihrer Geschichte erreichen konnte, und auch mehrere Dutzend andere alt- und neonazistische Vereinigungen entwickelten eine zunehmende Militanz („Brandt an die Wand"), doch das Nazitum war noch nicht als Sub-, geschweige denn Jugendsubkultur entdeckt worden, und der „Zeitgeist" wehte links. Schwendters Hauptaugenmerk richtet sich im folgenden somit auf die „progressiven Subkulturen", die er wiederum in zwei Typen unterteilt:

rationalistische Subkulturen emotionelle Subkulturen

- *Rationalistische Subkulturen* legen großen Wert auf „Analysen, Praxis zur kompakten Majorität und zu unfreiwilligen Subkulturen hin, Selbstbestimmung, konkrete Arbeit an den technologischen Möglichkeiten: insbesondere politische Subkulturen, Studenten- und Intellektuellengruppen, politisierte ethnische Minderheiten, Randgruppenarbeiter“ (a. a. O., S. 40).

- *Emotionelle Subkulturen* legen großen Wert auf „individuelle Freiheit, Entwicklung des individuellen Bewußtseins, allgemeine Futurologie – bis hin zu einer kosmologischen Futurologie: insbesonders Gammler, Hippies, Beatniks, Provos, Bohème, esoterische Gruppen, mit Vorbehalten die Rocker“ (a. a. O.).

Der selbst „Subkultur praktizierende Analytiker“ (Baacke) Schwendter sah in den Subkulturen vor allem eine gesellschaftsverändernde Kraft – im Widerspruch zur Mehrheit der damaligen, meist eher an geschlossenen Theorien orientierten Neuen Linken, die in den jugendlichen Subkulturen eine „Ablenkung vom notwendig diszipliniert durchzuführenden Kampf“ (Baacke 1972, S. 175) witterten. Auch die realsozialistisch orientierte Linke griff die „privatistischen“ Subkulturen als „Hofnarren des Kapitalismus“ an: „Nicht nur Abs und Kiesinger, auch die ‚Subkulturellen‘ sind Parasiten von Arbeitern und Angestellten“, konstatierte, nicht ganz metapherndicht, der Sprachforscher E. A. Rauter in *konkret* (Nr. 14/1969; hier zitiert nach Schwendter, S. 14). Jugendliche Subkulturen spielten bei Schwendter allerdings nur eine eher randständige Rolle. Ganz anders orientierten sich dagegen die Pioniere der sich gerade in Großbritannien entwickelnden Forschungsdisziplin der Cultural Studies.

Die Studien des CCCS

Bahnbrechend für die moderne Subkulturforschung wirkten sich die Studien des bereits 1964 gegründeten Birminghamer Centre for Contemporary Cultural Studies aus. Zum ersten Mal in Europa wurden die jugendlichen Alltags- und Freizeitkulturen der Nachkriegszeit wirklich ernst genommen. Mit einem geradezu ethnologischen Blick untersuchten die marxistisch orientierten ForscherInnen des CCCS vor allem die proletarischen Subkulturen der 60er bis frühen 80er Jahre. Andere britische Forscher, vor allem der engagierte ehemalige Schauspieler, Tänzer und Bewährungshelfer Mike Brake, setzten ihre Arbeiten (wenngleich mit kritischer Distanz zu ihren ideologisch-theoretischen Ansätzen) fort.

Im Mittelpunkt der britischen Subkulturforschung standen die Herkunftmilieus der Jugendlichen. Trotz der völlig anderen Gewichtung ihrer Forschungsinteressen kamen sie zu ähnlichen Erkenntnissen wie Schwendter. Vor allem erarbeiteten sie zwei

Subkulturen der Arbeiterklasse

„Die Subkulturen der Arbeiterklasse sind deutlich artikulierte kollektive Strukturen – häufig beinah ‚Gangs'" (Clarke u. a., S. 110).[50]

„Die Arbeiter-Subkulturen reproduzieren eine klare Dichotomie zwischen jenen Aspekten des Gruppenlebens, die noch ganz unter den Zwängen der dominanten Stamm-Institutionen stehen (Familie, Heim, Schule, Arbeit), und jenen, die mit der arbeitsfreien Zeit verbunden sind (Freizeit, Peer-Group-Verbände).

Die Arbeiterjugend ist anhaltend durch den wechselnden Rhythmus von Samstagabend und Montagmorgen strukturiert" (Clarke u. a., S. 111).

„Der Industriebetrieb hat natürlich eine disziplinierende Wirkung auf junge Arbeiter. Auf ein ausschweifendes Wochenende folgt unerbittlich der Montagmorgen. Arbeit und Freizeit haben nichts miteinander gemein. Wer sich in einem permanenten Arbeitsprozeß befindet, dem bleibt nur die Freizeit, um einen draufzumachen. Arbeiterjugendliche leben während ihrer Freizeit auf, dann, wenn sie sich den Kontrollmechanismen Erwachsener entziehen können. Die Subkulturen der Unterschicht sind ‚Teilzeit'-Subkulturen der Freizeitsphäre. Sie sind im Leben der Jugendlichen nur kurzzeitige Intermezzi" (Brake, S. 100f.).

„Arbeiter-Jugendliche eignen sich die bestehende Umwelt an; sie konstruieren eigene Freizeitbeschäftigungen anhand der gegebenen Umwelt der Arbeiterklasse – Straße, Nachbarschaft, Fußballplatz, Ausflüge in Küstenorte, Tanzpalast, Kino, Trümmergrundstück, Pub, Disko" (Clarke u. a., S. 111).

Gegenkulturen der Mittelschicht

„Die Gegenkulturen der Mittelklasse sind diffus, weniger gruppenzentriert, individualistischer. Letztere führen nicht zu festgefügten Subkulturen, sondern zu einem diffusen gegenkulturellen Milieu" (Clarke u. a., S. 110f.).

„Die gegenkulturellen *Milieus* der Mittelschicht verschmelzen und verwischen die Unterschiede zwischen ‚notwendigen' und ‚freien' Zeiten und Aktivitäten. Ja, sie zeichnen sich gerade durch den Versuch aus, Alternativen zu den zentralen Institutionen der dominanten Kultur zu erproben: neue Lebensformen, neue Formen des Familienlebens, der Arbeit und sogar von ‚Nicht-Karrieren'" (Clarke u. a., S. 111).

Phänotypen von (jugendlichen) Kulturen mit deutlich unterschiedlichen Stilen, Zielen und gesellschaftlichen Wirkungen: die *Sub*kulturen der Arbeiterklasse und die *Gegen*kulturen der Mittelschicht:

„Häufig spiegelten diese Gruppen den Versuch wider, die strikte Trennung zwischen Arbeit und Freizeit aufzuheben, gewissermaßen aus Arbeit ‚Spiel' zu machen sowie ein Verhältnis zur materiellen Produktion zu gewinnen, das die Nischen des Sozialsystems ausnutzt oder einen bescheidenen Lebensstandard aus dem Sperrmüll der Normalbürger sichert. Ein zentrales ökonomisches Element war die Ausbildungsbeihilfe für Studenten, und in der Tat entsteht ja der Gedanke, aus der Gesellschaft ‚auszusteigen' (und nach einer gewissen Zeit wieder zurückzukehren), wenn man, im Vergleich zur rauhen Wirklichkeit des Arbeiterlebens, in privilegierten sozialen Verhältnissen lebt" (Brake, S. 101).

„Jugendliche der Mittelklasse verbleiben länger als ihre Altersgenossen aus der Arbeiterklasse im ‚Übergangsstadium'" (Clarke u. a., S. 111).

„Mittelschicht-Jugendliche konstruieren eher Enklaven in den Lücken der dominanten Kultur. Wo erstere eine Aneignung des ‚Ghettos' vollziehen, machen letztere oft einen Exodus ins ‚Ghetto'. Auf dem Höhepunkt der Gegenkultur in den 60er Jahren bildeten die Gegenkulturen der Mittelschicht eine vollständige, wenn auch embryonale ‚Alternativgesellschaft', die der Gegenkultur einen institutionellen Unterbau lieferte. Die Mittelschicht-Kultur bietet den Freiraum und die Chance dafür, daß Teile von ihr aus der Zirkulation ‚ausdroppen'" (Clarke u. a., S. 111).

„Die Gegenkultur der Mittelschicht war die Avantgarde eines Dissens, der aus ihrer eigenen, dominanten Stammkultur erwuchs. Ihr Rückzug war prinzipiell ideologisch und kulturell. Sie richtete ihren Angriff hauptsächlich gegen jene Institutionen, welche die dominanten kulturellen und ideologischen Beziehungen reproduzieren – Familie, Erziehung, Medien, Ehe, sexuelle Arbeitsteilung. Dies sind die Apparate, die Bindungen fabrizieren und Konsensus internalisieren" (Clarke u. a., S. 114).

„Die Gegenkulturen erfüllten eine wichtige Aufgabe für das System, indem sie neue gesellschaftliche Formen entwickelten und mit ihnen experimentierten, die dem System letztlich mehr Flexibilität verliehen. Auf dem Gebiet von Stil und Kleidung leitete die Gegenkultur in ihren kleinen ‚handwerklichen' und avantgarde-kapitalistischen Produktions- und Distributionsformen Geschmacksveränderungen ein, für die Massenkonsum und Warenhausketten zu schwerfällig, unflexibel und überkapitalisiert waren. Waren die Trends aber einmal eingeführt, marschierten die großen kommerziellen Bataillone an und räumten ab" (Clarke u. a., S. 119f.).

Subkulturen der Arbeiterklasse

Zum Beispiel: Rocker

Ihre Herkunft

Oft Schulabbrecher ohne qualifizierte berufliche Ausbildung, die sich dementsprechend häufig als „ungelernte Arbeiter verdingen mußten. Ihre Konsummöglichkeiten waren gering, und Kompensation in der Mode kam für sie nicht in Frage" (Brake, S. 89).

Ihre Weltsicht

Die Weltsicht der Rocker war recht eindeutig, „bodenständig": „Die Welt besaß keine abstrakte Dimension, es gab keine schuldbewußte Ausdeutung, kein belastetes ‚Ich' – nur eine unkomplizierte Körperlichkeit und das Vertrauen in Dinge. Männlichkeit, Robustheit und Direktheit des interpersonellen Kontaktes waren die Prüfsteine dieser Welt" (Willis, S. 31).

Subkulturen der Arbeiterklasse

Zum Beispiel: Hippies

Ihre Herkunft

„In New Yorks East Village kamen 12 Prozent der Hippies aus der Oberschicht, 87 Prozent aus der Mittelschicht und 1 Prozent aus den Unterschichten. In San Francisco gehörten 8 Prozent der Oberschicht, 84 Prozent der Mittelschicht und 8 Prozent den Unterschichten an. 21 Prozent der Hippies in New York waren Schüler, 8 Prozent Studenten, 40 Prozent Angestellte, 12 Prozent arbeiteten in der Firma des Vaters, und 20 Prozent waren unabhängig oder ohne Arbeit gewesen, bevor sie der Bewegung beitraten. Die überwiegende Mehrheit hatte ein Elternhaus verlassen, in dem das Jahreseinkommen über 100.000 Dollar betrug, um nun in freigewählter Armut von 1.000 Doller im Jahr zu leben" (Hollstein, S. 68).

Brake fand bei seiner empirischen Studie über die Hippie-Szene in Großbritannien 1977 „vor allem Studenten" vor, die „in der Hochschulausbildung keinen Sinn mehr sahen" (a. a .O., S. 113). „Die Hippies konnten ihre bürgerliche Herkunft nicht verleugnen. Ihre Stammkultur war die bürgerliche Intelligenz der Großstädte. Individualistische extrovertierte Haltungen und Kreativität waren bei ihnen besonders ausgeprägt" (Brake, S. 79).

Ihre Weltsicht

„1. Do your own thing, wherever you have to do it and whenever you want. 2. Drop out. Leave society, as you have known it. 3. Blow the mind of every straight person you can reach. Turn them on, if not to drugs, then to beauty, love, honesty, fun." (Robert Jones, zitiert nach Hollstein, S. 63)

Im Mittelpunkt der Hippie-„Ideologie" stand der „natürliche" Mensch, der durch die Dominanz der Normen und Werte der kapitalistischen Gesellschaftsordnung entfremdet von seinem eigentlichen Wesen leben mußte. „Die Kinder ökonomischen Wohlstands und geistiger Verarmung rebellieren wider ein versteinertes System aus Routine, Langeweile, Wiederholung, Glücklosigkeit, Totalitarismus und Nicht-Sinn" (Hollstein, S. 164). Ihr Schlüssel zur Veränderung der Verhältnisse war jedoch nicht ein anderes, zum Beispiel sozialistisches System, sondern die Sensibilisierung und Veränderung des einzelnen. Der Kapitalismus hatte „nur die materielle Seite des Lebens entwickelt und dabei Seele und Geist verloren" (Hollstein, S. 67). „Spirituelle Intensität – und nicht ein progressiver Radikalismus – war Grundlage ihrer Gesellschaftskritik. Es war eine humanistisch-religiöse Kritik des Rationalismus, der Technokratie und Bürokratie – nicht des Kapitalismus als solchen" (Willis, S. 224). Fragen der sozialen Ungleichheit etwa interessierten sie wenig; schließlich verachteten sie materielle Interessen so sehr, daß bei vielen Hippies Armut geradezu etwas Erstrebenswertes hatte.

Ihr Stil

Ihr Stil war rauhe Männlichkeit. Auftauchende Probleme gingen sie hart und direkt an. „Für eine Weile mochte man es wohl mit Wissen und genauer Analyse versuchen, doch wenn dabei nicht schnell etwas herauskam, wurde dies zugunsten rauher direkter Maßnahmen verworfen: mit dem Selbstvertrauen roher männlicher Stärke versuchten sie buchstäblich, die Dinge wieder zurechtzutreten" (Willis, S. 37). Mochte man jemanden nicht oder nervte jemand (der nicht zur eigenen Szene / Gang gehörte) so sehr, daß man ihn loswerden wollte, wurde das häufig sofort gewalttätig geklärt.

Doch der Stil der Rocker war nicht einfach nur gewalttätig, sondern „auf ausgefeiltere Weise maskulin" (Willis, S. 39). Das Haar trug man zwar lang, aber anders als die androgyne Wirkung der Langhaarfrisuren der Hippies bestärkte das in der Art des frühen *Elvis Presley* gefettete und straff nach hinten gekämmte Haar der Rocker das gewünschte Bild robuster Männlichkeit. Tätowierungen auf den Händen und am ganzen Oberkörper waren weit verbreitet, die getragenen Ohrringe erinnerten an Bilder von Piraten. Die schweren Stiefel waren nicht nur nützliche Waffen bei Prügeleien, sondern erinnerten auch an die schwere körperliche Fabrikarbeit.

Ihre Drogen

Zigaretten und Alkohol, vor allem Bier, wurden im allgemeinen akzeptiert (aber nicht von allen, wie der folgende Interviewauszug dokumentiert), andere Drogen, vor allem Marihuana, wurden den verhaßten Hippies zugeordnet und als Zeichen von „Unmännlichkeit" radikal abgelehnt.

Paul Willis: Und Drogen?
Fred: Ach, Scheißdrogen. Ich hab in mei'm ganzen verdammten Leben noch keine Drogen genommen, ich würd dem Fucker, der mir welche anbietet, die Scheiße aus dem Leib prügeln.
Tim: Das sind einfach keine Männer, wenn die Drogen nehmen ... mit denen stimmt was nich.
Fred: Wenn ich einen kennen würd, der was nimmt, ich würd ihn kurz und klein schlagen, also echt, und ob ich das tät.
Mick: Das is genau wie mit Bier, oder? Ich mein, es gibt doch 'nen Haufen Pipels, die müssen erst einen schlucken, bevor sie 'nem Kerl ein Pfund reinhauen. Wenn ich ohne Bier oder Drogen kei'm eine reinhauen könnt ... Da könnt ich mich ja gleich begraben lassen.
Fred: Ich kenn 'nen Haufen Kerle, die gehen erst mal ordentlich einen schlucken, bevor se sich 'ne Tätowierung oder so machen lassen, sie ham Schiß davor, ich mein, ohne Bier, es is doch auch 'ne Droge, oder?" (Willis, S. 32f.)

Ihr Stil

Liebe Tini! Die beiden Nächte mit Dir waren Toll. Aber: 1: aus 2 gemeinsamen Nächten muß noch keine Beziehungkiste entstehen und 2. Du bist auf dem falschen Weg, wenn du anfängst, in die Gedichte zu Ostern ein »Verliebtsein« hineinzuinterpretieren. Versuche doch mal, sie unbefangen zu sehen. G.

aus: *rb*, 17.5.1984

▶ Der erste atomwaffenfreie Wollversand versendet Musterkarten seiner Flauschwolle, Baumwolle, Schurwolle und Angora gratis.
Anfordern bei **MUMPITZ—Wollversand**
Groß- & Einzelhandel
Hamern 62, 4425 Billerbeck

aus: *taz*, 11.1.1984

Ihre Drogen

„Turn on, tune in, drop out" (Timothy Leary):
LSD, Marihuana, Pilze ... – alles, was der „Bewußtseinserweiterung" diente.

Ihre Musik

Ihre Musik war der Rock 'n' Roll, der frühe Rock 'n' Roll der Jahre 1954–1960: *Buddy Holly*, *Gene Vincent*, *Chuck Berry*, *Bill Haley*, natürlich der frühe *Elvis*; neuere „Popbands" der Sixties nur dann, wenn sie den Geist der Fünfziger transportierten, zum Beispiel die ersten *Beatles*-Aufnahmen und die ihrer kurzen Back-to-the-roots-Phase nach „St. Pepper's" („Get Back") oder manches von den *Rolling Stones*, deren offenes Bekenntnis zum Rowdytum und deren Sichtweise von Frauen als pures Sexobjekt ohne jegliche persönliche Authentizität genau auf der Wellenlinie der Rocker lag.

Der Rock 'n' Roll ersetzte die Harmonie als traditionelles Strukturprinzip durch den Rhythmus, der Wegfall der Taktunterbrechungen erlaubte eine fließende Steigerung der Ekstase. Der Rock 'n' Roll war Körpermusik, schnelle Musik, Tanzmusik.

Folglich hörten die Rocker Singles, bevorzugt sogar die alten 78er-Schellack-Pressungen, die dem Sound noch eine zusätzliche spröde, ‚dreckige' Authentizität verliehen, und sie verachteten Alben. Bei Singles „konnte man eine genaue Auswahl treffen, so daß die Reihenfolge der Stücke völlig dem eigenen Belieben anheimgestellt war. Eine LP spielen hieß, sich auf die von jemand anderem festgelegte Reihenfolge der Musikstücke einzulassen. LPs sind bei einem Publikum beliebt, das geneigt ist, eine beträchtliche Zeit dazusitzen und zuzuhören, und das auch nicht so schnell aufgibt, so daß es möglich ist, auch unbekanntes Material zu würdigen und zu beurteilen" (Willis, S. 98). Singles dagegen kommen den Bedürfnissen eines aktiven, sich bewegenden Zuhörers entgegen. Sie enthalten das bekannte, populäre Material eines Musikers bzw. einer Band, die eingängigen Nummern, die ihre Wirkung in zweieinhalb bis maximal vier Minuten entfalten. Singles sind keine Versuchslabors für musikalische Experimente. Der Zuhörer bekommt das, was er erwartet.

Die Musik sollte die Rocker in Bewegung setzen, nicht zu neuen Erkenntnissen führen. Die Texte sollten ihr Selbstbild, vor allem den Aspekt eines echten Mannes, der sich von niemandem herumschubsen läßt, bestätigen, doch die Details waren unwichtig. Während die „Chicks" auch gerne langsame Songs, „Liebesschnulzen", hörten, war für die Männer nur schneller Rock 'n' Roll akzeptabel, der sofort den Körper in Schwingungen versetzte und auf die Tanzdiele trieb. Musik und Aggression gehörten damit eng zusammen, allerdings in durchaus unterschiedlicher Weise, wie das folgende, von Paul Willis geführte Interview mit Rockern zeigt:

Joe: Wenn du 'ne schnelle Platte hörst, dann mußte einfach los und was tun. Wenn du nich mehr tanzen kannst oder wenn die Tanzerei rum ist, dann mußte einfach irgendwo Dampf ablassen.

Ihre Musik

Die Hippies mochten vom Blues beeinflußten, auf einer kraftvollen, oft virtuos beherrschten Leadgitarre aufbauenden Heavy Rock à la *Cream* oder *Led Zeppelin*, besonders aber, wenn sich darin – wie im sogenannten Acid Rock – LSD- und andere psychedelische Erfahrungen deutlich widerspiegelten (*Doors*, *Grateful Dead*, *Jimi Hendrix*, *Jefferson Airplane* u. a. in Amerika, „intellektueller" und weniger rockig *Pink Floyd* in Großbritannien). *Frank Zappa* war seit seiner LP „Freak Out" (1966) der rebellische Gott aller Hippie-Fraktionen und betrachtet noch heute von Tausenden von Wohngemeinschafts-(Klo-)Wänden ein wenig überrascht den Wandel der Geschichte ...

Hippies hörten LPs, nicht Singles, am liebsten sogar programmatische Themen- oder Konzeptalben wie „Sergeant Pepper's Lonely Hearts Club Band" von den *Beatles*, das 1967 ein Meilenstein im Aufbrechen alter musikalischer Muster war und für viele Hippies den Weg in die Szene ebnete, nach späteren Aussagen der Band allerdings gar kein Konzeptalbum war, „Happy Jack" (1967) und „Tommy" (1969) von *The Who* u. a. – also Produktionen, die nicht mehr öffentlich, etwa in Klubs und Discotheken, konsumiert wurden, oft auch nicht mehr live aufgeführt werden konnten, sondern eine konzentrierte Zuhörerschaft erforderten, die „sich nicht viel bewegt, still dasitzt, sich nicht mit anderen Dingen beschäftigt und bereit ist, beträchtliche Zeit allein der kritischen Rezeption von Musik zu widmen" (Willis, S. 98). Auch einzelne Songs wurden immer länger (etwa „In-a-gadda-da-vida" von *Iron Butterfly* oder „Live Dead" von *Grateful Dead*, der gleich drei Plattenseiten füllte), die Texte immer wichtiger, zugleich aber auch abstrakter, transportierten zum Beispiel nur noch Traumbilder (wie etwa diverse Songs von *John Lennon*) und verweigerten sich der eindeutigen Interpretation. Bei Konzerten kamen komplexe Lichtanlagen, Filmausschnitte, Dias, Texteinspielungen vom Tonband zum Einsatz, asymmetrische Rhythmen, Verzerrereffekte u. a. machten Tanzen unmöglich. Die Musik der Hippies war immer mehr Nahrung für den Geist, nicht für den Körper. „Überraschung, Widerspruch und Unsicherheit waren genau das, was die Hippies in ihrer Musik hoch einschätzten. Sie *wollten* überrascht und verunsichert werden. Der allgemeine Ruf nach Klarheit in der Popmusik war ihnen weitgehend fremd. Sie vertrauten ihrer Musik vor allem deswegen, weil deren Komplexität und Schwierigkeit das logozentrische Denken in Schach hielt und spirituelle Bedeutungsgehalte nahelegte, ohne diese auf eine Weise klären zu wollen, die sie unweigerlich reduziert hätte. Statt ‚Bedeutung' gab es in dieser Musik eine Vieldeutigkeit, die genügend Ansatzpunkte, Gesten und Hinweise barg, um einer Gruppe, deren Denken bereits in diese Richtung ging, eine spirituelle Interpretation zu ermöglichen" (Willis, S. 201).

Fred: Wir waren bei 'ner Tanzerei im Alhambra, und immer wenn 'ne gute Platte lief, eine mit 'nem starken Beat, dann mußte ich auf und irgendei'm Arschloch eine in die Fresse hauen. Es hat mich einfach wild gemacht, also echt ... ich bin einfach durchgedreht. Die Bullen kamen praktisch jede Woche, weil wir uns jede Woche geprügelt haben, wir konnten einfach nich anders. Da stand einer, 'n absolut Fremder, und Pete ist hingegangen und hat ihm die Fresse poliert, der konnt sich nich mehr rühren, und doch nur wegen der Platten, ganz bestimmte Platten, die ham uns ganz wild gemacht, die alten Beat-Platten warn's ... Wenn ich 'ne starke Platte hör, ach Scheiße, dann packt mich echt die Wut, das bringt mich einfach in Rage, ganz einfach so, und ich muß um mich hauen. Bei all den scharfen schnellen Sachen is das so. Ich muß wo drantreten oder sonstwas, ich kann einfach nich anders. Kennste das, wenn du tanzt und die Platte macht dich so geladen, und du hast das verdammte Gefühl, daß de am liebsten allem und jedem da eine reindonnern könntest?

Paul Willis: Nun, ich trinke einfach ein Bier und halte mich zurück.

Fred: Nee, ich trink nich, da machste dir's zu einfach.

Joe: Fred kann nich tanzen, verstehste, ich steh auf und tanz, er steht auf und prügelt sich. (Willis, S. 103f.)

Rocker und Hippies waren so ziemlich die letzten Subkulturen, bei denen das theoretische Modell, die an Autoren wie Antonio Gramsci und Edward Thompson[51] geschulte, kulturalistisch zugespitzte marxistische Perspektive des Centre for Contemporary Cultural Studies, also die relativ schematische Einteilung von Subkulturen entlang sozial eindeutiger „Klassen" oder Milieus, noch funktionierte. Und selbst die Hippies integrierten schon Merkmale, die eher für delinquente Subkulturen der Unterschicht typisch sind, wie Hedonismus und mangelndes Arbeitsethos sowie die „Suche nach aufregenden Erlebnissen" (vgl. Brake, S. 79).

So spricht Rolf Schwendter im Nachwort zur Neuauflage seiner „Theorie der Subkultur" zwanzig Jahre später in Abgrenzung zum CCCS von einem „disparaten Bündnis metropolitaner Subkulturen, welchen längst eine Milchstraße von Klassenströmungen, nicht indes eine verbliebene Stammkultur zugrunde liegt" (a. a. O., S. 421f.). „Von einer Homogenität des subkulturellen Zusammenhangs wie auch einer eindeutigen Stammkultur kann angesichts des soziokulturellen Wandels und der damit verbundenen kulturellen Pluralisierungsprozesse nicht mehr die Rede sein", bestätigten auch andere Autoren (Hellmann/Klein/Klein).[52]

Hippie-Kontakt (Elke Koska) mit Eingeborenen, München 1970

Für Deutschland galten diese Kriterien von je her deutlich abgeschwächt. Vielleicht mit einer Ausnahme, dem Ruhrgebiet, wo sich bis in die 70er Jahre hinein in großem Rahmen Arbeitermilieus und zum Teil sogar Klassenbewußtsein erhalten hatten, ließ sich die (west-)deutsche Gesellschaft, vor allem die Lebensstile und Alltagskulturen der Jugendlichen, traditionell weniger eindeutig aus der Milieu- und Klassenperspektive beschreiben. Erschwerend kommt hinzu, daß keine einzige der hier relevanten Jugendkulturen wirklich authentisch in Deutschland entstanden ist (vielleicht mit Ausnahme von Hitler-Jugend und Poppern). So stellte auch Paul Willis nach einem Deutschland-Besuch 1981 fest: „In Deutschland wuchern die verschiedenen Formen der Jugendkultur nur so! Mods, Rocker, alternde Hippies – die Straßen wirkten wie das Kaleidoskop einer gescheiterten, unterirdisch verlaufenden *englischen* Geschichte, eine Collage, bei der die Zeitabfolge völlig durcheinandergeraten war. Natürlich bedeutet das nicht, daß englische Untersuchungen dieser Phänomene plötzlich auch hier zutreffen. Gerade, daß dieser Stil teilweise aus England kommt, läßt vermuten, daß die Medien bei der Ausbildung von Kultur in Westdeutschland eine größere Rolle spielen. Zumindest im Augenblick können wir im deutschen Kontext eine relative Tendenz zur Mode und nicht zum Stil sehen, zu den Medien und nicht zur Kreation, zum Ausborgen und nicht zum Erschaffen“ (Willis, S. 10). Bei einer Analyse der deutschen Jugendkulturen wird dies zu berücksichtigen sein.

Jugend(sub)kulturen heute

„Die Jugend" hat sich in den letzten 25 Jahren in eine für die meisten Angehörigen älterer Generationen und sogar für viele Jugendliche selbst unüberschaubare Artenvielfalt oft widersprüchlichster Kulturen ausdifferenziert. Marketingstudien der Industrie sprechen inzwischen von über 400 allein in Deutschland existierenden Jugendkulturen. Inmitten eines zahlenmäßig nach wie vor dominanten jugendlichen Mainstreams entstanden unzählige subkulturelle Szenen und Cliquen, Gangs und Posses, Tribes und Families mit jeweils eigenem Outfit und eigener Musik, eigener Sprache und eigenen Ritualen, mit zum Teil fließenden Übergängen und gleichzeitig scharf bewachten Grenzlinien, die für Außenstehende oft nicht einmal erkennbar sind.

Die Jugend (Artenvielfalt I)

Acidheads, Alternative, Antifas, Atomkraftgegner, Autonome, Auto-Surfer, Barbies, Base-Jumper, Basketballer, B-Boys, Beachvolleyballer, Beatniks, Biker, Bitches, Black Metaller, Blueser, Bohemiens, Boneheads, Breakdancer, Computer-Kids, Cracker, Cyberpunks, Dark Waver, Disco-Fans, Freaks, Freeclimber, Fußballfans, Gammler, Gewerkschaftsjugend, Girlies, Gothics, Greaser, Greenteams, Groupies, Grufties, Grunger, Hacker, Halbstarke, Hardcores, Hausbesetzer, Headbanger, Heavy Metals, Hippies, Hipster, Homeboys, Hooligans, Hausfrauen, Houserunner, Inline-Skater, Jesus Freaks, Jungdemokraten, Junge Liberale, Junge Linke, Junge Union, Jungsozialisten, Kiffer, Kutten, Linke, Mods, Mountainbiker, Mountainboarder, Neo Folks, Neonazis, Netsurfer, New Romantics, New Waver, Ökos, Okkultisten, Peacer, Pfadfinder, Popper, Poser, Provos, Psychobillies, Punks, Raggamuffins, Rainbow People, Rapper, Raver, Rechte, Redskins, Renees, Riot-Girls, Rockabillys, Rocker, Rock 'n' Roller, Rollenspieler, Rude Boys, Satanisten, S-Bahn-Surfer, Schickies, Science-fiction-Fans, Scooter, Scratcher, Skateboarder, Slammer, Snowboarder, Spiral Tribes, Splatter-Fans, Spontis, Sprayer, Stadtindianer, Stagediver, Straight-edger, Streetballer, Streetboarder, Streetgangs, Streetlugger, Surfer, Tagger, Teddyboys, Teenager, Tierrechtler, Trainsurfer, Trekkies, Veganer, Volleyballer, Wakeboarder, Wandervögel, Waver, Wilde Cliquen, Writer, Yippies, Yuppies

Die Jugend?

Die Zahl und Vielfalt dieser Kulturen stieg in dem Moment explosionsartig an, in dem der Prozeß der „Individualisierung" der bundesdeutschen Gesellschaft einen ersten Höhepunkt erreichte. „Subjektivierungs-, Pluralisierungs- und Globalisierungsprozesse in ökonomischen wie auch in politischen und kulturellen Kontexten lösen nicht nur die lebenspraktische Relevanz der bisher dominierenden Klassen- und Schichtstrukturen zunehmend ab. Sie verändern auch grundlegend die klassischen Gesellungsformen (d. h. Gemeinschaften wie Familie, Nachbarschaft, Kirchengemeinde, Assoziationen wie Vereine, Verbände, Parteien, Organisationen wie Betriebe, Bürokratien, Hochschulen etc.)."[53] Soziale Milieus und andere einstmals verbindliche Grenzen zwischen Klassen und Ethnien, Religionen und Regionen erodierten zusehends, traditionelle Familienstrukturen verloren ihre Monopolstellung zugunsten von Wohngemeinschaften, Single- und Alleinerziehenden-Haushalten; informelle Gleichaltrigen-Cliquen, die neuen faszinierenden Welten der Computer-Kulturen (Techno, Internet) und weitere attraktive Konsum- und Identifikationsangebote des kommerziellen Freizeitmarktes verdrängten die Partizipationsangebote der konventionellen Erwachsenenstrukturen (Parteien, Kirchen, Jugendverbände etc.) von der Agenda des jugendlichen Lebensalltags. Mit dem formalen Ende der DDR brach schließlich der wohl letzte Versuch auf deutschem Boden, eine staatlich gelenkte, generationsübergreifende Monokultur heranzuzüchten, zusammen. Doch auch die Schulen des Westens hatten da längst – angesichts ihrer Unfähigkeit, den zentralen Sinn und Zweck ihres Daseins zu erfüllen, nämlich die Qualifizierung für einen gesicherten Lebensunterhalt – ihre ideologische Bindungskraft verloren. Die Kirchen, längst nicht mehr Orte spiritueller Erfahrungen, leerten sich spätestens nach der Konfirmationsfeier; fortbestehende religiöse Obsessionen verlagerten sich in die säkularisierteren Bereiche der Pop- und Alltags-*Kult*ur. Die Politik schließlich büßte spätestens in dem Moment ihre Legitimation als moralsetzende Instanz ein, in dem sie sich als unfähig oder nicht willens erwies, den Preis für diese privilegierte Stellung zu zahlen: die langfristige Sicherung des wirtschaftlichen Wachstums und die Bereitstellung einer ausreichenden Zahl an Arbeits- und Ausbildungsplätzen.

Chancen, Risiken und Nebenwirkungen der Lebensgestaltung waren so zunehmend individualisiert worden. So bewirkten die sozialstrukturellen Veränderungen auf dem Arbeitsmarkt zwar einerseits den Anstieg des durchschnittlichen Einkommens und der frei verfügbaren Zeit, setzten aber andererseits den einzelnen „immer größeren Kompetenz-, Flexibilitäts- und Mobilisierungserwartungen und einem immer höheren und ‚unberechenbareren' Konkurrenzdruck aus. Einerseits wird das Individuum aus überkommenen Beziehungen freigesetzt, wodurch es mehr Entscheidungschancen und Lebensoptionen erhält. Andererseits verliert es nicht nur gemeinschaftliche, sondern zusehends auch bislang gesellschaftlich ‚garantierte' Verläßlichkeiten" (Hitzler/Bucher a. a. O.).

Zum Beispiel: die Kirchen

Unbestreitbar zählen die christlichen Kirchen zu den mächtigsten Lobbys des Landes. Sie kontrollieren nicht nur die öffentlich-rechtlichen Rundfunkanstalten mit, sondern produzieren auch selbst Dutzende von Fernsehsendungen, Zeitschriften und Zeitungen in Millionenauflagen. Sie reden bei der Lehreraus- und -fortbildung ebenso mit wie bei der Familien- und Jugendpolitik. Und welche andere gesellschaftliche Gruppe verfügt noch über das Privileg, ihr Warenzeichen in Schulklassenräumen auszustellen oder ihre Mitgliedsbeiträge vom Staat einziehen zu lassen. Unsere Alltagskultur, unsere Sprache, unsere Feste und Rituale sind derart von christlichen Traditionen durchtränkt, daß uns diese zentrale Wurzel unseres Daseins nicht einmal mehr auffällt. Andererseits erlebt die Institution Kirche auf der Ebene der bewußten Anhängerschaft seit Jahrzehnten einen starken Mitglieder- und Bedeutungsverlust. „Der allgemeine Trend zu einem Bedeutungsverlust konfessioneller Bindungen, einer Erosion übergreifend religiöser, konfessionell gebundener Milieus und einer gelebten, alltäglichen, rituellen, religiösen Praxis kann als gesichert gelten. Das gilt für die Kirchenaustritte, die Bindung an konfessionell bestimmte Glaubens- und Gottesvorstellungen, für die Praxis des regelmäßigen Gottesdienstbesuches und die rituellen Formen der Kommunion, der kirchlichen Heirat oder auch des alltäglichen Betens. Nicht nur der Anteil der Konfessionslosen steigt an, sondern vor allem die Bindung der Kirchenangehörigen an die kirchlichen Praktiken lockert sich erheblich."[54] Den großen Amtskirchen fällt es offensichtlich immer schwerer, ihre Schäflein einzufangen und zu halten, nicht nur, aber besonders im Osten Deutschlands. Leben im Westen heute 13 Prozent der Jugendlichen ohne Religionszugehörigkeit (immerhin fast eine Verdopplung in 15 Jahren: In der Shell-Studie „Jugend '85" waren es noch 7 Prozent), so sind in den neuen Bundesländern 80 Prozent der Jugendlichen nicht kirchlich organisiert. Nur noch ein knappes Drittel der westdeutschen Jugendlichen betet und glaubt an ein Weiterleben nach dem Tod, nur noch ein Sechstel geht zum Gottesdienst. Im Osten reduzieren sich diese Praktiken im Schnitt um weitere zwei Drittel auf marginale Minderheiten.[55]

Gleichzeitig scheint das Interesse an spirituellen Fragen und Gemeinschaften sogar leicht zu steigen. Doch die Sinnsucher landen nur noch selten bei den großen Kirchen. „Freie" religiöse Gemeinden, okkultistische Subkulturen und die kommerziellen Anbieter der Esoterik-Szene scheinen deren Bedürfnisse besser zu befriedigen. „Es ist schon so, daß die Kirche viel Gutes tut", erklärt Sabine aus Nürnberg, 29, Krankenschwester. „Aber das ist meist ‚nur' Humanismus. Die geben den Menschen zu essen, geben ihnen zum Anziehen, aber Gott können sie ihnen nicht näherbringen, weil sie ihn selber nicht haben." Jugendliche auf der Suche nach Jesus finden ihn in den großen Kirchen nicht mehr – und landen wie Sabine bei Pfingstgemeinden, Jesus Freaks und ähnlichen, oft fundamentalistisch an der Bibel orientierten Gemeinschaften „wiedergeborener" Christen.

Jesus Freaks

[Sollten Sie die Jesus Freaks augenblicklich nicht interessieren, blättern Sie weiter zum Haupttext auf S. 87.]

Donnerstag, 27. Juli 2000, Gotha in Thüringen. Die bekannte Pferderennbahn am Boxberg schmückt heute gleich am Eingang ein ungewohntes Transparent: „Freakstock 2000 – The Jesus Festival" verkünden metergroße Lettern in farbenfroher Gestaltung. In den kommenden vier Tagen werden sich hier mehr als 3.000 zumeist junge Menschen und 50 Bands aus aller Welt zu einem der außergewöhnlichsten Events des Jahres versammeln. Was 1995 mit einem kleinen, überschaubaren Treffen in Wiesbaden begann, hat sich inzwischen zum größten christlichen Alternativ-Festival Europas gemausert.

Die Mehrzahl der TeilnehmerInnen – MitarbeiterInnen wie Gäste – dürfte zwischen 18 und 28 Jahren alt sein; unser jüngster Interviewpartner in den nächsten Tagen ist 13, der älteste 38.[56] Die Geschlechterverteilung scheint ausgewogen, was durchaus ungewöhnlich ist: Fast alle anderen Jugend(sub)kulturen sind männlich dominiert.

Auffällig ist auch das bewußt schrille Outfit vieler BesucherInnen. „Normalos" scheinen eher eine Minderheit darzustellen. Neben zahlreichen „Retro-Hippies" in wallenden Gewändern, mit bunten Ketten und Lederbändern, häufig mit Dreadlocks, in die ebenfalls bunte Steine oder Ringe eingeflochten wurden, finden sich sehr viele Punks mit zum Teil perfekt gestylten Iros. „Ich hab' mich auch schon oft gefragt, ob die Leute ihre Iros extra für das Freakstock schneiden", erzählt Andreas, ein 19jähriger Zivildienstleistender aus Klagenfurt, der „heuer" schon das zweite Mal extra aus Kärnten zum Freakstock anreiste. „Ich kenne einige, gerade so 14-, 15jährige, die kommen als ganz Normale, werden Jesus Freaks und glauben, sie müssen jetzt auch den Iro haben und gepierct sein, sonst gehören sie nicht wirklich dazu." Das Freakstock wirkt wie ein Kaleidoskop sämtlicher schriller Jugendsubkulturen der letzten drei Jahrzehnte. Gegen Abend tauchen mehrere Abgesandte der Gothic-Szene auf, elegante Nachtgeschöpfe in schwarzen Kleidern, Samt- oder Lederhosen; Altrocker und Heavy-Metal-Fans in voller Ledermontur mit langen, dünnen, zusammengebundenen Zöpfen schlendern über den Platz, aber auch ein halbes Dutzend Skinheads, die in ihrem betont männlich-martialischem Outfit (schwere Boots, aufgekrempelte Jeans, von Hosenträgern gehalten, Fred-Perry-Pullover, darüber blaue Jeans- oder schwarze Fliegerjacken, millimeterkurz geschorene Haare) zwischen den anderen Freaks auf den ersten Blick merkwürdig deplaziert wirken.

Die erste Jesus-Freak-Gruppe gründete sich, inspiriert von den bereits in den späten Sechzigern in den USA entstandenen Jesus People, vor acht Jahren in einem Wohnzimmer in Hamburg. „Unsere Vision ist, daß eine neue Bewegung unter jungen, ausgeflippten Leuten entsteht", beschrieben die Initiatoren ihr Ziel. „Wir sind der Überzeugung, daß trotz Papst, Hexenverbrennungen, geldscheffelnden TV-Predigern und klerikalen Langweilern hinter der Sache mit Jesus etwas Wahres und Fantastisches steckt. Um ehrlich zu sein, glauben wir sogar, daß es nichts Radikaleres gibt, als mit Jesus zu leben, nichts, was dem Leben mehr Qualität geben könnte. Wir denken, daß sich Jesus in besonderem Maße den Kaputten, Fertigen, Kranken, Abhängigen, Verarschten, Verstoßenen, Armen zugewandt hat, denen, die außerhalb der Wertnormen dieser Gesellschaft liegen. Darum wollen wir ‚Kirche' für solche Leute möglich machen."[57]

Nicht wenige der Initiatoren gehörten selbst zu den so Beschriebenen. Sie hatten selbst erfahren, daß sie als Punks, Rocker, Obdachlose, Drogen- und Alkoholabhängige in den großen Kirchen nicht sehr freundlich willkommen geheißen wurden. So gründeten sie eben ihre eigene Glaubensgemeinschaft. Die *Jesus Freaks* verstanden sich nicht als Gegen-Kirche, sondern als radikales innerkirchliches Auffangbecken für all die – auch von den großen Kirchen – Ausgestoßenen dieser Gesellschaft, eine Selbsthilfeorganisation mit hoher Street Credibility auf den Spuren ihres großen Vorbildes.

Eine dichte Spur von Aufklebern („Jesus liebt dich", „Jesus ist auch für dich gestorben") und ein Pfeil mit der Aufschrift „Jesus Terror Force" weist uns den Weg in die Presse- und Organisationszentrale des „Freakstock 2000": ein vielleicht zwölf Quadratmeter großer Raum, in dem bei unserer Ankunft zwischen Stapeln von Papier, Stromkabeln, Kisten mit diversen Materialien und halb geöffneten Schränken, aus denen weitere Papierberge quellen, bereits fünf Leute herumwirbeln, per Funk oder Handy nach anderen Leuten suchen, Essensmarken oder Arbeitseinsatzpläne an unaufhörlich hinein- und hinausströmende Menschen verteilen. Die Jesus Freaks haben darauf verzichtet, eine professionelle Agentur mit der Organisation ihres Festivals zu betrauen, und erledigen nun alles selbst mit Hilfe von mehr als zweihundert ehrenamtlichen MitarbeiterInnen aus den eigenen Reihen.

Zu unserer Überraschung berechtigen die vier für uns vorbereiteten Festivalpässe, die uns Pressesprecher Tobi, ein Jesus Freak aus Hamburg, freundlich lächelnd überreicht, nicht nur zum freien Eintritt an allen Tagen und in allen Sektoren inklusive Backstage-Bereich „mit Ausnahme der Musiker-Hotels", sondern auch zum einmaligen Duschen pro Tag und zur Einnahme von Gratis-Getränken (inklusive Bier) und -Speisen. Die ehrenamtlichen MitarbeiterInnen,

„Satan ist immer noch hier.“

Ein Gespräch mit Annika, 21, und Daniel, 29, aus Neuberg/Hessen, Missionare

Daniel: Hi, ich bin Daniel und komme aus Santa Cruz, Kalifornien.
Was machst du dort?
Daniel: Ich missioniere seit vier Jahren für Jesus.
Und du?
Annika: Ich bin auch Missionar. Wir sind seit zweieinhalb Wochen verheiratet.
Glückwunsch! Habt ihr euch bei der Arbeit für Jesus kennengelernt?
Annika: Jesus hat uns zusammengebracht, auf jeden Fall. Ich war in Seattle als Au Pair und habe eine Freundin von ihm kennengelernt. Und als die mich zum ersten Mal gesehen hat, hat sie beschlossen, daß ich die perfekte Frau für ihn sei. Sie hat mir das aber nicht gesagt, das habe ich erst im nachhinein erfahren. Aber sie hat mir seine E-Mail-Adresse gegeben, und ich habe halt angefangen, ihm zu E-Mailen. Ich fand das erst ganz schön blöd, jemanden, den ich nicht kenne ... Aber irgendwie dachte ich mir schon, daß da was im Busch war. Wir haben uns sechs Monate lang gemailt und dabei richtig gut kennengelernt, und ich hab' mich in ihn verliebt, ohne überhaupt zu wissen, wie er aussieht. Obwohl wir uns noch nie getroffen, nicht mal am Telefon miteinander gesprochen hatten. Ich hatte davor noch nie eine Beziehung gehabt. Er war mein erster Freund. Und er hat auch keine Beziehung mehr gehabt, seitdem er Christ wurde. Deswegen waren wir beide supernervös, als wir uns dann zum ersten Mal trafen, weil uns klar war, daß wir jetzt entweder eine Beziehung für's Leben anfangen oder gar nichts. Und dann hat es ganze vier Tage gedauert, bis er um meine Hand angehalten hat.
Habt ihr euch schon taufen lassen?
Annika: Das ist auch ganz lustig. Das war eines der Zeichen. Es war ja das erste Mal, daß ich einen Freund hatte, und dann war das auch gleich schon der, den ich heiraten würde, und ich war so fürchterlich nervös, daß ich Gott um noch ein Zeichen gebeten habe. Und genau in dem Moment rief Daniel an und erzählte mir von seiner Taufe. Daniel hat sich am 25. April 1993 in Südkalifornien taufen lassen. Und ich hatte mich am selben Tag in einer Freikirchlichen Gemeinde in Hanau taufen lassen.
Bist du christlich geprägt von deinem Elternhaus?
Annika: Ja, meine Eltern sind beide Christen, aber nicht irgendwie verkrampft, sondern sehr cool. Die haben mir absolute Freiheiten gelassen beim Aufwachsen. Sie haben mich nie gezwungen, in Gottesdienste zu kommen. Ich bin immer gerne gegangen. Und entgegen allen Prophezeiungen, daß man in Teenagerjahren keinen Bock mehr auf den Glauben hat, war das bei mir nicht so. Ich bin immer bei Jesus geblieben.

Jesus Freak, männlich

Jesus Freak, weiblich

Daniel: Meine Mutter war so halbwegs katholisch. Sie hat mir gesagt, daß die Bibel wahr ist und daß Jesus real ist und Gott einen Plan für mein Leben hat. Aber das war so ziemlich alles. Sie haben nichts direkt vorgelebt, und es war kein christliches Elternhaus. Es gab Alkoholiker, es gab Drogen und Pornos. Also, es war keine gute Atmosphäre. Ich wurde später selbst zum Alkoholiker und habe viele, viele Drogen geschmissen. Später bin ich den *Greatful Dead* nachgefolgt, wurde ein „Deadhead", bin denen hinterhergereist. Und dann ist Jerry Garcia von *Greatful Dead* gestorben, und das hat mich völlig aus der Bahn geworfen. Die *Greatful Dead* waren so etwas wie mein Gott, und plötzlich ist Gott gestorben, und da wußte ich nicht mehr, was ich machen sollte. In dieser Situation bin ich in eine Gemeinde gegangen, eine ganz normale Freikirche, und habe angefangen, die Bibel zu lesen. Und alles, was da drin stand, machte auf einmal einen Sinn. Alles, wonach ich vorher vergeblich gesucht habe, in Drogen oder in Freundinnen und so was, das habe ich dann in Jesus gefunden. Und so wurde ich gerettet und bin Christ geworden.

Wie lange ist das her?

Daniel: Ungefähr fünf Jahre. Und gleich danach habe ich alles, was ich hatte, verkauft, meinen Job aufgegeben und bin einfach in meinem Kleinbus durch die Welt gezogen. In Santa Cruz ist der Bus kaputtgegangen, also bin ich dageblieben.

Was bedeutet für euch Jesus im Alltag, wie lebt ihr euren Glauben?
Daniel: Also, für uns ist Jesus unser Alltag. Das ist uns beiden ganz wichtig, daß wir nicht mehr ein Kirchenleben und ein Alltagsleben haben, sondern daß es eben nur ein Leben gibt, das Leben mit Jesus und durch Jesus.
Aber was bedeutet das konkret: Leben durch Jesus?
Daniel: Es geht darum, das zu leben, was Jesus gesagt hat: „Liebe Gott und liebe deinen Nächsten und sei reif." Also nicht unreif und kindisch. Der einzige Weg, den wir erfahren haben, daß man überhaupt mit anderen Leuten umgehen kann, ohne daß es ständig Streß gibt und Streit, ist, die Bibel zu lesen. Wir lesen so ziemlich jeden Morgen gemeinsam in der Bibel. Und wir werden immer total begeistert, weil einfach so viel Wahrheit da drinsteckt und es auch so toll in Worte gefaßt ist. Teilweise meint man echt, die Leute, die das geschrieben haben, hätten sich heutzutage irgendwo hier hingesetzt und aufgeschrieben, was so abgeht.
Wie stellt ihr euch eure Zukunft vor?
Annika: Das wissen wir noch nicht so genau; erstmal im Vordergrund steht, daß wir unsere Schulausbildung fertigkriegen. Wir wollen beide die Bibel studieren, Theologie, aber nicht evangelische oder katholische Theologie, sondern an einer freien Bibelschule. Wo wir dann hinkommen, wissen wir nicht. Freunde von uns sind im Moment in Indien und Thailand, weil die ganzen Hippies da hinfliegen, um ihre Spiritualität auszuleben und im Buddhismus und Hinduismus Antworten zu finden. Und da ist jetzt eine Gruppe aus San Francisco, um zu evangelisieren, weil da haben sie die Leute, die schon auf der Suche sind.

erfahren wir später, bekommen nur eine Ermäßigung auf den Eintrittspreis sowie gratis Essen und Wasser. Vor Gott sind alle gleich?

Der reduzierte Eintrittspreis (alle anderen zahlen 105 DM, Kinder unter zwölf Jahren sind „Ehrengäste" und zahlen nichts) scheint allerdings für zahlreiche Jesus Freaks attraktiv genug, um sie zu Sündern werden zu lassen: Ein Viertel der gemeldeten MitarbeiterInnen, verkündet eine Durchsage am zweiten Festivaltag, habe zwar den verbilligten Festivalpaß abgeholt, ward aber fortan nicht mehr zur Arbeitseinteilung gesehen ...

Findige MitarbeiterInnen haben auch für das zweite große Problem eine Lösung gefunden. Da von ihnen bei der kostenlosen Wasserausgabe nicht das obligatorische Pfandgeld von 3 DM kassiert wird, geben sie die geleerten Becher einem Bekannten zum Tausch mit – so kostet ein frisch gezapftes Bier auch für sie nur noch akzeptable 50 Pfennige.

Christliche Punks beim Konzert von *Christcore* 1998

Die Lage an der Bierfront ist ein populäres Thema vor allem unter den männlichen Mitarbeitern. Der Genuß von Alkohol – oder auch Marihuana-Produkten – fordert häufig mißbilligende Blicke und manchmal sogar Worte heraus. Zwar trinken Jesus Freaks auch gerne mal ein Gläschen Wein oder Bier, jedoch nur in Maßen. Betrunkenheit gilt als Gottesfrevel.

Die Ehrenamtlichen sind etwa acht Stunden pro Tag im Arbeitseinsatz, in der übrigen Zeit können sie das reichhaltige Festivalprogramm genießen: einen der rund zwei Dutzend Workshops besuchen, an täglich zwei Gottesdiensten und anderen Lobpreisungen teilhaben, etwa 50 Bands, Singegruppen und DJs aller musikalischen Genres lauschen, die rund zwölf Stunden täglich parallel vier Bühnen beschallen, eine Kunstausstellung besuchen, auf der Halfpipe selbst Kunststücke wagen oder auch bei Bedarf im „Feldkloster" oder im „Gebetsturm" ganz in Ruhe mit Gott abhängen und relaxen.

Über 18jährige, bevorzugt eher kräftig gebaute Jesus Freaks beiderlei Geschlechts, konnten sich für die Security bewerben. Ihr Job fällt im Vergleich zu anderen Veranstaltungen dieser Größenordnung eher locker aus und besteht im wesentlichen darin, über das weitläufige und nicht umzäunte Gelände zu streunen, die aufgebauten Musikanlagen und die Einhaltung der wenigen Festivalvor-

Der Zeltplatz, „Freakstock“ 1998

schriften (Hunde an die Leine, keine eigenen Getränke/Flaschen mitbringen, keine Drogen, kein Sex im Gebüsch, kein Stage-diving...) zu überwachen und gelegentlich irgendwie verdächtig aussehende Typen eine Zeitlang unauffällig zu begleiten. Streß gibt es selten und wenn, dann hauptsächlich mit einigen nichtchristlichen Punks, die wegen der Musik oder auf Einladung ihrer SozialarbeiterInnen angereist sind und gelegentlich etwas zu aggressiv rempeln oder Bier schnorren. Die Security reagiert, indem sie sofort in einschüchternder Zahl am Ort des Geschehens auftaucht und die Störenfriede freundlich umringt.

Die Langeweile des Wartens zwischen den kargen Einsätzen vertreibt man sich gerne mit intensiver Funkkommunikation: „Wie war der Workshop gestern?“ – „Ging so. Es war so unbequem zu sitzen. Sie hat über Gottes Stimme geredet. Ist wohl interessanter für die, die sie auch hören können.“ ... „Wir suchen X, hat die jemand gesehen?“ – „Wer suchet, der findet!“ ... „Meine Akkus sind gleich leer, schickt mir doch mal einen Sklaven vorbei.“ Als „Sklaven“ werden ganz allgemein und selbstverständlich die freiwilligen HelferInnen bezeichnet, die zum Beispiel zu jung oder als nicht selbstbewußt genug für die Security angesehen wurden und sich nun als Lauf‚burschen‘ betätigen müssen. Wie häufig bei den

Jesus Freaks mischen sich hier Humor und selbstironische Überzeichnungen mit ernsthaften Glaubensinhalten.

Diese Art von doppelbödigem Humor, kombiniert mit sehr ernsthaft, oft radikal-fundamentalistisch vertretenen Grundüberzeugungen, zeigen die Freaks vor allem bei der Wahl und Gestaltung ihrer T-Shirts. Besonders beliebt sind religiöse Umwidmungen und Verfremdungen gängiger Produktionen und Spruchweisheiten. Aus *Bad Religion* wird „Good Religion", Sneakers (Turnschuhe) mutieren zu „Seekers" (Suchende), und die New Yorker Billigmarke Fishbone zu „Fishborn", das „Calvin Klein"-Logo (CK) erhält den Untertitel „Christian's King", eine berühmte Songzeile von *Ton Steine Scherben* wird ein wenig ergänzt: „Macht kaputt, was euch kaputtmacht: Sünde".

Die Sünde, das Böse im Menschen, ist das Hauptangriffsziel der Jesus Freaks. Da endet der Spaß. „Sünde" ist alles, was den Menschen schadet oder in der Bibel als solche gebrandmarkt wird. „Völlerei, Sauferei, Hurerei, Ehebruch, Gewalt in jeglicher Form" (Artur aus Nürnberg, 38, Landschaftsgärtner). Jesus Freaks lehnen den laxen Umgang „modernistischer" Christen mit dem Buch aller Bücher ab. Für sie ist die Bibel wörtlich zu nehmen, ohne Abstriche an den historischen Zeitgeist der Entstehungsphase. So wird auch Homosexualität (wieder) zur Sünde, zur Krankheit, die nur von Gott geheilt werden kann.

Sich aufzulehnen, rebellisch zu sein, ist für die meisten Jesus Freaks eine negative Haltung. Denn wer gegen weltliche Dinge rebelliert, befürchten sie, verweigert auch dem Schöpfer den Gehorsam. Mit Politik haben Jesus Freaks konsequenterweise nichts im Sinn. Die Lehren und die Praxis der „Befreiungstheologie" ist hier entweder unbekannt oder verpönt. Das Ziel der Jesus Freaks ist ausschließlich die Missionierung für Jesus. Ihr oft schrilles Outfit ist Mimikry, Mode oder persönlicher Lebensstil, kulturelle Opposition gegen die Ausgrenzung sozialer Underdogs und jugendlicher Lebensstile in den etablierten Kirchen, aber niemals Ausdruck eines politisch-rebellischen Selbstverständnisses. Die Veränderung realer gesellschaftlicher Verhältnisse interessiert sie nicht. Und manche sehen in Armut und Not sogar ein Zeichen Gottes, eine Strafe für den Abfall vom Glauben. Ein Jesus Freak zu werden bedeutet in vielerlei Hinsicht *back to the roots*.

„Für die Autonomen ist ein Christ fast so schlimm wie ein Fascho." Ein Gespräch mit Stefan aus Hamburg, 19, Zivildienstleistender und Sänger einer Hardcore-Band.

Wie bist du zu den Jesus Freaks gekommen?
Ich bin in einem christlichen Elternhaus aufgewachsen, hab' mich dann aber ein bißchen distanziert, weil die Jugendarbeit in dieser klassischen Freikirche nicht so mein Stil war, und bin in die linksautonome Szene gegangen, hab' auch angefangen mit Veganismus und so, also rein pflanzliche Ernährung, das ging schon in Richtung autonome Tierbefreiung. Aber irgendwann hab' ich mich gefragt, ob es das wirklich sein kann, und da ich von den Jesus Freaks gehört hatte, hab' ich in Hamburg mal bei denen vorbeigeguckt und festgestellt, das war genau mein Ding.
Ein ganz schöner Sprung, von der autonomen Szene zu den Jesus Freaks ...
Ich hab' nie meine christlichen Wurzeln abgelegt. Ich war auch in der autonomen Szene Christ, nicht unbedingt bekennend, weil damit war man gleich unten durch, aber ich hatte immer noch den Glauben an Jesus. Das hat mir da auch gefehlt. Und auch die Menschlichkeit war nicht so ausgeprägt; die Leute tun zwar so, als ob sie sich untereinander liebhaben, aber irgendwie denkt doch jeder nur an sich selbst. Das hat mich nach der anfänglichen Begeisterung doch sehr gestört.
Kann man denn in der autonomen Szene aktiv sein und gleichzeitig Jesus Freak?
Sehr schwer, weil Toleranz nicht gegeben ist. Wenn man sagt, daß man Christ ist, damit ist man unten durch, damit hat man keine Chance. Für die Autonomen ist ein Christ fast so schlimm wie ein Fascho.
Ich hab' umgekehrt den Eindruck, daß viele Jesus Freaks politisches Engagement ablehnen; mehrere hier beim Freakstock haben gesagt, Rebellion und Christ sein widerspricht sich.
Das Christsein an sich ist ja schon eine Rebellion, nicht die Art von Rebellion, die einen politischen Umsturz erreichen möchte, sondern nach innen gerichtet, daß man in seinem Umfeld wirkt und versucht, Jesus weiterzutragen. Die christliche Rebellion widerspricht sich mit dieser offenen Rebellion, die auch zum Teil gewaltverherrlichend ist und einen totalen Umsturz der Gesellschaft will, darin, daß wir denken, der Umsturz muß von innen kommen, die Leute müssen umdenken, wir können den Leuten nicht ein System aufzwingen. Wir denken zum Beispiel, daß die Punk-Szene an sich nichts Großes erreicht und im Prinzip nur vor sich hin vegetiert, und das wollen wir für uns nicht so haben. Wir denken, daß nur Jesus uns das Leben geben kann, und deswegen ist für uns Politik relativ egal; solange wir gelassen werden, ist es okay. Wir denken, daß Punks Jesus brauchen, und deswegen versuchen wir, in die Szene hineinzukommen, aber unser politisches Interesse ist nicht so groß, solange nicht wieder nach rechts marschiert wird.

Stefan, Ex-Autonomer, jetzt Jesus Freak

Das heißt im Grunde genommen, seitdem du Jesus Freak bist, bist du nicht mehr politisch engagiert?
Ja, kann man so sagen. Seitdem habe ich mir gedacht, daß Politik nicht meine Sache ist, daß Leute sich dazu berufen fühlen müssen von Gott, wenn sie irgendwas Politisches machen wollen, und das sehe ich für mich nicht gegeben. Ich denke, es gibt Wichtigeres als die Politik oder die Lebensumstände. Wenn man sich Afrika anguckt, wie begeistert da die Leute für Jesus sind und was die für Gottesdienste haben und was die andererseits an Politik erleben beziehungsweise nicht erleben, dann sind sie im Prinzip glücklich damit, was sie haben, und sie brauchen keine Politik.
Wenn du eine Freundin hast, müßte sie auch Christin sein?
Ich hab' lange Zeit so geredet, so mit fünfzehn, sechzehn, da hieß es immer nur Christin, Christin, Christin, und jetzt lebe ich ein halbes Jahr inzwischen in einer festen Beziehung mit einer Nicht-Christin, und für mich ist es ein Gebetsanliegen, daß ich versuche, ihr zu helfen, eine Entscheidung zu treffen, ob sie diesen Gott näher kennenlernen möchte oder nicht. Sie kommt inzwischen auch mit zu den Gottesdiensten. Also, es ist mit einer Christin sehr viel leichter, weil man eben ein Level hat, aber das macht vielleicht auch den Reiz aus, dann zu versuchen, sie langsam zu unterwandern.
Viele Jesus Freaks erzählten, sie warteten auf die eine große Lebenspartnerschaft, und bis dahin wollten sie weder viele Freundinnen noch Sex.

Also, ich weiß von vielen Freaks, die so reden, und die meisten, die ich kenne und einschätzen kann, praktizieren das auch so. Andere, Nicht-Christen, reden von Freiheit und sexueller Freizügigkeit, aber ob es denen echt was bringt, ob die dadurch erfüllter werden? Die meisten suchen doch nur den nächsten *Kick*. Da ist unsere Art doch irgendwie besser, weil nicht mehr die ständige Suche nach der nächsten Befriedigung, nach dem nächsten *Kick* da ist, sondern echte Kontinuität. Das hat nicht viel mit Moral zu tun, sondern mit der Beziehung zu Gott, weil in der Bibel, in Gottes Wort, ist es so beschrieben eben, daß ein Mann losgeht, um eine Frau zu suchen, daß die ein Fleisch werden, und ich denke schon, daß dies der Idealfall ist.

In der Bibel steht auch, daß Homosexualität eine Sünde ist. Sind das nur einzelne Leute, die das so sehen, oder ist das eine einheitliche Meinung?

Es ist an zwei Bibelstellen, einmal im Alten und einmal im Neuen Testament, ganz klar definiert, daß Homosexualität nicht von Gott ist. Aber wir müssen auch sehen, daß jeder Mensch ein Sünder ist, und ich denke, Homosexuelle brauchen Jesus genauso wie jeder andere Mensch, und jeder andere Nicht-Christ ist auch nicht besser als ein Homosexueller, und jeder Christ ist auch nicht besser als ein Nicht-Christ. Homosexualität ist ganz klar nicht von Gott, aber wir können nicht hingehen zu einem Homosexuellen und sagen, was du hier tust, ist Sünde, sondern das erste, was wir ihm sagen müssen, ist: Du bist ein Mensch, und Gott liebt dich. Aber du hast eben was in deinem Leben, was dich von Gott trennt. Es ist nicht so wichtig, ihn von der Homosexualität wegzukriegen, sondern ihn zu Gott zu bringen, denn wenn er Jesus erstmal kennengelernt hat, dann ist das mit der Homosexualität sowieso egal, weil er dann merken wird, durch den Heiligen Geist, daß das eben Scheiße ist. So hart es klingt, ob man mordet, das ist eine Sünde, ob man homosexuell ist, das ist eine Sünde, oder ob man lügt, das ist eine Sünde, das ist alles gleich vor Gott.

Kann man Jesus Freak und gleichzeitig homosexuell sein?

Das muß derjenige natürlich für sich selber wissen, aber an sich ist es nicht von Gott, und es ist eine Sünde, und daher ist es eigentlich nicht möglich.

Was ist an den Jesus Freaks so faszinierend im Vergleich zu anderen christlichen Gruppen?

Wenn dort Punks in die Kirche kommen, fliegen die oft gleich wieder raus. Wir wollen so nicht sein, sondern jeden, egal aus welcher Szene er kommt, aufnehmen und offen mit ihm umgehen und einfach nur den Menschen sehen. Was Jesus Freaks außerdem unterscheidet, ist die Radikalität. Viele Freikirchen sind inzwischen ja auch dabei, liberal zu werden, die Landeskirche ist schon sehr liberal, und Jesus Freaks sind doch ein ziemlich radikaler, chaotischer Haufen, auf der einen Seite sehr offen für Leute, auf der anderen Seite merkt man gerade in den letzten Jahren die Radikalisierung zu Jesus hin. Diese Radikalisierung ist im

Prinzip eine Rückbesinnung auf das, was in der Bibel beschrieben ist, und ich denke, das unterscheidet uns doch sehr stark von anderen. Zum Anfang war es noch so: Es ist scheißegal, was du tust, Gott hat dich lieb. Inzwischen geht es bei den Jesus Freaks immer weiter dahin: Gott verändert uns, und wir wollen immer jesusmäßiger leben, das heißt eben auch nach Jesus´ Vorbild und möglichst ohne Sünde. Das macht sich doch immer mehr bemerkbar. Am Anfang wurde das Abendmahl mit Bier und Chips gefeiert, und die Leute lagen besoffen im Gottesdienst, und inzwischen haben echt viele aufgehört zu saufen oder trinken nur noch ganz selten mal ein bißchen Alkohol, viele schmeißen inzwischen ihre Kippen weg und hören auf zu rauchen, manche verbrennen sogar ihre Plattensammlung – und das ist doch schon ziemlich radikal.

Die Individualisierung von Lebenslagen führt also einerseits zu einer Vermehrung von Handlungsressourcen und -optionen, bedeutet aber zugleich auch einen höheren Risikofaktor sowie die Notwendigkeit, in einer zunehmend komplexeren Welt seine Positionierung selbst vorzunehmen. Mit dem Legitimationsverlust der staatlichen Institutionen und der Flexibilisierung sozialer und wirtschaftlicher Lebensverhältnisse reduzierte sich entgegen den Unkenrufen zumeist älterer und männlicher Kulturpessimisten zwar nicht die Moral oder der individuelle Wertehaushalt als solches, wohl aber der von Staat und Mehrheitsgesellschaft *vorgegebene* und für alle BürgerInnen zumindest moralisch *verpflichtende* Wertekanon auf ein notwendiges Minimum. Zahlreiche Entscheidungen des Lebensalltags, die noch vor gar nicht so langer Zeit gesetzlich geregelt wurden, blieben nun dem und der einzelnen überlassen: Bleibe/werde ich Mitglied der Amtskirche, oder schließe ich mich lieber einer der 120 weiteren religiösen Gemeinschaften in Deutschland an? Organisiere ich mich in einer Partei, einem Jugendverband, einem Verein …? Lebe ich allein, oder gründe ich eine Familie, informell oder staatlich beurkundet, mit einer Frau oder lieber mit einem Mann …? Talk-Shows und Soap-Operas führen alltäglich nicht nur Jugendlichen vor Augen, wie extrem, vielfältig und schnelllebig die Palette der Handlungsoptionen und Lebensstile inzwischen gestaltet ist.

Da die herkömmlichen „Agenturen“ mit ihren traditionellen Verbindlichkeitsansprüchen und Gesellungsformen jedoch der komplexen Realität nicht mehr gerecht werden, begibt sich der einzelne

Kasper und Fabienne

notgedrungen selbst auf die Suche nach (post)modernen Teilzeit-Gemeinschaften. Die Jugendkulturen befriedigen dieses Bedürfnis nach temporären Sinn-Gemeinschaften, sie bringen Ordnung und Orientierung in die überbordende Flut neuer Erlebniswelten. Künstliche Grenzziehungen halten die verwirrende Außenwelt auf Distanz und schaffen zugleich unter den Gleichgesinnten und -gestylten der eigenen (Sub-)Kultur ein Gefühl der Sicherheit und Zugehörigkeit. „Jugend(sub)kulturen konstituieren auf merkwürdige Weise Sozialität. Menschen, die sich weder mit Namen kennen noch sich je vorher begegnet sind, können von einem Tag zum anderen durch den Anschluß an ein Zeichenensemble, eine Veränderung ihrer Haare, eine unter dem Gesäß hängende Hose eine Zugehörigkeit zu einer Gruppe erreichen. Das geschieht wortlos, bedarf keiner Zustimmung, findet täglich tausendfach statt und funktioniert. Alle Regeln der Vorsicht, des Abtastens, der Zurückhaltung können von einem Moment zum anderen fallengelassen werden. Dadurch, daß sie sich ähnlich machen, finden binnen Sekunden die ‚Kurzhaarigen' oder die einen ‚Flat' oder einen ‚Kamm' tragen soziale Zugehörigkeit."[58] Outfit und Körpersprache ermöglichen es einem

Skinhead, Punk oder Angehörigen der Schwarzen Szene, einen anderen Angehörigen der eigenen (und auch der gegnerischen) Kultur selbst beim Erstkontakt in einer völlig fremden Umgebung sofort zu erkennen und darüber hinaus häufig sogar differenziert als Mitläufer oder Insider, Newcomer oder alten Hasen einzuschätzen. M., ein Skinhead aus Berlin-Kreuzberg: „Wenn du irgendwo hinfährst, kannst du erstmal die Skinhead-Szene anlaufen, ohne jemanden zu kennen, und du findest sofort Kontakt. Selbst im Ausland ist das so. Wenn man auf dem Campingplatz Skins trifft, hast du gleich was mit denen zu tun" (in: Rohmann, S. 42).

Die Clique

Für die Mehrzahl der Jugendlichen gehört die Vorstellung, als Single durch die Welt laufen zu müssen, zu ihren schrecklichsten Alpträumen. Ein Leben ohne ihre Freunde/Freundinnen, ohne die Clique der Gleichaltrigen, ist für sie kaum denkbar. Alleine ins Kino oder in die Disco, zum Konzert oder Sportereignis, in der vagen Hoffnung, dort vielleicht eine/n Bekannte/n zu treffen, alleine irgendwo herumzusitzen, während sich drumherum bereits überall kleine Grüppchen oder Pärchen köstlich miteinander amüsieren – eine Horrorvorstellung für 90 Prozent aller 13- bis 19jährigen (danach übernimmt häufig der Partner/die Partnerin die Funktion der Clique, und auch die Faszination des gemeinsamen Auftretens in großen Rudeln läßt meistens nach).

Rund 40 Prozent der Jugendlichen suchen den Kontakt zu Gleichaltrigen immer noch auf traditionellen Wegen: Sie werden Mitglied eines Sportvereins, schließen sich einer kirchlichen Jugendgruppe an, engagieren sich an ihrem Arbeitsplatz (Schülervertretung, Gewerkschaftsjugend), in einem politischen Jugendverband oder – vor allem in ländlichen Regionen – bei der Freiwilligen Feuerwehr. Die übrigen bevorzugen informellere Wege und erwachsenen-freie Zonen: die Clique. (Und natürlich gehören viele traditionell Organisierte und Engagierte parallel ebenso einer Freizeitclique an.)

Die Freizeit in der Clique bedeutet zunächst, für wenige Stunden frei zu sein von den Anforderungen der Erwachsenenwelt, eine Atempause zwischen Schulpflichten, Arbeitsplatzsorgen und elterlichen Streßfaktoren. „Die Jugendkultur stellt für die Jugendlichen einen Bereich dar, der sie den Kontrollmöglichkeiten und der Autorität der Erwachsenenwelt entzieht. Für einen kurzen Zeitraum wird das Leben nach einem anderen ‚Drehbuch' inszeniert, jenseits des disziplinierenden Arbeitsbereiches und bevor die repressive Nachsozialisations-Instanz Ehe einsetzt. Für eine kurze Zeit wird eine kollektive symbolische Identität herausgebildet, die die miese Realität der Industriegesellschaft vergessen macht und das aufregende Gefühl vermittelt, jung und voller Lebensfreude zu sein, ein allzu kurzer Augenblick in der persönlichen Biographie des einzelnen" (Brake, S. 168ff.).

Natürlich ist auch die Freizeit kein Paradies ohne Sorgen. Die alte Regel „Ohne Moos nix los" gilt immer noch – und unter den markennamen- und konsumverliebten Jugendlichen heute vermutlich mehr denn je. Doch viele Verlockungen und notwendige Accessoires sind einfach zu teuer, die Mode, die Eintrittspreise in die Disco, das Kino. „Einmal Kino kostet bei uns inzwischen 11 DM, das ist mein Taschengeld für die ganze Woche!" (m, 15 Jahre)[59] „Sie wünschen sich mitunter Steigbügel aus Gold und haben kaum Geld in der Tasche: Junge Menschen im Alter von 21 bis 30 Jahren sind am stärksten von Armut betroffen. Keine andere Altersgruppe (auch die über 60jährigen nicht) sind einem solchen Armutsrisiko ausgesetzt."[60] So wird aus Konsum- und Freizeitlust Streß.

Es gibt zu wenige öffentliche Treffs ohne Konsumzwang, Freiräume, wo jugendliche Cliquen einfach nur abhängen, reden, ihre Musik hören können. Besonders im kalten Winter wird das zu einem Problem. Aber auch im Sommer fehlen Parks und andere „Ruhezonen", so müssen Bushaltestellen, Bahnhofsanlagen, Rathausplatzbrunnen und andere innerstädtische Verkehrsknotenpunkte als Ersatz herhalten; diese „Zweckentfremdung" provoziert wieder die Älteren, selbst wenn sich die Lautstärke der Clique in Grenzen hält. „Früher waren die Alten toleranter. Heute wird man überall weggejagt" (m, 16 Jahre; a. a. O., S. 24).

Auch viele Jugendklubs sind fest in der Hand einer einzigen Clique. Alle Jugendlichen friedlich vereint in einem Raum, wie sich das manche Politiker so vorstellen, das funktioniert in der Realität selten. Es müssen nicht einmal politische Extreme sein, die da aufeinanderprallen, das Problem beginnt häufig schon bei der Gestaltung des Raumes und der Auswahl der Musik. Ein Punk braucht nun einmal, um sich wohlzufühlen, ein anderes Ambiente als ein Raver, ein Heavy-Metal-Fan möchte in seiner kostbaren Freizeit nicht unbedingt genötigt werden, zwischen Postern von *Britney Spears* und *Wolfgang Petry* zu sitzen und dabei HipHop zu lauschen, und selbst Skateboarder und Inline-Skater sind nicht unbedingt die besten Freunde. Also warum sollten sie gemeinsam ihre Freizeit verbringen wollen? Jugendklubs sind schließlich häufig die (Ersatz-)Wohnzimmer der Jugendlichen, und Erwachsene laden ja auch nicht Menschen in ihre Wohnungen ein, die sie nicht leiden können.

Diese Aufsplitterung in verschiedene Gruppen, teilweise das Fehlen von Toleranz untereinander, der Konformitätsdruck innerhalb vieler Cliquen nerven sogar zahlreiche Jugendliche selbst. „Das größte Problem sehe ich darin, daß viele kein Selbstbewußtsein entwickeln und sich dadurch einfach anderen anschließen" (w, 15 Jahre; a. a. O.). „Einige Leute betreiben Persönlichkeitsverstümmelung, nur um sich anzupassen, halt ‚in' zu sein. Sie können nicht sie selber sein. Alle anderen sind Outsider, mit denen sie sich nicht abgeben" (m, 17 Jahre; a. a. O., S. 24f.). Da gibt es Bekleidungs- und andere Konsumvorschriften und -verbote, da gilt es, jederzeit „cool" zu sein. Wer dazugehören, mitmachen will, muß in vielen Cliquen nirgendwo niedergeschriebene, aber doch sehr genaue Spielregeln kennen und befolgen. Warum tun sich so viele Jugendliche das an? Was erhalten sie dafür als Gegenwert? Was ist so attraktiv an den Cliquen und Szenen?

Musik

Das erste Interesse erwacht meist zufällig: Der ältere Bruder oder Cousin, ein Freund oder Mitschüler, den man vielleicht heimlich bewundert, gehört bereits einer Clique an. Ein Zeitungs- oder Fernsehbericht macht darauf aufmerksam, daß das gemeinsame Outfit der Clique – die weiten Hosen, die bunten Haare, die Glatzen – kein zufälliges und einmaliges Phantasieprodukt dieser Clique ist, sondern offenbar ein Erkennungsmerkmal einer viel größeren, geheimnisvollen *Szene* darstellt. Die Neugier erwacht.

Oder: Eine geliebte Band wird in Medienberichten und Erzählungen Gleichaltriger immer wieder einer bestimmten *Szene* oder *Subkultur* zugeordnet. Die Musik ist häufig das zentrale Motiv für

Musikstile (Artenvielfalt II)

Acid Rock, Alternative, Apocalyptic Folk, Arbeiterlieder, Baroque Rock, Beat, Blue Beat, Blues, Boogie Woogie, Breakbeat, Britcore, Britpop, Cajun, Country, Country Rock, Crossover, Dancefloor, Dark Wave, DDR-Rock, Detroit Sound, Deutsch-Rock, Disco, Drum & Bass, Easy Listening, Electronic Body Music/EBM, Electronic Rock, Fado, Folk, Freestyle, Funk, Fun-Punk, Gangsta-Rap, Garage, Glam Rock, Gospel, Gothic, Grunge, Hardcore, Heavy Metal (Black Metal, Dark Metal, Death Metal, Gothic Metal, Grindcore, Hardrock, New Wave of British Heavy Metal/NWoBHM, Speed Metal, Trash Metal...), HipHop, House, Industrial, Interaktive Musik, Jazz (Acid Jazz, Bebop, Cool, Dixieland, Electric, Freejazz, Jazz Rock, Progressive, Ragtime, Swing...), Jesus Rock, Jungle, Klassik, Klassik-Rock, Kraut-Rock, Latin Rock, Marschmusik, Memphis Sound, Metalbilly, Minimal Music, Muzak, Neue Deutsche Härte, Neue Deutsche Welle/NDW, New Folk, New Wave, Oi!, Okkulte Musik, Pop, Psychobilly, Psychedelic, Pub Rock, Punk, Raga, Raggamuffin, Rap, Rave, Reggae, Rechtsrock, Retro-Rock, Rhythm 'n' Blues, Rockabilly, Rock 'n' Roll, Rocksteady, Salsa, Schlager, Ska, Skiffle, Soca, Soul, Spiritual, Surf, Techno (Acid, Ambient, Gabber, Goa, Trance...), TripHop, Two Step, Volksmusik, Weltmusik...

die Hinwendung zu einer Jugendszene. Ob Punks oder Rapper, Raver oder Gothics, sie alle sind im wesentlichen Musikkulturen; auch die Skinheads gäbe es nicht ohne Ska, Reggae und Punk. Selbst die Skater und Snowboarder haben bei ihren rasanten Fahrten nicht *Heino* oder die *Kelly Family* im Ohr, sondern die Musik der Subkulturen von Punk und Hardcore bis (vor allem deutschsprachigen) HipHop. „Die Musik ist das Leitmedium aller Jugendkulturen. Musik gibt die Geschwindigkeit, den Rhythmus des Lebens in den Szenen vor, beeinflußt die Stimmung und transportiert die Szene-Philosophie“, bestätigt ein österreichischer Jugendmarketing-Guide.[61] „Anhand der Beziehung einer Szene zur Musik läßt sich ablesen, ob die Szene eher mainstreamorientiert ist oder noch von der Exklusivität des Underground beeinflußt wird. Computerspieler und Computerfreaks etwa haben mit Underground wenig am Hut. Sie lassen sich, wenn es um Musik geht, eher berieseln, haben keinen differenzierten Musikgeschmack ausgeprägt und ein entsprechend geringes Interesse an Musik“ (a. a. O., S. 46).

„Mainstream“, „Underground“ ... – den meisten Jugendlichen ist das egal. Sie hören eine bestimmte Musik, weil sie mit ihrem Körpergefühl und ihren Stimmungslagen am besten harmoniert, oder

Love-Parade, Berlin 1997

schlicht, weil diese Musik gerade im „Trend“ liegt, einfach „alle“ sie hören. Vielleicht gefällt ihnen sogar das mit der Musik transportierte Image, aber wirklich wichtig ist es für sie nicht. Sie *sympathisieren* möglicherweise mit der der Musik zugeordneten Szene, *identifizieren* sich aber auf keinen Fall mit ihr und werden über kurz oder lang zu einer anderen Szene, Mode oder Musikrichtung wechseln.

„Normale“ Jugendliche, schätzen Experten, durchlaufen so im Lauf ihrer „Teenager“-Jahre ein halbes Dutzend oder mehr „Stile“, „Szenen“, sich auch im Äußeren niederschlagende musikalische Leidenschaften. Ihr Motto: Immer voll dabei, aber bloß nicht festlegen lassen. Schubladen vermeiden. Abwechslung muß sein. Heute Punk, morgen Skater, übermorgen Hardcore-Straight-edger. Maximal ein Viertel aller Jugendlichen meint es ernster. Sie suchen nicht nur den schnellen *Kick*, sondern ihren *way of life*. Sie wollen mehr wissen, als sie bei *MTViva* jemals erfahren werden. Und so begeben sie sich auf die Suche nach den wirklichen Stammesangehörigen *ihrer* Szene …

Ein- und Ausstieg

Den Mitgliedsausweis für eine der modernen Jugendkulturen bekommt man nicht im nächsten Supermarkt. Geld und die richtige Kleidung garantieren noch lange keine Anerkennung. Wer wirklich dazugehören will, muß zunächst eine Menge *Zeit* investieren, die kostbarste Währung in dieser schnellebigen Welt. Denn die Stile der Jugendkulturen basieren auf einem „hochgradig ausdifferenzierten System von Regeln, die nirgendwo schriftlich fixiert sind und zumeist nur durch aktive Teilnahme erfahren werden können, aber punktgenau befolgt werden müssen. Eine Prüfung, an der sehr viele scheitern, ohne daß ihnen einer der älteren Stammesangehörigen zu Hilfe käme, die Regeln des Stammes erklären würde. Denn schließlich ist genau das der Sinn dieses Nadelöhrs: die Unterscheidung der Poser, die sich aus einer Laune des Augenblicks heraus um die Aufnahme bewerben, von den Ernsthafteren, die bereit sind, einige Mühen und Herabwürdigungen in Kauf zu nehmen, dafür aber auch später voll und ganz die Identität des Stammes verinnerlichen und Zuverlässigkeit auch in Krisenlagen garantieren werden. Doch diese Trennung der Spreu vom Weizen bedarf einer längeren Phase der Beobachtung, die zugleich die Prägung der schließlich erfolgreichen Aspiranten auf die Stammeskultur bewerkstelligen soll."[62]

Nach einem von Manfred Zentner, Mathematiker und Geschäftsführer des österreichischen Jugendforschungsinstituts *jugendkultur.at*, entwickelten Modell lassen sich innerhalb des komplexen Beziehungsnetzwerks heutiger Jugendkulturen vier „Rangstufen" unterscheiden:

„Der *Kernszene* sind jene Jugendlichen zugehörig, die sich zu 100% mit *einer* Szene identifizieren und den Code ihrer Szene sowohl auf sprachlicher, modischer, musikalischer als auch philosophisch-weltanschaulicher Ebene im höchstmöglichen Ausmaß reproduzieren. Ihr Leben spielt sich an den Szene-Locations ab, ihre Freunde und Freundinnen kommen aus der Szene, sie lesen Szene-Zeitschriften und sprechen ihren speziellen Szene-Jargon. Andere Szenen sind für sie eher mäßig interessant. Vornehmlich leben diese Jugendlichen in der einen, in *ihrer* Szene.

Die *Randszene* hingegen beherbergt die sogenannten Szene-Flaneure. Auch sie beherrschen den Szene-Code mehr oder weniger perfekt, nehmen die ganze Sache aber nicht so ernst wie die Kernszene-Jugendlichen. Im Unterschied zu diesen lassen sich die Randszene-Kids nur ungern auf eine Szene festlegen, im Gegenteil, sie flanieren zwischen verschiedenen Szenen hin und her. Wahrscheinlich findet man in diesem Bereich die multiplen Identitäten, von denen Gert Gerken spricht, wenn er die typisch postmodernen Persönlichkeiten zu charakterisieren versucht, die nicht mehr die eine (jugend)kulturelle Heimat brauchen, um sich sicher und geborgen zu fühlen, Menschen, die damit zurechtkommen, daß vieles gleichgültig ist, Szene-Sampler auch, die Freude dabei empfinden, höchst Unterschiedliches und Gegensätzliches zu mixen und zu mischen. Die Randszene ist ironischer, distanzierter, geht lockerer mit den sogenannten Szene-Wahrheiten um, ist weniger szene-gläubig. Während für die Kernszene-Jugendlichen die Szene eine Art Religion ist, ist sie für die Randszene-Jugendlichen nicht mehr als ein Spiel."[63]

Die dritte Sphäre im subkulturellen Universum nennt Zentner etwas unglücklich die *Freizeitszene* – unglücklich deshalb, weil alle von Jugendlichen geprägten Subkulturen grundsätzlich und damit auch für die Kern- und Randszene-Jugendlichen Freizeit-Gemeinschaften sind. Zu dieser dritten Gruppe zählt Zentner in weiterer Abschwächung der Szene-Bindungen „jene Menschen, deren Szene-Beziehung sich darauf beschränkt, daß sie z. B. Inline-Skates besitzen und einige wenige Accessoires aus dem Spektrum des Bekleidungscodes der Inline-Skater-Szene benutzen, wenn sie skaten. Ihr Szene-Wissen ist jedoch nicht mit dem der Kernszene- und Randszene-Zugehörigen vergleichbar. Ihr Szene-Know-how beschränkt sich auf die sogenannten Basics des Szene-Codes" (Heinzlmaier, a. a. O., S. 30).

Als vierte Gruppe gibt es noch die *Sympathisanten*, die die eigentliche Szene zwar bewundernd umschwirren, mehr oder weniger regelmäßig bei öffentlichen Szene-Events (Konzerten, sportlichen Ereignissen) oder Szene-Treffs wie Jugendklubs, Internet-Cafés, Kneipen etc. auftauchen, sich jedoch selbst (noch) nicht als Teil der Szene sehen und auch von den eigentlichen Szene-Angehörigen nicht als solche akzeptiert werden. „Ein Sympathisant wird in der

Regel von Angehörigen der Szene geduldet, ohne daß ihm eine Mitgliedschaft zugeschrieben würde. Vom Sympathisanten wird erwartet, daß er sich zurückhält, sich den Gegebenheiten anpaßt, konform ist", beschreibt die Göttinger Soziologin Gabriele Rohmann in ihrer Fallstudie zur Berliner Skinhead-Szene sehr genau beobachtend die Gruppenrituale einer „postmodernen Spaßkultur". „Der Sympathisant bleibt Sympathisant, wenn er mit diesem Status zufrieden ist (z. B. der Ska-Fan, der gerne mal mit Skinheads den Abend verbringt, aber ansonsten wenig Interesse an einem Szene-Anschluß zeigt) oder weil ihm der Einstieg verwehrt wird, er als gelegentlicher Teilnehmer akzeptiert wird, aber ansonsten nicht in die Szene zu passen scheint: entweder, weil sein Erscheinungsbild nicht mit den anderen harmoniert oder er sich zu sehr einbringt oder andere Interessen hegt, die nicht mit denen der Szene übereinstimmen. Sympathisanten sind zeitweilig in die Szene integriert. Ob ihnen eine dauerhafte Aufnahme gelingt, hängt von ihrem Verhalten den Szene-Angehörigen gegenüber ab, wie es Michael aus Kreuzberg beschreibt: ‚Das hängt stark von der Person ab. Wie er sich integriert, wie er auf die Leute zugeht. Wenn er sehr schüchtern ist, dauert's länger, wenn er sehr extrovertiert ist, dann findet die Integration von selbst statt. Es gibt natürlich keine Integrationsprogramme, weil man nicht so gerne hilfsbereit ist.' In diesem Zitat wird deutlich, daß es der Sympathisant ist, der sich integrieren muß. Geht er in einer von den anderen nicht erwarteten Weise auf diese zu, stellt er ‚dumme Fragen', gestaltet sich die Einbindung nicht oder nur sehr schleppend" (Rohmann, S. 62f.). Nicht wenige steigen in dieser Phase bereits aus, suchen sich eine andere Szene, bei der sie womöglich leichter Aufnahme finden.

Die anderen investieren von nun an sehr viel Zeit und Geld. Zunächst gilt es, sich zunehmend Stilelemente der Szene anzueignen: die Kleidung, die Frisur, eventuell Tätowierungen oder Piercings. In der eigenen Plattensammlung sollten die identitätsstiftenden Musikstile des Stammes deutlich repräsentiert sein. Es gilt, die Szene-Literatur zu studieren, eventuell einschlägige Fanzines zu abonnieren. Die noch jungen Kontakte zu den anderen Szene-Angehörigen müssen intensiv gepflegt und ausgebaut werden – regelmäßige Besuche der Szene-Events und Meeting-points (Partys, Konzerte, Kneipen- und Gruppenabende, Fußballspiele) gehören für die Ein- und Aufstiegskandidaten in die Rand- und Kernszene der von ihnen gewählten (Sub-)Kultur von nun an zum Pflichtprogramm. Da bleibt wenig Zeit und Energie für die Außenwelt, für bisherige Freunde und Lieben. „Ein Einsteiger spielt nicht mehr die Rolle des Sympathisanten, mit der er sich wieder in die Außenwelt zurückziehen kann und soll, sondern nun wird von ihm Engagement in der und für die Szene erwartet. Er orientiert sich an Bezugspersonen aus der Szene. Es beginnt der Prozeß der Rollenzuweisung: Wird der Einsteiger später ein Mitläufer, ein Konsument, ein Etablierter (Bandmitglied, Merchandiser, Fanzine-Schreiber, Fotograf, Veranstaltungsorganisator), ein mit auffälligen Aktivitäten (Schlägereien, Wortwitz, ausgeprägte ‚Schlagfertigkeit') sich in der Szene bewegender Akteur sein? In der Einstiegsphase wird dem gewesenen Sympathisanten die Mitgliedschaft zur Szene zugeschrieben. Er gilt nun nicht mehr als x-beliebige Person, die gut verträglich ist und den Akteuren nichts Böses will, sondern als einer, der dazugehört und bei dem man ‚mal schaut, wie er sich so macht'. Der Prenzlberger Skinhead Christian: ‚Es ist bei vielen Leuten so, daß die erstmal 'n halbes Jahr immer kommen, und die werden erstmal so beäugt; det dauert ziemlich, bis denen die Hand gegeben wird, bis mit denen geredet wird, ist so 'n langsames Rinfinden.' (...) Tim: ‚Kommt drauf an, wie die sich uffführen. Wenn de so 'ne Nasen hast, die haben seit zwei Tagen kurze Haare, von Mutti sich 'ne Bomberjacke gekooft und machen eenen auf: Hier, das sind jetzt alles meine Kumpels, und ich kann jetzt hier 'nen Harten schieben, ich bin jetzt Skinhead. Na ja, wir haben alle irgendwo so angefangen. Aber sowas sieht man sich drei, vier Wochen an, und wenn er dann nicht irgendwann die Kurve kriegt, dann ist er draußen'" (Rohmann, S. 63ff.).

Nicht jeder Einsteiger wird zum Etablierten. Den meisten Jugendlichen ist dieses langwierige Procedere zu anstrengend. Sie wollen einfach Spaß ohne weitere Verpflichtungen, und sie verspüren auch keine Lust, die negativen Begleiterscheinungen jeder Jugendkultur – Inzucht, Verengung der eigenen Perspektive, Stigmatisierung durch die Außenwelt – in Kauf zu nehmen. Also verzichten sie auf die komplette Stammeszugehörigkeit und wählen lediglich diejenigen Bestandteile des subkulturellen Stils aus, die ihnen nützlich erscheinen, collagieren sie möglicherweise mit Fundstücken aus anderen Kulturen und schwimmen so als mehr oder weniger unauffällige Sympathisanten auf Zeit im großen Schwarm mit. (Die meisten Jugendkulturen dulden diese Symbionten in ihrem Schatten, bilden diese doch in manchen Fällen, etwa bei den Hooligans, sogar die existentiell notwendige Masse, ohne deren schützende Ummantelung der Kern zentrale Aktivitäten gar nicht ausleben könnte.)

Mit der Zugehörigkeitsdauer steigt die Akzeptanz. Mehr und mehr kultur-historisches Wissen sammelt sich an, die Stilsicherheit erhöht sich, neue Einsteiger tauchen auf, während man selbst allmählich zum Teil der „Stammesgeschichte" wird. Ist man einmal etabliert, kann man die Sache lockerer angehen. „Ein Etablierter kann es sich leisten, diskontinuierlich am Geschehen teilzunehmen. In manchen Fällen steigert das sogar den Status eines Etablierten, etwa den des vielbeschäftigten, engagierten Fanzine-Schreibers, der aus Zeitgründen nicht regelmäßig an geselligen Abenden mitwirken kann. Ein Etablierter kann es sich auch schon mal leisten, aus der Rolle zu fallen oder in der Szene verhängte Tabus zu brechen. Als Etablierte gelten solche, die für die Szene aktiv sind und sie mit wichtigen Stilelementen ausrüsten (Musik, Fanzines, Geselligkeit, Szene-Wissen) und die über einen Erfahrungsschatz verfügen, der es ihnen immer wieder ermöglicht, sich erfolgreich in Szene zu setzen, beispielsweise mit dem Erzählen von Szene-Legenden aus ‚erster Hand' oder von durchgestandenen Anfechtungen seitens der Außenwelt. Allerdings müssen sie dabei eine der Szene eigene Form wahren. Setzen sie sich zu deutlich ins Licht, geben sie mit ihrem Wissen an, sind sie bei den anderen schnell als Wichtigtuer und Prahlhänse verschrien" (Rohmann, S. 67f.).

Selbst Etablierte können ausgeschlossen werden, verstoßen sie zu häufig gegen die stammeseigenen Regeln, Tabus und Rituale. Doch so wie es in der Regel keine Initiationsrituale gab, so findet der Ausschluß auch nur selten offen-konfrontativ, sondern zumeist subtiler in Form von Ignoranz statt: „Da gibt's durchaus Leute, die sich selber ins Aus manövrieren, dadurch daß sie einfach zuviel Scheiße machen. Diese Leute merken das dann irgendwann, manchmal auch nicht, daß sie von vielen Leuten gemieden werden" (Skin-Girl Marianne, in: Rohmann, S. 68).

Wird jemandem attestiert, er habe „Stil“, so bezieht sich dieses Kompliment zumeist nicht nur auf die geschmackvolle Auswahl und Kombination der Kleidung und anderer Accessoires wie Schmuck und Schminke, sondern auch auf die Körpersprache, auf Mimik und Gesten, Verhaltens- und Umgangsformen des Betreffenden. „Stil“ meint nicht nur die äußerliche Mode, sondern das gesamte Körperarrangement, das bewußt und unbewußt nach außen projizierte Spiegelbild der im Inneren des Körpers verborgenen oder vermuteten Persönlichkeit. Arroganz und Offenheit, Introvertiertheit, Kontaktfreude, Aggressivität u. v. m. drücken sich im Stil aus: in der Haltung der Hände und der Art des (Nicht-)Lächelns ebenso wie in der Wahl der Tätowierungen (ein strahlendes Clownsgesicht, kindlich-naiv oder bösartig?, eine bluttriefende Axt, ein Hakenkreuz, ein Peace-Zeichen). Stil buhlt um Aufmerksamkeit für seinen Träger (bzw. Performer) oder will unangenehme Aufmerksamkeit von ihm ablenken, signalisieren: Ich bin nur ein ganz normaler, garantiert nicht aus der Rolle fallender, braver Bürger.

Die meisten Menschen verfügen in ihrem Stilrepertoire zumindest über zwei Varianten: den oftmals fremdbestimmten und auf betonte Unauffälligkeit zielenden Stil der Arbeitswelt und den zumeist frei verfügbaren, auf Distinktion setzenden Stil der Freizeit. Während in der (traditionellen) Arbeitswelt „Grautöne“ und formelle Umgangsformen dominieren, verwandeln sich immer mehr Menschen in ihrer Freizeit in schrille Wesen. Die Farben der Kleider werden bunter (oder schwärzer), die Schnitte gewagter, die Umgangsformen informeller. Tagsüber verdeckte oder abgelegte Tätowierungen und Piercings erblicken im künstlichen Licht der Klubs und Kneipen die Welt, im Rausch der Sinne dreht sich endlos das Roulette der Bett- und Beziehungspartnerschaften.

Stil ist das Mittel, die eigene Attraktivität bestmöglich zu betonen oder zu steigern. Der Mainstream trifft dabei die Auswahl seiner Stilmittel recht zufällig und nach vorgeschneiderten Trends: Aus der Angebotsflut des Marktes werden jene Kleider, Accessoires, In-Treffs und Modesportarten herausgepickt, die ihren Nutzern den höchsten Grad an Attraktivität sichern und den eigenen Vorlieben und körperlichen Optionen nicht zu deutlich widersprechen. Dreht sich das Trendkarussell weiter, kein Problem: *Otto hat's.*

Für die Angehörigen der subkulturellen Stämme bedeutet „Stil" mehr als eine beliebig zu variierende Mode, ein oberflächliches Repertoire an Verhaltensweisen und Kostümierungen, sondern ein hochdifferenziertes semantisches System. Markennamen, ein bevorzugter Musikstil, Drogenkonsum oder -verweigerung werden so zu identitätsstiftenden und -symbolisierenden Zeichen der Persönlichkeit – bzw. *einer* Persönlichkeit. Denn hierin unterscheidet sich die Mehrheit der seit den 90er Jahren sozialisierten Jugendlichen in der Tat deutlich von ihren Eltern und auch den gleichaltrigen Angehörigen traditioneller Subkulturen: Sie fürchten nichts so sehr, wie auf eine einzige Rolle festgelegt zu werden. So springen sie stetig von Szene zu Szene, von Stil zu Stil. Das Outfit wird zum Barometer für die tägliche Stimmungslage, signalisiert der Umwelt: Heute bin ich gut drauf, heute möchte ich angemacht werden, heute bitte nicht ansprechen oder flirten. Und da Stimmungslagen selten so eindeutig sind, werden Stile bevorzugt, die widersprüchliche Elemente enthalten, möglichst mehrere subkulturelle „Backgrounds" als Interpretationsspielraum anbieten, bei Bedarf einen schnellen Stimmungswechsel ermöglichen. Ironie kommt dabei immer gut, Zynismus gar nicht an.

„Stil" ist das Kernsegment der gemeinsamen kulturellen Praxis jeglicher Jugendkulturen, denn Stil erzählt von ihren spezifischen Ideen und Inhalten, vom Selbstbewußtsein und Wissen seiner Träger. Erst Stil konstituiert die Identität der Kultur und schließt diejenigen aus, die über die notwendige Stilsicherheit nicht verfügen. So ist es Außenstehenden oft nicht möglich, einen Skinhead mit *Skrewdriver*-T-Shirt und neonazistischem „18 words"-Logo auf der Bomberjacke von einem solchen mit „Spirit of '69"-Logo und *Laurel-Aitken*-T-Shirt zu unterscheiden oder die Sounds von Ambient und Gabber oder die rund ein Dutzend Spielarten von Heavy Metal auseinanderzuhalten – für die entsprechenden Fans und Szene-Angehörigen liegen jedoch ganze Galaxien zwischen diesen Stilen. Grenzziehungen, die von der Welt der Erwachsenen und auch vielen Mainstream-Jugendlichen nicht einmal als solche erkannt werden, bilden zentrale Koordinationspunkte im kulturellen Alltag der Jugendszenen, künstliche Identifikationsbojen im unendlichen Kosmos der subkulturellen Stile, die es Gleichgesinnten ermöglichen, sich um sie zu scharen, und alle anderen, die ganze böse, langweilige, spießige, von tausend Zwängen erfüllte Außenwelt, wenigstens für einige Stunden oder Tage aus dem Bewußtsein zu verdrängen.

Natürlich ist der Stil von Subkulturen kein wirklich autonomes Produkt. Jugendliche leben schließlich nicht in einem Vakuum, sondern sie wachsen seit ihrer Geburt und zunächst ohne eigenen Einfluß in bestimmten sozialen Verhältnissen auf, sie wurden gleichgültig, (anti-)autoritär, gewalttätig oder im besten Fall liebevoll-kompetent zu selbstbewußten Menschen „erzogen", „verschult", „ausgebildet". Dieses sehr verschiedenartige „Rohmaterial ihrer gesellschaftlichen Existenz" (Stuart Hall) setzen Jugendliche wiederum sehr unterschiedlich in Kultur um. Niemals auf die gleiche Weise wie ihre Elterngeneration und doch auch niemals völlig losgelöst von deren Kultur und Realität. Denn der Stil von Jugendkulturen, analysierte Phil Cohen bereits 1972, ist stets „eine Kompromißlösung zwischen zwei gegensätzlichen Bedürfnissen: dem Bedürfnis, Unabhängigkeit und Verschiedenheit von der Elternkultur auszudrücken, und dem Bedürfnis, die elterliche Identifikation zu bewahren" (zitiert nach Diederichsen/Hebdige/Marx, S. 71). So übernahmen beispielsweise die Skinheads der späten 60er Jahre die traditionellen Werte (und Mythen) der britischen working class als identifikationsstiftendes Moment ihres Kults, dies geschah allerdings zu einem Zeitpunkt, als die eigenen Eltern gerade verschämt die Attribute ihrer proletarischen Herkunft abzustreifen versuchten, um die versprochenen Segnungen der Mittelschicht zu genießen. Die Mods wiederum legten großen Wert darauf, als Angehörige der neuen Angestelltenkultur und boomenden Dienstleistungsbranchen Anerkennung zu finden, und signalisierten dies auch – scheinbar – eindeutig in ihren Vorlieben für schicke Anzüge, Krawatten und penibel auf Hochglanz gewienerte Schuhe und Motorroller, doch ihre demonstrativ öffentlich (in Innenstädten, an Stränden während der Hauptsaison) in Szene gesetzten Wochenendexzesse und die zahlreichen ironischen Brüche ihres Stils ließen nicht nur die Medien jener Jahre schnell erahnen, daß da *irgend etwas* nicht stimmte.

Anders als wohl die meisten ihrer Elterngeneration merkten die jugendlichen Skins und Mods sehr wohl, daß die propagierte „Auflösung der Klassengesellschaft" in die Solidargemeinschaft eines breiten Mittelstandes, der versprochene Wohlstand (und Arbeit) für alle nicht ihre reale Zukunft sein würden. Beide Gruppen reagierten, indem sie sich eine virtuelle Parallelwelt mit eigenen Mythen und Ritualen konstruierten, in der die Welt noch in Ordnung schien. Die Mods lebten wenigstens am Wochenende den glamourösen Lebensstil (mit Drogen, Girls, wilden Partys, rasanten Fahrten) einer Boheme, der sie im wirklichen Leben (also von montags bis freitags) nie angehören würden; die Skins illuminierten durch ihr 50er-Jahre-Outfit, ihre Rituale, ihre Werte und ihre trotzige Verweigerung jeglicher Aufstiegsangebote auf magische Weise eine Arbeiterkultur, die es so wohl nie oder zumindest schon lange nicht mehr gab. Aber sie beließen es eben auch nicht dabei, nur alte Mythen zu kopieren, sondern integrierten in ihren Stil aktuelle Entwicklungen (wie die verstärkte Einwanderung westindischer Familien seit den 50er Jahren) und nutzten diese für ihre eigenen Bedürfnisse.

[Im folgenden Kapitel erfahren Sie mehr über die Historie und den Stil der Skinheads. Sollte Sie das nicht so sehr interessieren oder möchten Sie zunächst weiter im Haupttext bleiben, blättern Sie weiter zur Seite 126.]

Skinheads

> „Skinheads? Eine Lebenseinstellung, worüber Soziologen und Journalisten gerne schreiben, aber nichts verstehen. Wer weiß, wenn sie es verstehen würden, wären wir vielleicht keine Skinheads."

Wo immer sie auftauchen, brennt die Luft. Neulich zum Beispiel, in der U-Bahn. Der letzte Waggon kommt direkt vor einer Gruppe Kurzhaariger zum Stillstand. Sechs grüne und schwarze Bomberjacken über Jeans oder buschgrün gesprenkelten Militärhosen, die Beine versinken in schweren Boots, in den Händen der meisten Bierdosen. Kaum hat das halbe Dutzend mit einer Ausnahme auffallend kräftig gebauter Gestalten den Wagen geentert, werden die Gespräche der anderen Fahrgäste leiser, konzentrieren sich alle Augen auf einen Punkt. Läßt einer der Geschorenen seinen Blick in die Runde schweifen, senken sich die Köpfe der Mitreisenden wie bei der La-ola-Welle im Stadion. Während die bettelnden Kopftücher ein paar Stationen zuvor neben wenigen klingenden Münzen und reichlich stummer Mißbilligung auch aggressive Raus!Raus!Raus!-Sprüche zu hören bekamen, werden die Skinheads demonstrativ ignoriert, gibt es plötzlich für die Mitreisenden scheinbar nichts

Wichtigeres in der Welt als die Lektüre der soeben am Bahnhofskiosk erstandenen Zeitung oder der Trauerränder unter den Fingernägeln. Das ändert sich auch dann nicht, als die Skins so lautstark miteinander reden, daß alle übrigen Fahrgäste der feuchtfröhlichen Runde lauschen können und müssen, als sie immer lustvoller über die „Spießer" lästern, ihre Körper dabei wie die halbvollen Bierdosen bedrohlich schwenkend, in ihre Witzeleien schließlich rechtsradikale Sprüche einflechten. Als buhlten sie um die Aufmerksamkeit eines desinteressierten Publikums, werden Tonfall und Mimik der Gruppe immer ungezügelter, besoffener, prolliger; ihr Lieblingskommentar zu allem und jedem lautet jetzt: „Schwule Scheiße!" Fahrgäste, die einander zuvor nicht beachteten, suchen nun Augenkontakt. *Eine Schande, daß dieser Dreck hier frei herumlaufen darf. Gut, daß wir besser sind als die*, erzählen ihre Augen, was die Münder erst später, zu Hause, auszusprechen wagen. *Gut, daß es außer diesen ganzen Kanacken und Pennern in Deutschland auch noch solche Jungs gibt*, denken andere, schweigen aber ebenso, denn man weiß ja nie, wie die Mehrheitsverhältnisse hier so sind ... und außerdem: *Ein wenig unheimlich sind diese Kurzgeschorenen ja doch.*

Wer genauer hinsähe, aber das wagt natürlich niemand, würde seltsame Ungereimtheiten bemerken. Zum Beispiel die, daß der Prozeß der eskalierenden ‚Alkoholisierung' sich innerhalb von wenigen Minuten entwickelte und längst Slapstick-Ausmaße angenommen hat. Und: Warum tragen Skinheads, die sich rassistische Witze erzählen, T-Shirts mit Neger-Musikern und „Gegen-Nazis"-Aufnäher an ihren Jacken?

Skinheads lieben dieses provokative Spiel mit ihrem Medienimage, die Vorurteile in den Köpfen ihrer Mitbürger sind ein integraler Bestandteil ihrer Spaßkultur. Stärker als bei allen anderen porträtierten Subkulturen dieses Buches bedeutet Skinhead zu sein zunächst, Grenzen zu ziehen, „gemeinsam sich vom Rest der Welt [zu] distanzieren. Eine Subkultur (gehaßt und stolz), die aus der Reihe tanzt und sich nicht vom Staat in irgendwelche Discos schließen läßt, um brav dem Allgemeinheitstrend zu folgen" (Georg, 19 Jahre). Auch für Ralf (26) bedeutet Skinhead zu sein, „mich stilvoll von der konsumorientierten *MTV*-Jugend abzuheben. Gehaßt zu werden und das gut zu finden." – „Ich bin stolz auf den Kult, und das müssen andere nicht verstehen oder akzeptieren. Ich scheiß' auf deren

Meinung", erklärt Oliver (26), der es längst leid ist, sich immer für etwas rechtfertigen zu müssen, was er als Antirassist gar nicht ist. „Skinhead sein heißt immer, sich abzuheben von den Langhaarigen (bäh), den Faschos (ihr begreift's nie), den sog. Individualisten, den schlaffen Kids von heute, die nur abhängen und Bands hören, die nur für Geld, aber nicht für sie spielen, den Angepaßten, die ihr ganzes Leben mit eingezogenen Schultern bewältigen, eben allen, die sich nicht trauen, ihre Meinung zu sagen und dafür einzustehen."

Andererseits wollen sie (das gilt zumindest für die nichtrechtsradikale Fraktion) auch nicht ständig mit Neonazis und Rassisten gleichgesetzt werden. Sie legen durchaus Wert darauf, daß die Öffentlichkeit die Differenziertheit ihrer Kultur genauso zur Kenntnis nimmt wie die Tatsache, daß sie nicht allesamt geistig minderbemittelte, arbeitslose Alkoholiker sind. Doch nicht um jeden Preis.

Vor allen Dingen nicht um den der Anbiederung. Skinheads hassen „Spießer" (beziehungsweise jeden, den sie für einen solchen halten, also vorzugsweise alle Anders-Aussehenden), und ein nicht zu unterschätzender Lustfaktor der Skinhead-Kultur ist der, den Verhaßten ihre volle Verachtung bei jeder sich bietenden Gelegenheit zu zeigen. Ist die bevorzugte Waffe des „Spießers" zur Konfliktvermeidung die Höflichkeit, so ist die Waffe des Skinheads zur Sprengung der Gesichtsfassaden die inszenierte Unhöflichkeit, die kontinuierliche Provokation. Wer seine Stimme über Gebühr erhebt, gilt gewöhnlich als peinlich. Skinheads dagegen lieben es geradezu, lautstark alle Aufmerksamkeit auf sich zu ziehen. Die öffentliche Inszenierung des Skinhead-Daseins ist Teil ihres identitätsstiftenden Programms, dessen erster Punkt lautet: Wir sind anders – sprich: besser – als die normierte Mehrheit. „Es gibt doch wohl nichts Geileres, als mit 'ner großen Gruppe, fröhliche Lieder singend, nahrhafte Getränke in der Hand, mitten durch die Altstadt zu ziehen und dabei die Gesichter der Leute zu beobachten, diese ganzen blöden Spießer, die in ihrem Leben noch nie aufgefallen sind, sich immer angepaßt haben, für ihre Karriere oder sonstwas, und dann kommen wir und führen ihnen vor, was sie eigentlich auch schon immer wollten, sich aber nie getraut haben. Was meinst du, warum die bei uns in der Gegend (Köln, kf) das ganze Jahr lang schon so geil auf Karneval warten? Weil sie da endlich mal so richtig die Sau rauslassen dürfen. Wir machen das das ganze Jahr über. Da kommt natürlich Neid auf. Und das find' ich auch super so. Je mehr die sich über mich ärgern, desto besser. Denn in dem Moment spür' ich, ich hab' was als Skinhead, was die nicht haben."

Skinheads sind eine „Randgruppe mit Stolz", Agents provocateurs wider die bürgerliche Langeweile. Anständige Bürger leeren keine Bierdosen in der Fußgängerzone, belästigen keine Kaufwütigen mit schmutzigen Gesängen, schlagen sich und ihre Familienangehörigen niemals in der Öffentlichkeit. Und außerdem kann man doch über alles reden ... – Skinheads hassen diese Höflichkeitsrituale der Mittel- und Oberschichten, halten sie ebenso wie die Sensibilität dieser *Irgendwie*-Typen, die immer alles verstehen wollen und zwanghaft jede ihrer Ansprachen mit einem herzzerreißenden ‚du' am Satzende entschärfen müssen, für Strategien der Konfliktumgehung, die vorhandene Aggressionen und Hierarchien nur hinter einer Maske der Höflichkeit verstecken. Skinheads bevorzugen die direktere Art der Auseinandersetzung. „Lieber mal eine Prügelei als ständige Schleimerei." Skinhead sein bedeutet, „jedermann offen und direkt die Meinung ins Gesicht zu sagen". Oder auch zu schlagen. – „Hart, aber ehrlich." Ein Männerkult der proletarischen Art.

Roots

Schon die 50er und 60er Jahre waren wilde Zeiten. Und es waren Arbeiterkinder, die den Rock 'n' Roll auf seinen Triumphzug um die Welt schickten. Ohne den Blues der Teddyboys, die ohnmächtig mitansehen mußten, wie ihre Altersgenossen aus den „besseren" Familien erst auf höhere Schulen, dann in die neuen Stadtteile wechselten, während sie selbst ohne Ausbildung zurückblieben, ohne die Leidenschaft der proletarischen Mods und Rocker für ihre Musik wäre *Paul McCartney* eine leidlich bekannte Lokalgröße in Liverpool geblieben, *Rod Stewart* wohl immer noch Totengräber in Highgate und *Mick Jagger* ein alternder Erotomane, der am Piccadilly Circus jungen Touristinnen hinterhersabbert. Doch in der zweiten Hälfte der 60er Jahre stagnierte der kulturelle Siegeszug der Arbeiterkinder. Wichtige Heroen wie *The Who* oder *The (Small) Faces* überwanden die engen Grenzen der Subkultur und setzten zu weltweiten Karrieren an. Aus großmäuligen Straßenjungs wurden Stars für jedermann. Die routinierten Strandprügeleien zwischen Mods und Rockern, aufgeheizt durch eine exzessive Kriegsberichterstattung in den Medien, sprengten längst den Rahmen eines coolen Wochenendvergnügens. Die britische Gesellschaft reagierte schärfer auf die Eskalation der Gewalt und köderte die Kontrahenten gleichzeitig mit materiellen Integrationsangeboten. Die erhöhte Produktivität der 60er Jahre ermöglichte nun auch Arbeiterfamilien vermehrten Konsum und bescheidenen Wohlstand. Der Kampf der Klassen schien out, ein Fossil aus scheinbar überwundenen kapitalistischen Tagen. Das hübsche Wort „Wohlfahrtsgesellschaft" machte die Runde, und den Besten und Fleißigsten aus der Arbeiterschaft wurde gar der Aufstieg in die Mittelschicht versprochen. So besuchten auf einmal auch Arbeiterkinder weiterführende Schulen und tauschten den Blaumann gegen Schlips und Kragen ein; anstatt im Schlachthof im Fünf-Minuten-Takt Rinder zu killen, durften sie nun Aktenberge durch Verwaltungslabyrinthe schieben. Mods, die den Sprung an die Universitäten und Kunsthochschulen geschafft hatten, liefen zu den Studenten und Hippies über. Andere, ermüdet von den endlosen Wochenendtrips, suchten sich eine feste Freundin, heirateten, setzten Nachwuchssorgen in die Welt und desertierten auf diese Weise ins „normale" Leben.

Übrig blieben nur die Härtesten. Oder, wie böse Zungen behaupten, die weniger Flexiblen. Die, die immer noch zuwenig Geld hatten, um sich die angesagten Klamotten zu kaufen. Die, die weiterhin zum Fußball gingen und jederzeit bereit waren, für eine gute Wochenendprügelei der angenervten Freundin den Laufpaß zu geben. Die, die billiges Lagerbier und proletarische Schenken den aufputschenden Smarties und bunten Cocktails in irgendwelchen In-Clubs vorzogen. Irgendwann streiften sie auch den betont dandyhaft verfeinerten Kleidungsstil der Mods ab und kehrten zum proletarischen Urlook zurück. Jeans, oft umgekrempelt, die klobigen Bergarbeiterschuhe des bayerischen Doc Martens, Button-Down-Hemden und weiße T-Shirts, darüber demonstrativ Hosenträger, und auf dem Kopf die Schiebermütze wurden nun auch in der arbeitsfreien Zeit am Wochenende getragen. Insignien der Arbeiterklasse früherer Jahrzehnte, in denen die Welt scheinbar noch in Ordnung war. Konservierte Wahrzeichen einer aussterbenden Spezies, ebenso wie die „Gefängnisglatze", praktisch eben, nicht nur beim Prügeln. Während im restlichen Universum Jugendliche mit ihren Eltern um jeden bewilligten Haarzentimeter mehr im Clinch lagen (wir befinden uns in den Jahren 1967/68), wurden bei den Hard-Mods die Haare kürzer und kürzer. Bald tauchten auch neue Namen auf, die Abgrenzung zu vollenden und das neue Outfit mit Worten zu begreifen: Noheads, Cropheads, Boiled eggs, Baldheads, Bootboys, Peanuts und viele andere, bis sich schließlich ein einziger durchsetzte: Skinheads.

Die Geburt

Natürlich läßt sich kein genauer Geburtstag festlegen, kein einzelnes Ereignis benennen, das den neuen Stamm im sich ausbreitenden Dschungel der Jugendkulturen gezeugt hätte. Es passierte einfach, wie immer, wenn etwas Urwüchsiges entsteht, über Wochen, Monate, Jahre. Ein paar Jugendliche fangen an, entwickeln, um sich von ihrer Umwelt abzugrenzen oder just for fun, eine neue Art zu reden, zu tanzen, sich zu kleiden; andere – Freunde, Mitschüler, Nachbarskinder – steigen ein, das Ganze wird größer, aus einzelnen Cliquen formiert sich eine überregionale Szene; Außenstehende bekommen mit, daß da etwas Neues entstanden ist, suchen nach Erklärungen, Einordnungsmöglichkeiten, dem Bekannten im Unbekannten. Von da an ist es nicht mehr weit, bis das Ding seinen Namen bekommt, Medien zu berichten beginnen. Als die ersten britischen Tageszeitungen 1968/69 begannen, im Zusammenhang mit Fußballrandalen die „sogenannten Skinheads“ zu erwähnen, war bereits jede Straßenecke der traditionsbewußten Arbeiterviertel von Liverpool, Glasgow, Birmingham oder London die Heimat einer Skinhead-Gang. Das war eigentlich gar nichts Besonderes, Aufsehenerregendes, zumindest nicht für die Nachbarn und Eltern der Kurzhaarigen. Arbeiterjungen schlossen sich eben in Gleichaltrigencliquen zusammen und machten dann allerlei Unsinn, um der Tristesse des Alltags zu entgehen. Sicher, die Skins waren rüde Jungs (und wenig Mädchen), fußballvernarrt und auch dem Alkohol nicht abgeneigt, im Schnitt auch gewalttätiger als das Gros ihrer pubertierenden Altersgenossen, aber alles noch innerhalb von abgesteckten Grenzen. „Bewegt man sich in London aus der Gegend um Mile End herum in Richtung Westen, dann wird man manchmal mit dem konfrontiert, was Soziologen ein Phänomen nennen und autoritär veranlagte Menschen als proletarisches Rowdytum bezeichnen würden“, berichtete die *Sunday Times* am 21.9.69. „Man stößt hin und wieder auf uniform und schmucklos gekleidete Arbeiterjugendliche, die alles andere als Eleganz ausstrahlen. Häufig sind sie nicht viel älter als 15 oder 17. Man sieht ihnen an, daß sie auf Schlägereien scharf sind. Sie stehen auf Bluebeat-Musik und *aggro*, das Skinhead-Synonym für aggressives und provokatives Verhalten. Gemäß dieser Geisteshaltung fühlt sich ein Skinhead nicht wohl, wenn er abends schlafen gehen muß, ohne eine anständige Prügelei hinter sich zu haben."[64]

Da die Skins der ersten Generation leidenschaftliche Fußballfans waren, fiel es ihnen an den Wochenenden nicht schwer, „aggro" zu finden. Doch die Gewaltlust beschränkte sich nicht auf das Wochenende, sondern eroberte schnell auch den Alltag. „Revierverteidigung" war das Schlüsselwort, mit dem jugendliche (männliche) Gangs sich schon immer in den verschiedensten Varianten Anlässe geschaffen hatten, ihre Männlichkeit kollektiv unter Beweis zu stellen. „Jede Gang scheint fortwährend auf Schlägereien und Ärger aus zu sein", berichtete der *Rolling Stone* im Juli 1969 und ließ einen Skinhead erzählen: „Wir legen uns mit allen an, die uns querkommen. Das ist keine leere Drohung. Es gab Zeiten, da konnten wir uns nur dann aus unserem Viertel herauswagen, wenn wir mehr als ein Dutzend Leute waren. In dieser Gegend und auch weiter weg von hier bekamen alle gottverdammten Crews zu spüren, was wir draufhatten, kannste hinschauen, wo du willst ... Überall waren wir da und nahmen die Jungs auseinander – und die waren natürlich auch alle hinter uns her. Es gab 'ne Menge aggro damals." Skinheads mit pazifistischen Neigungen waren in jenen Tagen wohl eher selten. Zu den Skins stießen Arbeiterjungen nicht trotz der damit verbundenen Gefahren und Gewaltsituationen, sondern gerade weil sie es liebten, sich zu prügeln und gegenseitig durch die Straßen zu jagen, als ginge es um Leben und Tod.

Gegner und Opfer von Skinhead-Attacken konnte jeder werden, andere Skinhead-Gangs ebenso wie jeder, der zufällig durch ihr mit *tags* gekennzeichnetes Viertel lief. „In Universitätsstädten mußten Studenten als Opfer herhalten. Schwule und jeder, der auch nur im entferntesten so aussah, waren in den meisten Gegenden die Opfer, und das insbesondere, wenn zehn kleine Gewalttäter auf einen von ihnen trafen. Hippies waren aber die beliebtesten Opfer. Sie wurden als lausige, stinkende, sinnlose und verfilzte Elemente angesehen, die überhaupt nichts mit den traditionellen Werten der Skinheads gemeinsam hatten. Es war auch nicht besonders schwer, sie zu finden. Man suchte in seiner Umgebung nach einem besetzten Haus oder einem Pop-Festival, und schon war man im Geschäft...", erzählt der Skin-Autor George Marshall in seiner „Skinhead-Bibel".[65] Die „Hippies" symbolisierten in idealer Weise all das, was Skinheads haßten. Ihre langen Haare und wallenden Gewänder mit Blumenmustern und Peace-Zeichen signalisierten Friedfertigkeit statt Kampfeslust, Androgynität statt männlicher Härte. Zudem kamen die Hippies überwiegend aus den Mittelschichten; es waren die Kinder der Bildungsbürger, die bessere Schulen besuchten, studierten und schon bald Teil des Establishments sein würden. „Es war nicht schwer, Hippies zu verprügeln, aber es war eine undankbare Aufgabe... Die Besetzung eines Wohnblocks durch Hippies war im September 1969 die große Nachricht. Tatsächlich stoppte nur die Anwesenheit von Hells Angels die Skinheads, das Haus zu stürmen. Es gab auch keine Liebe zwischen den Skinheads und den Hells Angels. Überall gab es Auseinandersetzungen." (Marshall, S. 35)

Die Gewalt, die allerdings am meisten Aufmerksamkeit auf sich zog, war die gegen asiatische Einwanderer: „Paki-Bashing". Jeder vierte pakistanische Student wurde 1969 in den Straßen Londons attackiert, nicht selten von kurzhaarigen jungen Männern mit stahlbewehrten Doc-Martens-Boots. Auch die Tatsache, daß bei diesen Übergriffen gelegentlich „schwarze" Jugendliche beteiligt waren, konnte nicht darüber hinwegtäuschen, daß die Skinhead-Kultur ihre politische Unschuld verloren hatte. Als Reaktion gegen die „Vergiftung der Elternkultur durch die Wertvorstellungen der Mittelklasse" bestätigten die Skinheads „die integralen Werte der Arbeiterkultur in ihren verkommensten Zügen: Chauvinismus und Puritanismus" (Clarke/Jefferson).[66]

Die Skinheads wollten nicht wie die Aussteigerkinder der Mittelschichten in neue Welten aufbrechen, sondern ihre alten Sicherheiten und Werte wiederhaben. Ihre Rebellion richtete sich gegen die Zukunft, ihre Utopien lagen in der Vergangenheit, ihr (symbolischer) Marsch zurück zu den stolzeren Tagen der Arbeiterklasse bedeutete auch eine bedingungslose Kapitulation vor der Gegenwart. Natürlich wußten sie, daß sie in eine Sackgasse getrieben worden waren, doch die Flucht in die Nostalgie ersparte ihnen die Beschäftigung mit den politischen Ursachen ihrer eigenen Marginalisierung. „Working class" reduzierte sich in ihrer Wahrnehmung letztendlich im wesentlichen auf die Heroisierung körperlicher Arbeit und die Pflege traditioneller Männlichkeitsrituale. Nur eine Minderheit engagierte sich politisch oder trat gewerkschaftlich für ihre Rechte ein. Die Mehrheit begnügte sich mit den gängigen Sündenböcken: Hippies, Studenten, Intellektuelle, Einwanderer. Daß ihre Feindbilder weitgehend mit denen der herrschenden Schichten wie auch der verhaßten Kleinbürger identisch waren, fiel ihnen offenbar nicht auf. Vor allem die rassistischen Parolen zahlreicher Politiker, die erkannt hatten, daß sie die damals durchaus noch potente britische Arbeiterklasse am simpelsten mit ethnisch aufgeladenem Sozialdarwinismus spalten und entwaffnen konnten, die Schlagzeilen der Massenmedien, die bald tagtäglich vor einer angeblich „unkontrollierten Flut von asiatischen Einwanderern" (*Daily Mirror*) warnten, hatten der Beliebigkeit der Skinhead-Gewalt eine rassistische Feindbildorientierung gegeben. Skinheads begannen auf der Straße umzusetzen, was ihre Eltern und andere Stammtischrassisten nur verbal zu fordern wagten: „Ausländer raus!"

Dennoch nahm das berüchtigte „Paki-Bashing" im Bewußtsein der meisten kurzhaarigen Prügelknaben noch keine höhere Bedeutung ein als die Überfälle auf Hippies oder die Straßenschlachten mit gegnerischen Fußballrowdies. Gewalt diente als Mittel der Grenzziehung und männlichen Identitätsbildung. Doch Skinhead-Sein, das war immer noch eine Frage des Klassenstandpunktes und nicht der Hautfarbe. Daß Skinheads einmal weltweit zum Schreckenssymbol für rassistische Gewalt werden sollten, war da noch nicht abzusehen. Schließlich war der Skinhead-Kult aus einer Liaison „weißer" schlagender Verbindungen – Mods, Fußballfans – und „schwarzer" Einwanderer-Gangs entstanden.

Ska

Der Schlüssel für diese unerwartete Freundschaft war die Musik – Ska, ein Direktimport aus Jamaica. Ein energiegeladener Offbeat, der seine ZuhörerInnen sofort in heftigste Vibrationen versetzte, als würden ihre Körper von rhythmischen Stromschlägen gepeinigt. Eine fröhliche Tanzmusik, so ganz anders als die der damals dominierenden Rockgiganten von Woodstock, die wuchernden psychedelischen Klangteppiche der Hippie-Kinder, aber noch nicht so konsumentenfreundlich wie der spätere, sich aus dem Ska ent-

Skins auf einem Ska-Festival, Potsdam, Lindenpark

wickelnde Reggae. Das Mainstream-Publikum, aber auch alle anderen Jugendsubkulturen, mochten diese Musik nicht. Ska galt als lausig primitiv und unprofessionell, Musik der Underdogs. *Bob Marley* und *Peter Tosh* liefen damals noch nicht mit Dreadlocks, sondern kurzgeschoren durch die Gegend und forderten in ihren ersten Songs nicht Ganja, sondern „Rebel!" Die Platten gab es nicht an jeder Ecke, man mußte sich, vor allem als „weißes" Kid, wirklich bemühen, sie irgendwo aufzutreiben. Nur wenige Tanzclubs hatten Ska in ihrem Repertoire – die Clubs der jamaicanischen Rude Boys. „Plötzlich kamen auch weiße Jungs zu den Auftritten", erinnert sich *Derrick Morgan*, der 1962/63 sieben Songs in den jamaicanischen Top Ten plaziert hatte und seitdem regelmäßig durch Großbritannien tourte, ohne dort wirklich heimisch zu werden. „Bisher hatten wir nur schlechte Erfahrungen mit Weißen gemacht. Die Teddyboys mochten uns und unsere Musik nicht. Es gab Angriffe auf die Clubs, in denen wir spielten. Dann kamen die Skins, und das waren wirklich nette Jungs. Sie liebten unsere Musik und imitierten unsere Bewegungen, unsere Tänze. Sie machten uns auch in England wirklich populär."

Die Rude Boys schenkten den britischen Arbeiterjugendlichen nicht nur den Sound, auch ein Großteil der Skinheadmode – vor allem die smartere Variante mit Anzug und Pork-Pie-Hütchen – entstammt der Asservatenkammer der jamaicanischen Einwandererkinder. Ihr expressiver Lebensstil imponierte den Skinheads, ihre toughen Straßengangs flößten ihnen Respekt ein. Die Stämme mischten sich, eine Reihe britisch-jamaicanischer Gangs entstand. Man tanzte gemeinsam in den Clubs und prügelte sich gemeinsam auf der Straße oder nach dem Fußball. Nun ist Rassismus ohnehin kein Zeichen herausragender Intelligenz, doch Ende der 60er Jahre mußte man schon ziemlich schizophren denken, um gleichzeitig Skinhead und Rassist zu sein. Denn noch waren neunzig Prozent der Idole, die DJs und Musiker auf den Bühnen, so „schwarz“ wie die besten Freunde der Skinheads. Und so leitete erst ein Wandel der Musik den Bruch zwischen „weiß“ und „schwarz“ innerhalb der Skinhead-Kultur ein.

Oi!

Die 70er Jahre starteten nicht gerade freundlich. *Jimi Hendrix*, *Jim Morrison* und *Janis Joplin* verabschiedeten sich von der Welt, die *Beatles* voneinander. Die Stars hießen nun *T. Rex* oder *Gary Glitter*, *Suzi Quatro* und *Queen*. Glam-Rock eroberte die Hitparaden, und auch *Slade*, das Rüpel-Quartett aus Wolverhampton, ließ die kurzrasierten Haare wachsen und die Doc's im Schrank, um fortan als Karnevalsjecken kostümiert die Partys der Welt zu beschallen. Die Skinhead-Szene, kurzzeitig zur saisonalen Teenagermode verkommen, schmolz wieder auf ihren harten Kern zusammen, während die Hippie-Kinder ihren Marsch durch die Institutionen begannen, um später in Chefredakteurssesseln und Drogenberatungsstellen hängenzubleiben.

Da tauchte plötzlich wie aus dem Nichts eine neue Jugendkultur auf: Jungs und Mädchen im gleichen Mülloutfit, jederzeit rüde Sprüche auf den Lippen und den erigierten Mittelfinger zum Kampf gegen das System bereit, Spaß und Anarchie und eine Musik, die mit ihrem Drei-Akkorde-Minimalismus und den hingerotzten Texten voller Wut und Lust alle Anstandsregeln des in bombastischen Klangtürmen erstarrten Rockzirkus sprengte. Punk – das roch nach Aufruhr, nach Revolte: *Don't know what I want, but I know how to get it.* „Anarchy In The UK“ von den *Sex Pistols*, „No More Heroes“ von den *Stranglers*, „White Riot“ von *The Clash*, medienwirksame Publikumsbeschimpfungen, Rüpeleien vor laufenden Kameras. Die *Sex Pistols* kassierten bald mehr Geld dafür, daß sie auf vertraglich vereinbarte Veröffentlichungen verzichteten, als für wirklich verkaufte Platten. Punk – eine perfekte Inszenierung für rebellische Teenagerherzen.

Doch es sollte bekanntlich keine zwei Jahre dauern, bis Punk ein integrierter Bestandteil jener etablierten Ordnung geworden war, der man angeblich ins Gesicht rotzte, ein lukrativer Zweig der Freizeitindustrie, in dem sich immer mehr Mittel- und Oberschichtenkids auf der Suche nach dem neuesten Trend ihre Wochenendkicks holten. Schon bald schmückte Punk-Mode Versandhauskataloge („Schockieren ist schick"), das Modemagazin *Vogue* kürte *Johnny Rotten* zur „Überraschung des Jahres", und in Deutschland diskutierten *Bravo*-LeserInnen über das Für und Wider von Sicherheitsnadeln in der Nase. Anfang 1978, als der Punk gerade erst von der Insel aufs europäische Festland überschwappte, standen die bekannten Bands bereits fest im Sold der Industrie. Die *Buzzcocks*, *999* und *The Stranglers* hatten bei United Artists unterschrieben, *The Clash*, die viel Zeit und reichlich Songzeilen dafür verschwendet hatten, das Busineß zu beschimpfen, pöbelten nun – für eine Garantiesumme von 100.000 Pfund, meldeten die Schlagzeilen – im Auftrag der CBS.

Distanz war angesagt, dieses Mal nicht nur zu APO-Vätern und Hippie-Kindern, sondern auch zu den neugewellten Mode-Punks. Da erinnerten sich viele Punks an den im Untergrund vor sich hinschlummernden Skinhead-Kult, und schon bald verwandelten sich Britanniens Schmuddelkinder serienweise in Skinheads, ließen sich die bunten Haare scheren, flickten ihre Hosen und ersetzten die Nadeln im Ohr durch Tattoos auf den Armen – spätestens da mußten die „Part-time-Punks" passen.

Auch zahlreiche Bands machten weiter, härter als zuvor. *Sham 69*, *Cock Sparrer*, *Cockney Rejects* oder die *Angelic Upstarts* vergraulten die Middle-class-Mode-Punks aus ihren Konzerten, beschleunigten ihre Rhythmen noch ein Stück und säuberten den Sound von allen „Unreinheiten" der New-Wave-Ära: der „Künstlichkeit", der weitschweifenden, mehrdeutigen Lyrik, der studioabhängigen Elektronik. Die „ursprüngliche Aura von Delinquenz" (Hebdige 1993), das Übeltäterimage erwachte zu neuem Leben.

Natürlich mußte auch ein neuer Name für die Musik her. Sie

experimentierten zunächst ein wenig pathetisch mit „Realpunk" oder „Streetpunk" oder auch „Working-class-Punk" – und wählten schließlich einfach ihren Schlachtruf aus den Stadien, das durch einen Song der *Cockney Rejects* bereits kultisch verewigte Begrüßungsritual in den Straßen: Oi! Oi! Oi! Damit war der Skinhead-Kultur zehn Jahre nach ihrer Geburt eine zweite Wurzel gewachsen.

Das ging natürlich nicht völlig unproblematisch vonstatten. Denn die Neoskins brachten mit dem Oi!-Punk nicht nur ihre eigene Musik in die Skinhead-Kultur ein, sondern auch ihre Mode. Die Stiefel wurden höher, die Haare kürzer bis zum naßrasierten Extrem. Domestos-gebleichte Jeans, mit Löchern gar, Bomberjacken und andere Militärklamotten kamen in Mode. Die smartesten Jacken wurden mit ungelenk gepinselten Namen der angesagten Bands verziert. Die bei den frühen Skins noch dezenten Tätowierungen wucherten von den Armen aus über den ganzen Körper bis in die Gesichter. Traditionelle Skins wandten sich ob dieser ästhetischen Zumutungen voller Abscheu von ihrem unerwünschten Schmuddelnachwuchs ab. „Mit einer zerrissenen Jeans, einem Klebstoff-verschmierten T-Shirt und I AM BRITTISH auf der Stirn tätowiert 'rumzulaufen tat der Bewegung nichts Gutes und diente nur dazu, der Presse noch mehr Material für ihre Horror-Stories zu liefern. Tatsächlich hätten sich viele von denen, die vorgaben, Skinheads zu sein, besser ihre eigenen Adressen auf ihre ekelhaften Fressen tätowiert, für den Fall, daß sie sie vergaßen. Glatzköpfige Punks, Boneheads, nennt sie, wie ihr wollt, auf jeden Fall hatten sie wenig oder gar nichts mit dem Geist von '69 zu tun." (Marshall, S. 69f.)

In dieser Situation entfaltete jedoch der Ska noch einmal seine einigende Kraft. Denn auch der „Skinhead-Reggae" der Sixties erfuhr in jenen Tagen ein grandioses Revival, und zwar in einer neuen, schnelleren Gangart, die deutlich vom Punk beeinflußt war und so schon bald Streetpunks und Skinheads auf den Tanzböden vereinte.

Two Tone

The Specials hießen die ersten Helden und Initiatoren des neuen Ska-Booms. Das im Sommer 1977 in Coventry gegründete Septett coverte Ska-Songs, die in den Sechzigern schon einmal ganz groß

Bei einem Festival anläßlich des 25jährigen Jubiläums des Skinhead-Kultes, Lübeck 1994

waren, legte den alten Rude-Boy-Look an und mixte in Sound und Show einen Schuß Punk hinzu. Im März 1979 veröffentlichten sie auf dem bandeigenen Label Two Tone eine zeitgemäß geliftete Coverversion des 64er *Prince-Buster*-Hits „Al Capone". „Gangsters", so der neue Titel, erreichte innerhalb weniger Wochen mehrere Auflagen und absoluten Kultstatus. Ein Jahr später waren die britischen Charts fest in der Hand von Two-Tone-Bands wie *Bad Manners, UB 40*, *Selecter* und *Madness*. Altstars wie *Laurel Aitken*, *Derrick Morgan*, *Toots & The Maytals*, *Desmond Dekker* und viele andere feierten ein unerwartetes Comeback und touren noch heute, zwanzig Jahre später, von Tausenden von Skinheads umjubelt, durch Europa. Die Losung „Kids united" hatte erneut ihre Kraft entfaltet, und das meinte nicht nur Streetpunks, Mods und Skinheads, sondern auch „schwarz" und „weiß".

Doch dieses Mal blieb das kurzhaarige Publikum gespalten. Auch wenn Politik und Rassismus in der Szene noch längst nicht den Stellenwert hatten, den sie ab Mitte der 80er Jahre in Deutschland erhalten sollten, so waren doch nicht alle Skinheads glücklich über die zentrale Botschaft der Two-Tone-Bands. Die jahrelange Agitation der *National Front*, die 1977 im postkolonialen Little Britain mit der Losung „If they're black, send them back" mehr als 200.000 Wählerstimmen gewann, und die nicht weniger üble Verkaufspolitik von Regierung und Massenmedien hatten Erfolge gezeigt: Die ohnehin in der Skinhead-Kultur tief verwurzelte Abneigung gegen Fremde(s) jeglicher Art konzentrierte sich mehr und mehr auf die Einwanderer. Ein Teil der Skins hatte sich in der rechten Szene verankert.

So wurden auch die Two-Tone-Bands bald zum Angriffsziel von Neonazis und rassistischen Skinheads, die sich der Faszination des neuen Offbeat nicht gänzlich entziehen konnten und immer wieder bei Ska-Konzerten auftauchten. *The Specials* wurden bekannt dafür, daß sie ihre Instrumente zur Seite legten, sobald sie „Sieg hail!" brüllende Glatzen im Publikum entdeckten, und die unerwünschten Gäste eigenhändig hinausprügelten. Andere Gruppen wie *Madness* versuchten eher, mit den Kids zu reden, sie auf die nichtrassistische Seite hinüberzuziehen. Friedliche Rechte wurden zumeist geduldet. Die Eskalation des Meinungsführerstreits innerhalb der Skinhead-Kultur konnte dies allerdings nicht verhindern. Das mußten auch Oi!-Bands wie *Sham 69* erfahren, die schließlich vor ihren rechtsradikalen Fans und Störenfrieden kapitulierten und für Jahre auf jegliche Auftritte verzichteten. Dennoch endeten nicht alle Konzerte in Krawallen, wie die Medien jener Tag den Eindruck erweckten. Und wenn es dann doch passierte, waren unterschiedliche Ansichten über lokale Fußballteams und im Alkoholrausch ausufernde Männlichkeitsrituale und Eifersuchtsdramen wesentlich häufiger das auslösende Motiv als die politische Radikalisierung der Kombattanten. Doch der Samen für die bis heute anhaltende ideologische Spaltung der Skinhead-Szene in zwei einander feindlich gegenüberstehende und um das Erbe der Erstgeborenen ringende Stämme war gesät.

Selbstredend gab es stets auch linke Skinheads. Als bewußte Arbeiterkinder sympathisierten nicht wenige Skins mit sozialistischen Ideen. Wenn sie denn wählen gingen, stimmten sie bevorzugt sozialdemokratisch und nicht für die *National Front* oder andere Rechtsaußen-Gruppierungen. So gründete sich lange vor den ersten neonazistischen Skinhead-Vereinigungen eine „League of Labour Skins"; „Skins Against Nazis" nannte sich eine 1978 in East London

Ska-Festival, Potsdam 1996

gegen die *National Front* agitierende Initiative, und Bands wie die *Redskins* und *Red Alert* (Roter Alarm) wählten ihre Namen nicht nach ihrer Lieblingsfarbe. Auch andere Oi!-Bands wie *Blitz*, *Sham 69*, *Angelic Upstarts*, *The Business* oder *Infa-Riot* wurden antirassistisch aktiv, unterstützten mit Benefiz-Gigs die Streiks der Bergarbeiter, spielten bei Demonstrationen gegen die *NF* oder das Thatcher-Regime auf.

Die Mehrzahl der Skins jedoch war politisch desinteressiert, wollte vor allem Spaß, Musik, verläßliche Freundschaften. Gegen Nazis und die bürgerliche Regierung zu sein war mehr Ausdruck eines tiefverwurzelten Klassenbewußtseins und gelebter Alltagserfahrungen als eine dezidiert politische Haltung. „Die *National Front* hat zur Zeit der Bergarbeiterstreiks ihre Leute als Streikbrecher in die Bergwerke geschickt. Eine echte Arbeiterpartei also!" erklärte Mensi, Sänger und Kopf der 1977 gegründeten *Angelic Upstarts*, seine Haltung im Interview mit dem Berliner Skin-Fanzine *Big Two*. „Ich hasse Faschisten! Die werden von unserer Regierung geduldet, weil sie dieses Regime unterstützen."

Doch die medienwirksame Beteiligung von Glatzköpfen an brutalen Überfällen auf Einwanderer und die offensiven Umarmungsversuche faschistischer Gruppen verdeckten die antipolitische Grundstimmung der Skin-Majorität und verstärkten ihre ohnehin starke Ausgrenzung. So blieben bald wirklich nur noch Nazis als Freunde und Sponsoren übrig. „Hier war eine Partei, die nicht über dich sprach, sondern mit dir, und die nicht auf dich herunterschaute, sondern dich als Creme der britischen Jugend behandelte", erinnert sich George Marshall (a. a. O., S. 134) an die *National Front*, die Skinhead-Bands wie *Skrewdriver* mit der Bereitstellung von Proberäumen und Auftrittsmöglichkeiten köderte, sogar eigene Zeitungen für Britanniens männliche Prügelgarde herausgab und sie lautstark als „Vorkämpfer der weißen Rasse" lobte. So wußte bald jeder rechtsradikale Schläger, wie er sich stylen mußte, um Gleichgesinnte zu finden.

Skinhead – a way of life

Die (medien)öffentliche Reduzierung der Skinhead-Kultur auf extreme politische Einstellungen und – zumeist rechtsradikal motivierte – Gewalttaten geht jedoch am Kern der Szene-Identität vorbei. „Skinhead" läßt sich nicht politisch definieren – genausowenig wie Punk, Heavy Metal, Techno, Journalist oder Lehrer. So werden die existierenden neonazistischen Skinhead-Vereinigungen („Hammerskins", „Blood & Honour"[67] usw.) von knapp 70 Prozent der deutschen Skinhead-Szene grundsätzlich abgelehnt.[68] Skins denken und äußern sich zu vielen Themen radikaler, zugespitzter, unterscheiden sich in ihren Einstellungen aber nicht grundsätzlich von der sonstigen Bevölkerung. Nur eine Minderheit verknüpft ihr Skinhead-Dasein mit einer bestimmten politischen Haltung. Für die meisten bedeutet es mehr, nämlich eine grundsätzliche Lebenseinstellung. Die hohe Bereitschaft, sich Skinhead-Symbole in die Haut tätowieren zu lassen, immerhin eine recht schmerzhafte und nur bedingt rückgängig zu machende Prozedur, bestätigt diese Selbsteinschätzung ebenso wie die für eine Jugendsubkultur recht lange Verweildauer in der Szene von durchschnittlich vier bis sechs Jahren. Als Ausstiegsgrund wird zudem oft Anpassungsdruck genannt, viele „Abtrünnige" ändern also nur ihr Outfit, bleiben der Szene aber noch über Jahre verbunden.

Gemeinsame Lebens- und Arbeitszusammenhänge, wie sie die Subkulturen der Mittelschicht, etwa die Hippies, die Hausbesetzer-

Bewegung oder die alternativ-autonome Szene, in Form von Produktionsgenossenschaften, Kneipen- und Druckkollektiven, Bio-, Buch- und Infoläden usw. hervorgebracht haben, existieren in der Skinhead-Szene nur vereinzelt und konzentrieren sich auf die Vermarktung der Skinhead-Kultur selbst wie die rund drei Dutzend kleinen Plattenlabel, Mailordervertriebe und Konzertagenturen, die der Szene entsprangen und die Existenz ihrer Betreiber auf zumeist eher niedrigem Niveau sichern. Das mag daran liegen, daß Skins keine „Aussteiger" sind. Einer geregelten Arbeit nachzugehen – und damit sind in der Regel traditionelle Ausbildungs- und Arbeitsverhältnisse gemeint – hat unter Skins einen hohen Stellenwert, und sei es nur, um möglichst frühzeitig finanziell unabhängig von staatlicher und elterlicher Unterstützung existieren zu können. „Ich komme aus der Arbeiterklasse, und ich bin verdammt stolz darauf, zu arbeiten und nicht jahrelang auf Kosten meiner Eltern zu studieren. Diese Typen, denen man das Schild ‚Sponsored bei Daddy' schon von weitem ansieht, können doch gar nicht mitreden, die wissen gar nicht, wie hart es teilweise ist, die Kohle für die Klamotten, die Konzerte etc. zu verdienen. Solche Leute, die von Vati oder Mutti die Kohle zugeschustert kriegen, nehm ich meist gar nicht ernst." (A., 21)

Die Skinhead-Szene ist vor allem eine Freizeit- und Spaßkultur, Musik, Partys, Alkohol, bei letzterem natürlich Bier. „Was haben verdammt noch mal Rotwein und Selters auf 'ner Ska-Night zu suchen?" empört sich ein Konzertkritiker in einem Skin-Magazin. Bier-Hitparaden und -tests tauchen immer wieder in den rund fünfzig in Deutschland regelmäßig erscheinenden Skin- und Oi!-Punk-Fanzines auf, zu jeder halbwegs populären Biermarke gibt es eine eigene Hymne von Bands, die häufig im regionalen Umfeld der Stammbrauerei ansässig sind. Im Gegensatz zu den USA sind drogenfreie Straight-edge-Skins in Europa eine exotische Ausnahme.

Eine Skinhead-Party ohne Alkohol ist jedenfalls undenkbar. Und Partys jeglicher Art bilden das gesellige Zentrum der Skinhead-Kultur. Denn der Skin als solcher ist ein Herdentier. Er „kann zwar auch alleine überleben, wird dabei aber apathisch und unzufrieden, denn die Sucht, sich in Grüppchen zu formieren, läßt ihn im seltenen Fall wieder los. So trifft man die Gattung ‚Skinhead' meist in Rudeln an, stets nach flüssiger Nahrung gierend, wild gröhlend und häufig nach ungewohnten Klängen merkwürdig durch die Gegend hüpfend."[69] Zu einem Soul- oder Ska-Allnighter, einem Oi!-Konzert oder Scooter-Run, zu den vor allem im norddeutschen Raum grassierenden Schlagerpartys und sonstigen Events reisen Skinheads gerne aus Hunderte von Kilometern entfernten Wohnorten an, um ein Wochenende mit Gleichgesinnten und -gestylten zu verbringen, zu trinken, zu tanzen, die neuesten Klatschgeschichten und Fanzines auszutauschen – familiäre Ereignisse, die im kollektiven Gedächtnis der Szene abgespeichert werden und noch Jahre später für nostalgischen Gesprächsstoff sorgen. „Weißt du noch, wie wir damals ..." Gemeinsame Erinnerungen festigen die Freundschaft, stellen einen sicheren Schatz dar in einer von vielen Skinheads als immer schnellebiger und ungewisser empfundenen Welt.

Nostalgie und Freundschaft sind Schlüsselbegriffe zur Dekodierung der Faszination der Skinhead-Kultur für die Beteiligten. Mögen auch Liebesbeziehungen auseinanderbrechen, der Fußballclub wieder einmal absteigen, Arbeitslosigkeit Zukunftsträume zertrümmern: Beim nächsten Ska-Festival in Köln oder Potsdam oder Oi!-Marathon an der Ostsee ist die Welt zumindest für einige Tage und Nächte wieder in Ordnung. Wenn Skinheads zusammenkommen, sind die Alltagsregeln und sozialen Ungleichheiten der Welt draußen außer Kraft gesetzt. Hierarchien existieren allenfalls aufgrund der Zugehörigkeitsdauer zur Szene und der damit verbundenen Anhäufung von Kenntnissen. Respekt erfährt jedoch jeder, der einmal als Stammesmitglied akzeptiert wurde. Materieller Wohl- oder Notstand, unterschiedliche Bildungsgrade, berufliche Karrieren sind hier bedeutungslos. Wer kein Geld hat, findet schnell Freunde, die ihn mit der notwendigen Flüssig- und Festnahrung versorgen. „Techno kann jeder Depp werden. Skinhead oder Punk ist da schon was anderes. In der Techno-Szene ist vieles abgrundtief falsch. Du denkst, du hast Freunde gefunden, und sobald es dir mal schlecht geht und du sie wirklich brauchst, sind die sog. Freunde weg. Freundschaften in der Skin-Szene sind viel intensiver. Da mußt du schon sehr viel Mist gebaut haben, um fallengelassen zu werden."

Eine Solidarität, die in der Regel nur Gleichgestylte für sich in Anspruch nehmen können. Außenstehende finden sich bei Skin-Zusammenkünften, von der traditionellen Vermischung von Punks und Skins einmal abgesehen, nur selten und dann zumeist als begleitende/r „Freund/Freundin von ..." ein. Vereinzelt begegnet man am Rande von Skin-Cliquen außer Punks noch Hardcores, Psychobil-

Skinheadgirls aus der Tschechei, Potsdam 1996

lies oder Autonomen, bei den Rechten auch Scheitel-Nazis und anderen Polit-Poppern sowie in manchen Regionen Hooligans.

Weibliche „Normalos" werden eher geduldet als Typen – offensichtlich eine Folge des ungleichgewichtigen Geschlechterverhältnisses. Dem Teenageralter entwachsene „Renees", wie die Frauen der Szene auch genannt werden, sind eine echte Rarität, klagt Wodka, sechsundzwanzigjähriger Herausgeber eines selbstgezeichneten Renee-Wandkalenders. „Durch diesen akuten Frauenmangel entsteht natürlich auch das Vorurteil des ‚Rumreichens', und ein Renee wird schneller als Schlampe abgestempelt als ein Skin. Ein Problem, mit dem Renees oft zu kämpfen haben. Für die meisten älteren Skins ist ein Renee als Freundin ein Traum, den sie schon ausgeträumt haben." Renees stellen lediglich einen Anteil von 10 bis 15 Prozent der Skinhead-Population – sowohl in rechten Cliquen und bei sog. „unpolitischen" Oi!-Skins als auch bei Redskins und antirassistischen S.H.A.R.P.s.[70] Für die Präsenz von Frauen scheint das konkrete Alltagsverhalten einer Clique wichtiger zu sein als die politische Ausrichtung. Ständiges „Koma-Saufen" und zwanghafte Randaletriebe der männlichen Spezies schrecken Frauen offenbar ab, während kreative Aktivitäten den Anteil von Frauen erhöhen. „Clockwork Orange" ist für Skin-Girls allenfalls im Kino faszinierend, im realen Leben erwarten sie von ihren männlichen Begleitern mehr als Pawlowsche Reflexe beim Anblick eines vermeintlichen Gegners.

Die rechte Szene verhält sich mackerhafter, das Männlichkeitsideal der „Kämpfer für Doitschland“ ist ungebrochener als bei ihren nichtrassistischen Zwillingsbrüdern, obwohl sich auch unter nichtrechten Skins reichlich Sexisten und Schwulenphobie-Infizierte finden. Sexismus gehört unter Skinheads jeglicher Couleur zum guten Ton. Frauenverachtende Songtexte auch bei „antifaschistisch“ ausgerichteten Bands, die Ausgrenzung bzw. Tabuisierung und Leugnung schwuler Skinheads, nackte Brüste und Vaginen als populäre Gestaltungsmittel für Fanzines und Demotape-Cover erwecken auf Außenstehende zu Recht den Eindruck einer extrem derben Männerwelt.

Allerdings ist Sexismus auch ein bewußtes Mittel der Selbststilisierung als prollige Underdogs und der Abgrenzung von den „Normalen“ und ihren als scheinheilig empfundenen Tabus. Wie die Punk-Szene, der sie in bezug auf Sexismus in ihren Stilmitteln sehr ähnlich sind, lieben es Skinheads, zu provozieren und dabei vor allem Vertreter der political correctness auf die Barrikaden zu scheuchen. Diese verwechseln in ihrer Empörung und Zensurlust oft Sexualität und deren drastische Zurschaustellung mit Sexismus. Auch wenn der alte Mann in Rom und einige seiner feministischen Schwestern das ganz anders sehen mögen: Die Reduzierung einer Frau oder eines Mannes auf ein pures Sexualobjekt ist nicht per se sexistisch, sprich: diskriminierend, „Ficken Bumsen Blasen“ von den *Toten Hosen* ebensowenig wie entsprechende Songs von Skinhead-Bands. „Der eigentliche Witz an der Sache ist doch, daß die Renees über die sexistischen Texte mitlachen. Im selben Moment geht nämlich die Ernsthaftigkeit der Texte verloren, weil sie erst dann diskriminierend werden, wenn sie nicht als Spaß aufgefaßt werden. Männchen wie Weibchen genießen die prolligen Lieder, die endlich mal Worte in den Mund nehmen, die bei dem kommerziellen Kram schleunigst durch Piepton unkenntlich gemacht worden wären“, meint Sandra (23, a. a. O.). „Wer Frauen tatsächlich schlecht behandelt und die Songtexte als Anleitung für den Alltag mißversteht, darf sich nicht wundern, kräftig eins aufs Dach zu bekommen! Derjenige soll mir unter die Augen bzw. vor die Stiefel treten, der behauptet, daß Frauen weniger wert seien als Männer! Wir Renees lassen uns weder unterdrücken noch das Wort verbieten, dienen demzufolge nicht nur der Verschönerung der Männermasse, sondern lassen auch unsere Meinung hören. Natürlich gehört eine Portion Selbstvertrauen dazu, sich gegen die ganzen Kerle durchzusetzen, da immer wieder Exemplare darunter sind, die uns mehr als nettes Beiwerk statt als gleichwertige Skinheads sehen."

Auch Sandra geriet in Skinhead-Kreise, nachdem sie sich mit einem männlichen Exemplar dieses Stammes zusammentat. Als die Beziehung im Sande verlief, blieb Sandra dabei. Ihr imponierten der Zusammenhalt, der hohe Provokationswert des Outfits, das überwältigende Angebot von Partys, Konzerten und anderen feuchtfröhlichen Freizeitaktivitäten und vor allem die Musik, Einstiegsdroge Nummer eins für die meisten Skins. „Musik, die noch handgemacht ist (ohne Syntheziser, Computer und den ganzen Scheiß), und nicht der Müll der Disco-Charts. Musik von der Straße, ehrliche Musik mit ehrlichen Texten. Musik, die nie in die Charts kommen wird, weil sie nicht in den Rahmen paßt, den die Musikindustrie vorgibt", beschreibt Volker, selbst Sänger und Gitarrist einer Oi!-Band, die Faszination der Musik. „Man singt über das, was wirklich im Leben abgeht, und das will keiner hören. Es gibt keine Stars auf der Bühne, die Bands und das Publikum sind eins, Jungs von der Straße mit denselben Problemen und denselben Leidenschaften."

Begriffe wie „ehrlich", „authentisch" und „antikommerziell" tauchen immer wieder auf, wenn Skinheads ihre Musik beschreiben. In der Tat ist die Skinhead-Kultur aufgrund ihres gewaltträchtigen Images eine der ganz wenigen Jugendszenen, deren Musik bis heute nicht in größerem Maßstab kommerziell ausgebeutet wurde. Die Mehrzahl der Produktionen erscheint bei kleinen, auf Punk oder Ska spezialisierten Independent-Labels, wird über Fanzines, die Bands selbst oder Mailordervertriebe – oft Ein-Mann-Unternehmen – verbreitet. Die Musiker, vor allem im Oi!-Sektor, entstammen zumeist selbst der Skinhead- oder Punk-Szene, können von ihrer Musik nicht leben und versuchen es zumeist auch gar nicht erst – kein Wunder angesichts der kleinen Auflagen von wenigen tausend Exemplaren und der opulenten Auftrittsgagen von ein paar hundert DM aus der Abendkasse, Benzinkostenerstattung, eine manchmal sogar warme Mahlzeit und Alkohol bis zum Abwinken.

Die wenigsten Musiker beherrschen ihre Instrumente wirklich professionell, Kompositionen wie Songtexte sind häufig mit altbekannten Klischees und Versatzstücken aus frühen Klassikern angereichert. Die JeKaMi-Tradition der frühen Punk-Zeiten lebt in der Oi!-Musik fröhlich weiter. „Aus der Szene für die Szene" heißt ein populärer Slogan, der Kommerzialisierungs- und Professionalisierungsgelüsten enge Grenzen setzt. Geradezu argwöhnisch werden Bands beobachtet, die von szene-fremden Medien und Fans gefeiert werden. Denn noch mehr als alles andere dient auch die Musik der Abgrenzung – zunächst vom gleichaltrigen Mainstream. „Als 14jähriger, wohlbehüteter *AC/DC*-Fan wußte ich mit der ganzen Geschichte nichts anzufangen. *Madness* waren für mich eine Popper-Band, da unser Klassenpopper sie liebte. Ende 1982 kaufte ich mir ‚Troops Of Tomorrow' von *Exploited*, eigentlich nur, weil mir das Plattencover zusagte. Die Musik ließ Heavy Metal als schlapp erscheinen. Ich kam in Kontakt mit Punks, die die gleiche Musik hörten. Die Texte der Lieder gingen uns in Fleisch und Blut über, die Cover der ersten Oi!-Alben wurden stundenlang betrachtet und bewundert", beschreibt Ingo (28) seinen Einstieg in die Oi!- und Skin-Szene. „Neben der Musik faszinierten mich die Skinhead-Kleidung und die Möglichkeit, durch das Äußere Leute in extreme Aufregungszustände zu versetzen. Auf meiner Schule dominierten zu der Zeit Friedensbewegte in bunten Tüchern, die sich während der Schulstunden sentimentale Briefe über ihre innere Verfassung zukommen ließen, nicht die geringste Ahnung vom Fußball hatten und sich in den Pausen gegenseitig nach Javaanse Mild Tabak anschnorrten. Die ständige Trauerstimmung, die diese Leute ausstrahlten, ging mir auf die Nerven. Punk und Oi! dagegen waren was wirklich Radikales, Offensives, Aggressives, Provozierendes und hatten einen hohen Spaßfaktor. Ich genoß es ungemein, mit einigen betrunkenen Freunden in Bussen und Straßenbahnen umherzufahren, auf den letzten Plätzen ‚Leader Of The Gang' von den *Test Tube Babies* zu gröhlen und so Aufmerksamkeit auf mich zu ziehen. Das Unverständnis der Öffentlichkeit war herrlich. Im Sommer ging's an den Strand, im Winter tranken wir in Waschcentern (solange die Polizei uns nicht vertrieb), da wir kein Geld für Kneipen hatten und sich Hausverbote in Discos häuften. Feten von eingeschüchterten Gymnasiasten gingen durch unsere ‚Überfälle' ihrer Vorräte an Bier und Lebensmitteln verlustig. Mittwochs war

Fußballtag, wir spielten gegen Mods und Straßenbanden; immer sehr lustig. Das Umherziehen mit anderen war damals das Wichtigste im Leben für uns. Hauptfeind waren ‚die Punker', und im benebelten Zustand wurden wilde Schlachtpläne entwickelt. Traf man die ‚old school Punks' dann aber, amüsierten die sich eher über die Armee der Sechzehnjährigen, statt ehrfürchtig zurückzuweichen. Außerdem kannten sich viele aus alten Punk-Tagen, so daß alles ruhig blieb. Wirklich gefährlich waren nur die ganz normalen Arbeiter-Disco-Kids, die schnell zuschlugen und uns haushoch überlegen waren."[71]

Körperliche Auseinandersetzungen haben einen hohen Stellenwert in der Skinhead-Szene. Wer nicht bereit ist, bei Bedarf auch mal zuzuschlagen, gilt schnell als „Weichei", „kurzhaariger Hippie" und dem Skinhead-Kult unwürdig – auch in linken Skinhead-Kreisen.

Gewalt ist aber selten eine Einbahnstraße. Als Skinhead – und seist du noch so friedfertig – wirst du täglich mit ihr konfrontiert. Sobald du deine eigenen vier Wände verläßt, stehst du im Rampenlicht. Brave Bürger wechseln die Straßenseite, ängstliche Blicke verfolgen dich (was Jüngere gerne dazu verführt, Angst mit Respekt zu verwechseln), Gespräche verstummen eine Schrecksekunde lang. Die Mutigeren stoßen vielleicht Beschimpfungen aus oder zeigen dir – aus sicherer Distanz – den Mittelfinger. Du bist grundsätzlich „Nazi", selbst wenn du einen „Fight Fascism"-Aufnäher an der Jacke trägst. Sich zum Stamme der Skinheads zu bekennen bedeutet Streß, Aggressionen, Kampf gegen Vorurteile, tagtäglich. Aber die meisten Skins lieben das auch. Es ist ein Teil ihrer Identität, die Bestätigung ihres Anders-Seins, genau der *Kick*, den sie haben wollen. „Es törnt mich an, Leute zu sehen, die von meinem Anblick geschockt sind", erklärt Martin (21). Denn es gibt eins, das wesentlich schlimmer wäre: die Vorstellung, eines Tages durch die Straßen zu laufen, und die Spießer würden nur noch gelangweilt gähnen. „Das Gefühl genießen, gehaßt zu werden", gehört zum Skinhead-Dasein einfach dazu.

[Weitere Informationen und Einschätzungen zur *rechtsradikalen* (Skinhead-)Szene finden Sie im Kapitel „Neonazis", ab S. 195. Hier geht es nun weiter mit dem Haupttext.]

Von der Sub- zur Massenkultur: Rebellion als Ware

„Schockieren ist schick"
Cosmopolitan, September 1977

Dick Hebdige wies bereits 1979 auf die „entscheidende Rolle" der Medien schon in diesem frühen Entstehungsstadium von Jugendkulturen hin: „Sie versorgen uns mit den meisten der vorhandenen Kategorien zum ‚Begrifflich werden' der gesellschaftlichen Umwelt. Wenn man so will: sie kauen uns unsere Erfahrungen vor. Presse, Fernsehen, Film interpretieren sie für uns und machen sie in ihrer Widersprüchlichkeit zu einem zusammenhängenden Ganzen. Es ist also nicht verwunderlich, wenn auch viele der in Subkulturen verschlüsselt ausgedrückten Erfahrungen vorher schon durch die Hände der Medien gegangen sind" (in: Diederichsen/Hebdige/Marx, S. 78). Zum Beispiel die erste Generation der Punks im Großbritannien der Jahre 1975, 76, 77: „In ihrem Aussehen, ihrem Verhalten, ihrer Musik gaben sie nicht nur eine Antwort auf wachsende Arbeitslosigkeit, veränderte Moralmaßstäbe, neue Armut oder Depression – sie *dramatisierten* damit das mittlerweile etablierte Schlagwort von ‚Englands Untergang'. Die Punks vereinnahmten das Gerede von der Krise, das während dieser Periode alle Rundfunkkanäle und Zeitungskommentare überschwemmte, und übersetzten es in greifbare und sichtbare Begriffe. In ihren verschiedenen Stilzusammensetzungen drückten die Punks zweifellos echte Aggression, Frustration und Angst aus. Aber ihre Aussagen waren – egal, wie merkwürdig verkleidet – in eine Sprache gegossen, die allgemein verfügbar war, in eine gerade aktuelle Terminologie. Das erklärt erstens, warum die Punk-Metapher sowohl für die Mitspieler der Subkultur selbst als auch für ihre Gegenspieler so passend war, und zweitens, warum die Punk-Subkultur als Schauspiel so erfolgreich sein konnte: weil sich in ihr gleich eine ganze Ansammlung zeitgenössischer Probleme symptomatisch darstellte" (a. a. O., S. 80f.).

Dick Hebdige, bis heute einer der genauesten Beobachter und Analytiker zeitgenössischer Subkulturen, beschreibt weiter den Prozeß der Vereinnahmung des Punk durch die Medien: „Nach und nach nimmt die Subkultur eine eigene, aber gut vermarktete Pose an, und ihr visuelles und verbales Vokabular wird vertrauter. Und dadurch können sie letzten Endes alle vereinnahmt, eingereiht und auf der bevorzugten Landkarte problematischer sozialer Realität lokalisiert werden: bis zu jenem Punkt, wo Jünglinge mit Lippenstift

Schrille Jugendsubkulturen als Blickfang: Eine Hausratsversicherung wirbt mit Gothics

nichts als ‚feingemachte Knaben' sind und das Mädchen mit dem Gummidress zur ‚Tochter von nebenan' wird. So werden die Subkulturen fortwährend wiedereingegliedert und die zerbrochene

Ordnung wiederhergestellt. Am Ende tauchen die ehemals abweichenden Regelbrecher als unterhaltsames Schauspiel in der vorherrschenden Mythologie (aus der sie ja zum Teil hervorkommen) reintegriert wieder auf: als Narren, als Andersartige oder als Feinde“ (a. a. O., S. 84f.). Der Prozeß der Wiedereingliederung hat also zwei Formen: erstens die Verwandlung subkultureller Stil-Symbole (Kleidung, Musik etc.) in massenhaft produzierte Objekte (die Warenform) und zweitens die Etikettierung und Umdefinierung abweichenden Verhaltens durch die herrschenden Gruppen – Polizei, Justiz, Politik, Medien (die ideologische Form).

Eine absolute Trennung zwischen den ideologischen und kommerziellen Manipulationen von Subkulturen ist nahezu unmöglich – zumal die Medien, einerseits als Transporteure der ideologisch ausgrenzenden und abwertenden Nachrichten unabkömmlich, andererseits selbst Bestandteil des kommerziellen (Mode-, Musik-, Freizeit-) Marktes sind. Aus eigenem Interesse liegt ihnen also viel an der Integration neuer Subkulturen als kommerzielle Steinbrüche und Jungbrunnen für den Mainstream-Markt von morgen: Eine zu starke Stigmatisierung und Kriminalisierung einer neuen Kultur schreckt zu viele potentielle Kunden ab. Dick Hebdige: „Ganz sicher empfand man die Punks – wie jede andere Jugendkultur – als eine Bedrohung der Familie, und manchmal brachte man diese Angst auch in ganz drastischer Weise zur Sprache. Der unvermeidlichen Flut von Artikeln, die hämisch den letzten Ausbruch der Punks denunzierten, standen jedoch genauso viele Berichte entgegen, die sich den kleinen Details aus ihrem Leben widmeten. Da zeigten Fotos Punks mit lächelnden Müttern, Punks relaxten am Familien-Pool, Punks spielten mit dem Schoßhund der Familie. Alle diese Artikel dienten dazu, das lautstark proklamierte Anderssein des Punk-Stils zu bagatellisieren und die Subkultur in ebenjenen Begriffen festzulegen, die sie am stärksten ablehnte und bekämpfte.

Das symbolische Zurückbringen von Töchtern zur Familie, von Abweichlern zur Herde fand zu einer Zeit statt, als in allen Medien die weitverbreitete Kapitulation von Punk-Musikern vor den Marktkräften dazu benutzt wurde zu zeigen, daß Punks schließlich auch nur Menschen seien. In den Musikblättern erging man sich in den üblichen Erfolgsstories und beschrieb den Aufstieg vom zerfetzten Schlucker zum fetzigen Macher: Punk-Musiker in die USA fliegend, Ex-Bankangestellte, die jetzt Zeitschriften herausgaben oder Schallplatten produzierten, geschundene Näherinnen, die plötzlich erfolgreiche Geschäftsfrauen waren. Natürlich hatten diese Erfolgsstories verborgene, zweideutige Aussagen. Wie bei jeder ‚Jugendrevolution' schuf der relative Erfolg von ein paar Einzelpersonen den Eindruck von Energie, Machtausweitung und grenzenlosen Aufstiegsmöglichkeiten. Das bestätigte im Endeffekt jedoch nur die Vorstellung einer freien, offenen Gesellschaft, der die Punk-Subkultur (mit ihrer rhetorischen Betonung auf Arbeitslosigkeit, Leben in Betonwüsten und Chancenungleichheit) ursprünglich entgegengetreten war. Der Mythos ersetzt so schließlich eine historisch gewachsene Subkultur, ein Produkt realer geschichtlicher Widersprüche, durch eine Handvoll brillanter Nonkonformisten, satanischer Genies, die (mit den Worten von Sir John Reed, Vorsitzender der Plattenfirma EMI) ‚im Laufe der Zeit völlig akzeptiert werden und im großen Maße zur Entwicklung der modernen Musik beitragen können'" (a. a. O., S. 88ff.).

Diese Vermarktung von Jugendkulturen erfolgt jedoch nicht nur von außen, von der bösen (Medien-)Industrie. Sie ist bereits im Kern der Kulturen selbst angelegt. Denn Konsum ist ein zentrales Anliegen aller modernen Jugendkulturen. Vielleicht konsumieren sie auf eine andere Weise als der Mainstream der Gleichaltrigen und die Elterngeneration, mit Sicherheit lehnen sie bestimmte Konsumpraxen und -güter mehr oder weniger radikal ab, oft legen sie großen Wert darauf, *ihre* Musik, *ihre* Mode, *ihre* Medien nicht von der großen Industrie und den gleichen Quellen wie der Mainstream zu beziehen, sich nicht in ihrer Freizeit mit den Normalos zu mischen, eigene Klubs, Partys und andere Events zu kreieren – „aus der Szene für die Szene". Doch genau damit öffnen sie selbst dem Kommerz die Tür. Denn auch Underground-Musik muß produziert und verbreitet werden: Die Musiker benötigen Gitarren, Schlagzeuge, Mikrophone, Übungsräume und Auftrittsorte oder zumindest Computertechnik und Internet-Provider sowie Medien, die von der Existenz der neuen Produktion, der Party, der Aktion künden, DesignerInnen, die das Outfit der Kultur und ihrer Produkte (Tonträger, Partystätten) entwickeln und gestalten, nicht zuletzt Vertriebe und PromoterInnen für all die kreativen Leistungen der Szene.

Zunächst läuft dieser ganze Prozeß der Produktion und Vermarktung intern ab. Eine Band beschließt nach zahlreichen Live-

DJ Sven Väth, Berlin, Love-Parade 1992

Präsentationen und angesichts ihrer wachsenden Fanschar, ihre Musik auf einem Tonträger zu veröffentlichen. Ein DJ avanciert zum heimlichen Star auf allen illegalen Partys in seiner Umgebung und beschließt, als Treffpunkt für die Szene einen legalen Klub zu eröffnen. (Verständlich, daß nun an der Kasse ein Obolus entrichtet werden muß und der Betreiber darauf achtet, daß die zu Kunden mutierten Familienangehörigen nicht ihre eigenen Getränke und Drogen mitbringen.) Ein Writer bemüht sich, den Ruhm seiner Stadt oder Posse durch seine immer ausgefeiltere Graffiti-Kunst zu mehren und erhält plötzlich über einen Vermittler ein fünfstelliges Angebot der vornehmsten City-Galerie für die Überlassung seines *Black Books* (das leider in der Asservatenkammer der Polizei schlummert). Ein Fanzine-Herausgeber entdeckt, daß er seine bisher mit viel Zeit- und oft auch finanziellem Aufwand „ehrenamtlich" betriebene Leidenschaft durch die Akquise bezahlter Werbeanzeigen von Szene-Mailordern und kommerziellen Plattenfirmen kostendeckend oder vielleicht sogar als Broterwerb betreiben kann (daß er dafür bestimmte Kompromisse im Layout eingehen, eine regelmäßige Erscheinungsweise garantieren und auch schon mal das

„Music is the key", Berlin, Love-Parade 1999

eine oder andere Produkt der Anzeigenkunden im redaktionellen Teil präsentieren muß, versteht sich). 150 Verrückte springen halbnackt und fröhlich tanzend als phantasievolle Karikatur der üblichen Militärparaden über den Berliner Kurfürstendamm, ein Jahr später sind es plötzlich schon viermal so viele, zehn Jahre später mehr als eine Million Menschen – aus der verrückten Idee eines Augenblicks ist ein professionelles Veranstaltungsmanagement mit Millionenumsätzen hervorgegangen.

Dieser lukrative Transfer eines subkulturen Stils in Konfektionsware für (fast) alle gelingt nur, wenn zentrale Elemente und soziale Kontexte des ursprünglichen Stils ausgetilgt oder verwässert werden können, gleichzeitig aber die „credibility", der Duft der „Authentizität", dabei nicht völlig verlorengeht. Das Mainstream-Publikum des Gangsta Rap (überwiegend männliche, weiße Mittelschicht-Jugendliche) möchte nicht wirklich am Ort des Geschehens, im Ghetto von L. A. oder in der New Yorker Bronx, leben, aber der faszinierende Thrill einer virtuellen Nähe zu den ganz Harten auf dieser Erde stellt sich nur ein, wenn die Gangsta-Rapper glaubwürdig den Eindruck erwecken, sie seien nicht bloß von der Musikindustrie geklonte Poser, sondern erzählten aus ihrem *real life*. Parallel ermöglichte erst die vollständige

Trennung des HipHop-Stils von seinen sozialen Zusammenhängen und Textbotschaften zugunsten sinnentleerter Gesten und Lyrics den kommerziellen Durchbruch der Stuttgarter Boygroup *Die Fantastischen Vier.*

[Im folgenden Kapitel erfahren Sie mehr über den Ursprung, die Kommerzialisierung und die Entwicklung des HipHop in Deutschland. Sollte Sie das nicht so sehr interessieren oder möchten Sie zunächst weiter im Haupttext bleiben, blättern Sie weiter zur Seite 152.]

HipHop

> **HipHop**
>
> wird häufig synonym mit Rap-Musik benutzt, bezeichnet jedoch „in Wirklichkeit einen umfassenden kulturellen Komplex, der größer als Rap ist. Er umfaßt Breakdance, Graffiti und auch einen stilisierten, aber lässigen Kleidungsstil" (Shusterman 1994, S. 270).

Die Wurzeln des HipHop sind viele Generationen alt und eng mit der Geschichte der Sklaverei verbunden. Als eigenständige Jugendkultur jedoch trug HipHop erst in den frühen 70er Jahren Blüten. Tricia Rose, Dozentin für Afrikanische Studien an der Universität New York, beschreibt in dem von ihr und Andrew Ross herausgegebenen Band „Microphone Friends – Youth Music and Youth Culture" (Routledge, New York/London 1994) die sozial-politischen Ursachen der neuen jugendkulturellen „Spaß- und Widerstandsgemeinschaften": „Zwischen den 30er und späten 60er Jahren ließ der legendäre Städteplaner Robert Moses eine Reihe öffentlicher Bauprojekte durchführen. Highways, Parks und Wohnanlagen entstanden, die das Profil von New York City nachhaltig veränderten. 1959 begannen Stadt-, Staats- und Bundesbehörden mit der Ausführung des Cross-Bronx-Expressway, der mitten durchs Herz der ärmsten und am dichtesten bevölkerten Wohngebiete der Bronx führen sollte. Obwohl der Expressway problemlos um die proletarischen Wohngemeinden hätte herumgeführt werden können, wählte Moses einen Verlauf, der den Abriß Hunderter Wohn- und Geschäftsgebäude notwendig machte. Das von Moses entworfene Programm zur Beseitigung der ‚Slums' erzwang die Umsiedlung von ca. 170.000 Menschen. Was Moses ‚Slums' nannte, waren alte Arbeiterwohnviertel, dicht besiedelte, stabile nachbarschaftliche Gemeinschaften."[72] Wer nicht zwangsumgesiedelt wurde, floh. „Von den späten 60er bis zur Mitte der 70er Jahre stieg die Zahl leerstehender Wohnungen im südlichen Teil der Bronx sprunghaft an. Einige besonders unruhige Hausbesitzer verkauften ihr Eigentum schnellstmöglich, oftmals an professionelle Slumverwalter. Andere zündeten ihre Gebäude an, um Versicherungsgelder zu kassieren. Beides beschleunigte den Abzug der weißen Mieter. Die Stadtverwaltung, die den Expressway als Zeichen des Fortschritts und der Modernisierung pries, war nicht bereit, den angerichteten Schaden zur Kenntnis zu nehmen" (a. a. O., S. 146f.).

Das änderte sich schlagartig, als im Juli 1977 während eines 27stündigen Stromausfalls in New York Hunderte von Geschäften in der Bronx und anderen verarmten Stadtvierteln geplündert und verwüstet wurden. Das Interesse des Medien erwachte. Die Bilder verlassener, halb zerfallener Häuser wurden zum Sinnbild für das Scheitern des modernen urbanen Lebens, der großstädtischen amerikanischen Kultur überhaupt. Medien illustrierten ihre Berichte über Kriminalität, Armut, den Verfall der Städte und den Ruin sozialer Verhältnisse mit Bildern aus der Bronx, Spielfilme wie „Wolfen" und „Koyaanisqatsu" präsentierten die Bronx als von jeder Menschenseele verlassene Gespensterstädte, andere wie „The Warriors" oder „The Bronx" bedienten sich ihrer als Kulisse für jugendliche Bandenkriege, und Tom Wolfe beschreibt schließlich in seinem Roman „Fegefeuer der Eitelkeiten" die neue Urangst der ‚weißen' New Yorker: nachts aus Versehen in der Bronx zu stranden.

Doch diese hatte sich im Verlauf der 70er Jahre allmählich wieder bevölkert. Zum einen schlicht dadurch, daß die Stadtregierung sozial schwache farbige Familien aus anderen Stadtvierteln dorthin zwangsumsiedelte, zum anderen durch den Zuzug schwarzer, puertoricanischer, jamaikanischer und anderer Familien aus den ehemaligen Kolonien, denen der billige Wohnraum gerade recht war.

Als die Vereinigten Staaten 1976 prunkvoll ihren 200. Geburtstag feierten, hatte sich auch für die Schwarzen[73] manches zum Positiven verändert. Sie durften nun auch in den letzten US-Staaten wählen, in Kinos, Theatern und öffentlichen Verkehrsmitteln sitzen, wo sie wollten, hatten Zugang zu höherer Bildung. Eine neue schwarze

Mittelschicht entstand, deren Lebensstandard sich nicht mehr von dem der weißen Mittelschicht unterschied. Jene jedoch, die in den Ghettos zurückblieben, wurden vergessen. Die zunehmende Verelendung in den schwarzen Ghettos der westlichen Führungsmacht bildete einen idealen Humus für jegliche Art von Riots. Doch seit der Zerschlagung der Black Panthers fehlte die Kraft, die den Frust und den Widerstandsgeist vor allem der Jüngeren kanalisieren konnte. Bar jeglicher Aussicht auf eine Veränderung der Lage, strikt separiert vom Mainstream der Gesellschaft, führten die Kids Stellvertreterkriege gegen sich selbst: Drogen, Kriminalität, Gangwars. Opfer wie Täter: Schwarze.

Es waren Rap-Musiker, das heißt DJs und MCs,[74] die die Sinnlosigkeit der permanenten Gewalt als erste begriffen und umzulenken versuchten. Im Rap, bis Anfang der 80er Jahre eigentlich nur eine alternative Partyform jugendlicher Ghetto-Kids, preiswert selbstorganisiert und fernab vom langweiligen Rock- und Disco-Mainstream, sahen sie das Potential zur Veränderung. Statt sich gegenseitig umzubringen, motivierten sie die Gangs, ihre Rivalitäten in sprachgewaltigen Verbal Contests und DJ-Battles auszutragen, sprühten ihre erfahrungsgesättigten Warnungen vor der selbstzerstörerischen Wirkung von Drogen an die Wände, verkehrten das verächtliche „Nigger"-Dasein im Rap zum selbstbewußten „Black & Proud". Wie einst aus der schwarzen Bürgerrechtsbewegung und den Black Panthers entsprangen der HipHop-Szene politisch-religiöse Vereinigungen wie die Zulu-Nation von *Afrika Baambaataa*, der selbst Mitglied der Bronx-Gang The Black Spades war. Nachdem er aber erleben mußte, wie ein Freund bei einer Gang-Schießerei von neun Kugeln niedergestreckt wurde, ging er auf Distanz und entdeckte in der HipHop-Kultur eine neue Heimat und die Chance zur Deeskalation.

Rap war von Beginn an *message music*; die Texte standen im Mittelpunkt, und „so viel Text pro Zeiteinheit hatte es nie zuvor gegeben" (Jacob, S. 183). Rap bedeutete vor allem „Lust an Kommunikation, endloses Reden und Argumentieren" (Jacob, a. a. O.). Und egal, ob die Texte von Sex, Drogen, Geschlechtskrankheiten, Armut oder Kriminalität handelten, sie spiegelten immer den Alltag und die (Alp-)Träume der schwarzen Unterschicht Nordamerikas wider, der die Rapper selbst angehörten. Rap verknüpfte so in modernem Ge

Zwei Plattencover von *Ice-T*

wand zum Teil jahrhundertealte Traditionen schwarzer Geschichtsschreibung, die zumeist eine illegal und damit mündlich überlieferte war: von den Griots, den Geschichte(n)-Erzählern und -Sängern Westafrikas, über den Scat-Gesang des Bebob bis zum Gospel schwarzer Prediger. Dabei war die Sprache des Rap subversiv. Begriffe aus der (weißen) Herrschaftssprache bekamen im Kontext eines Rap-Songs eine völlig andere Bedeutung, enthüllten ihren wahren Sinn; Doppeldeutigkeiten oder die extremen Übertreibungen beim *Shit talkin'* waren nur für die Angehörigen derselben Stadtviertel zu decodieren.

„So all the racists codes I'll decode,
explode…
My words are subliminal
Sometimes metaphysical
I teach, not preach…
With lyrics sharp as a machete"

rappt *KRS-One* in „House Niggas". Rap war Musik und Aufklärung aus dem Ghetto für das Ghetto.

Rap

ist eine postmoderne populäre Kunst, die einige unserer tief eingebürgerten ästhetischen Konventionen herausfordert. Postmodernismus ist ein verwirrend komplexes Phänomen, dessen Ästhetik sich einer eindeutigen Definition widersetzt. Nichtsdestotrotz werden bestimmte Themen und stilistische Charakteristika für typisch postmodern gehalten: das aneignende Recycling statt der einzigartigen, originären Schöpfung, die eklektische Mischung von Stilen, die enthusiastische Aufnahme neuer Technologie und der Massenkultur, die Herausforderung der modernen Begriffe ästhetischer Autonomie und künstlerischer Reinheit und eine Betonung des lokalen und zeitlich Bedingten statt des vermeintlich Universalen und Ewigen. Rap steckt voller Beispiele für diese postmodernen Charakteristika, betont sie oft sogar ganz bewußt und macht sie selbst zum Thema.

Richard Shusterman: Kunst Leben. Die Ästhetik des Pragmatismus. 1994, S. 158f.

Rapper's Delight

Fast zehn Jahre spielte sich HipHop ausschließlich in wenigen schwarzen Vierteln von New York ab, eine Straßenkultur, unbeachtet vom Rest der Welt – noch.

„Die Parties in den Häuserblocks, den Parks, manchmal den leerstehenden Wohnungen, dann auch zunehmend in den Schulen und Gemeindezentren machten Rap bekannt, brachten die MCs und DJs mit ihren fahrbaren Verstärkeranlagen. Diese Sound-Systeme wurden immer stärker, der Wettbewerb schärfer, einige MCs zu lokalen Stars, die zunehmend auch Gagen für ihre Auftritte nahmen und Mitschnitte ihrer Raps auf Kassetten verkauften. Der Sprung in den angemieteten Tanzsaal in der Bronx war der nächste Schritt in die Kommerzialisierung. Größere Tanzsäle waren von der Musikergewerkschaft für Orchester reserviert, doch das ließ sich durch Bestechung umgehen. Immer größere Säle, Mieten, Gagen waren die Folge, bis jemand in New Jersey eine Gruppe zusammenstellte, um den Schallplattenmarkt zu testen“ (Karrer 1995).[75]

„Rapper's Delight“ von der *Sugarhill Gang*, einer eigens für die Produktion gegründeten Retortenband, die ansonsten nichts mit der

Die längste Graffiti-Wand der Welt ...

ASTRA

... im sächsischen Großenhain

Ghettokultur zu tun hatte, verkaufte sich 1979 mehr als zwei Millionen Mal und löste damit eine riesige Nachfolgewelle aus. „Als ich ‚Rapper's Delight' hörte, dachte ich: ‚Scheiße, das kann ich auch.' Und ich hab's probiert", beschreibt *Ice-T* in seiner Autobiographie die Anfänge seiner Rapper-Karierre (a. a. O., S. 120). Konnte Rap zuvor nur live vorgetragen oder auf zumeist miserablen Tape-Mitschnitten erlebt werden, so drang der Sound nun überall in den USA aus den Radioboxen – und damit in die Ohren von Jugendlichen, die nie in ihrem Leben einen Fuß in die realen Ghettos gesetzt hatten. Filme wie „Wild Style" (1982, Regie: Charlie Ahearn), „Beat Street" (1984, Regie: Harry Belafonte/David Picker) oder „Breakin" (1984, Regie: Jod Silber) trugen die bunten Identitätssymbole New Yorker Graffiti-Sprayer und die Fitneßkunst jugendlicher B-Boys (Breakdancer) auch in bundesdeutsche Jugendclubs, wo die selbstbewußte Bilder- und Körpersprache der afroamerikanischen Straßenkids vor allem bei hierzulande ebenfalls sprachlos belassenen Einwandererjugendlichen ein euphorisches Echo auslöste. Und ebenso bei ihren SozialarbeiterInnen, sahen diese in der HipHop-Kultur doch eine wunderbare Chance, den Sprachlosen eine Stimme, den Marginalisierten Selbstbewußtsein durch kreative (und nicht gewaltförmige) Aktivitäten zu geben – ein nicht zu unterschätzender Einflußfaktor bei der folgenden Popularisierung von HipHop unter westdeutschen Migrantenjugendlichen.

Die Graffiti-Kunst überzog bald Dutzende westdeutscher Großstädte; Discotheken und Fußgängerzonen hatten eine neue Attraktion: Zehn- bis Vierzehnjährige, überwiegend jugoslawischer, türkischer oder arabischer Herkunft, demonstrierten eine faszinierende Straßenartistik. Bereits ein halbes Jahrzehnt bevor Spielfilme wie „Colors" von Dennis Hopper und Robert Solo (1988) oder „Boyz 'n The Hood" von John Singleton (1991, mit Rap-Star *Ice Cube*) den Jugendlichen eine komplette HipHop-Gang-Gebrauchsanweisung stifteten, erreichte Breakdance den ersten kommerziellen Höhepunkt des HipHop. Nicht zufällig setzte sich *Bravo* mit viel PR-Aufwand an die Spitze der Bewegung und wurde zum maßgeblichen Veranstalter diverser Breakdance-Turniere bis hin zur Weltmeisterschaft. Zwölfjährige, die so dank ihrer Fitneß Monat für Monat mehrere tausend Mark verdienten, blieben zwar Ausnahmen, motivierten aber unzählige Jugendliche, ihnen nachzueifern.

„So Ende 83 hat's mich denn auch erwischt, wie ich noch als jung-

Breakdancer bei einer Veranstaltung im Berliner Pfefferberg, 1996

blutbengel durchs viertel kackstelzte, in so ner schmorigen Unruhe gehalten", erinnert sich der heute neunundzwanzigjährige Berliner Ali, „und ich nahm gleich auch den guten Kodex an, der da heißt: wirf dein leben nicht weg, wenn du echt bronx sein willst, pfoten weg von dem, was dich und die gemeinde schwächt, no drugs, no crime, und stärke und respekt vor schwestern und brüdern" (in: Zaimoglu, S. 28).[76] Er gründete mit Freunden zunächst die Tanzgruppe *Fantastic Devils* und ab 1988/89 *Da Crime Posse* („Kriminelle Vereinigung"), die später als Teil des Projektes *Cartel* zum berühmtesten Sprachrohr türkischer Jugendlicher in Deutschland aufsteigen und den HipHop sogar in der Türkei selbst popularisieren sollte. Den Wandel vom B-Boy zum politisch engagierten Rapper führt Ali vor allem auf sein Vorbild Chuck D von *Public Enemy* zurück. Der brachte damals „ne ordentliche runde aufklärung in die gemeinde, er sprach davon, daß die welt im argen liegt, weil wir schief gewickelt sind, weil's an uns liegt, stolzes herz und freien geist und ungetrübten blick zu haben, und daß wir sehen lernen müssen, was kern ist und was hülle. Der sound besteht aus krawall und city-hektik, zu tosendem klang und stadtgebrüll und gellendem mißlaut hackt er den knallharten text ab. Klar, bruder, daß die bewegung überschwappte über den großen teich und uns ergriff wie ne gottverdammt heiße offenbarung" (a. a. O.).

Da Crime Posse setzten in Berlin fort, was *Public Enemy* oder *KRS-One* und viele andere in New York und L. A. begonnen hatten: Edutainment, Unterhaltung und Aufklärung. „Wir sind sowas wie kopfgeldjäger, wir jagen die kids auf den straßen, wir angeln sie, wir zerren sie aus dunst und nebel, und wir müssen ihnen mit der harten sprache kommen, weil sie tag und nacht umlagert sind von menschlichem müll, wir müssen sie anbrüllen, daß sie diese gottverschissenen spritzen und das elende banditengegockele sausen lassen, wir müssen ihnen klare parolen bieten, wir müssen zuhälter und dealer und autoknacker und kiffer und drücker und glücksspieler und die gewaltbereiten überschreien. Wir müssen interesse wecken und wir müssen um jeden preis einen rauhen und prächtigen sound bieten, der sie vom sockel haut. Das geht nur, wenn du vorbild bist und dieses altmodische wort tugend schmackhaft machst wie ne olle hostie mit erdbeergeschmack. Wir ködern die kids mit ner rüden etikette, und wenn die zu uns überlaufen, geben die von selbst ihre grundfalsche haltung auf und bleiben sauber und scheißen auf gewalt. Und ich sage dir, bruder, da laß ich mich sogar als hundesohn beschimpfen, wenn ich dafür einen kümmel von der straße wegkriege“ (a. a. O., S. 29f.).

Mit dieser eindeutigen Botschaft gegen Drogen und Gewalt packte *Da Crime Posse* wie viele andere HipHop-Crews eines der heißesten Eisen der Einwanderer-Community an: Denn längst flüchteten auch türkische, kurdische, arabische ... Jugendliche aus den beengten Wohnungen und häufig kaputten und gewalttätigen Familienverhältnissen auf die Straße, vor Arbeitslosigkeit und dem mit dem Ableben der DDR immer häufiger erfahrenen Chauvinismus der Deutschen in harte Drogen, Kriminalität und Gang-wars. Die HipHop-Kultur gab vielen dieser Jugendlichen eine neue Heimat, eine alternative Form, Anerkennung zu gewinnen, Wünsche, Ängste und Forderungen loszuwerden. Kein Wunder, daß sich überall in Deutschland Jugendzentren in Graffiti- und Breakdance-Werkstätten verwandelten.

Zum ersten Mal war da eine Musik, die sowohl von den eigenen Alten als auch der deutschen Mehrheitsgesellschaft abgelehnt wurde, eine Musik, die selbst in der plattesten Macho-Gangster-Rap-Version immer noch mehr Realität getankt hatte als *Michael Jackson* und *Madonna*. „Pop is was für kostgänger der illusion“, spuckt der Rapper *Abdurrahman* (24) voller Verachtung aus. „Bruder, den pop

Worum sich im HipHop alles dreht ...

- **traditionelle Männlichkeit, Respekt und Ehre** spielen in den Crews eine zentrale Rolle. Die männlichen HipHopper wollen Heroes sein. Ruhm und Ehre (Fame) erreicht man zum Beispiel dadurch, daß man als Graffiti-Künstler möglichst viele Tags (= Schriftzüge des eigenen Künstlernamens) im Stadtbild verteilt. Zudem muß der erfolgreiche Writer einen eigenen Stil entwickeln, durch den er dann im Stadtbild relativ leicht wiedererkennbar wird, vergleichbar dem Corporate Design eines Unternehmens. Natürlich geht es auch darum, Mut zu beweisen, indem man Pieces an unmöglichen Stellen anbringt. Wer solche mutigen und illegalen Aktionen durchzieht, gilt als Hardcore, was soviel bedeutet wie die Hierarchieposition eines Trägers des schwarzen Gürtels im Karate.
- **Identität**. Man ist wer, man wird anerkannt, man wird wiedererkannt, man weiß selbst, wer man ist. Darum geht es den HipHop-Kids. Vor allem die Kinder von Zuwanderern, die zwischen den Kulturen stehen und nicht wissen, wo sie hingehören, erreichen so das Gefühl der Zugehörigkeit und des Daheimseins. Im Zentrum steht dabei die Gleichaltrigengruppe. Sie ist die Basis dafür, um überhaupt zu Fame gelangen zu können.
- **Künstler sein, als Künstler anerkannt werden**. Das ist den Kids wichtig. Sie wollen Kreativität zeigen und über die kreative Aktion zu Ehre und Anerkennung kommen, nicht über den Straßenkampf, nicht

hab ich gefressen, so wahr wie mir nach kümmel is, nix übrig hab ich für's flachgepfiffene, ich will da nicht 'n abgetragenes kleid tragen, bloß weil's null kostet. Und ich will, weil ich ne reale größe bin, nen realen anlasser, der mich auf touren bringt und 'n bild von mir gibt, das rein und kraftvoll is. Ich hör's liebesgedudel auf allen frequenzen: ‚o, ich bin so allein, komm mich doch balde frein' oder ‚du gehst fort, und ich denk an mord' und so weiter. Was in gottes namen hat dieser dreck mit mir zu tun, was hab ich kanake mit diesem dreck zu schaffen ..." (a. a. O., S. 19f.)

Standen bei den US-Rappern neben dem Standardrepertoire aus Sex & Crime noch soziale Probleme, der Ausschluß vom materiellen Reichtum der Gesellschaft im Vordergrund, so identifizierten sich die Einwandererjugendlichen in Deutschland vor allem mit der unmißverständlichen antirassistischen Message. Doch nach und nach strömten auch weiße Kids herbei, die weder das eine noch das andere aus persönlichem Erleben kannten und gerade deshalb auf diesen exotischen Ghetto-Thrill, gepaart mit absoluter Coolness, abfuhren.

über Gewaltaktionen. Rap, Dance und Graffiti geben den Kids die Möglichkeit, sich ohne Gewalt und kriminelle Machenschaften zu beweisen, Positionskämpfe ohne Waffen auszutragen.

- **Jams** werden die großen HipHop-Parties genannt. Im Unterschied zu den Techno-Events wird auf diesen Veranstaltungen nicht nur konsumiert, sondern fast alle agieren selbst als Künstler. Es wird gerapt, getanzt, gescratcht und gesampelt. Das Publikum versteht sich als aktiver Teil der Party. Wer will, kann auf die Bühne kommen und mitmachen.
- **Glanz des Moments.** Die Kunstwerke des HipHop sind flüchtig. Ob Graffiti, Breakdancefiguren oder gereimte Raptexte. Ihre Existenz ist begrenzt, ihre Glanzzeit ist der Moment, wo sie kreiert werden.
- **Fun** ist genauso wichtig wie Fame. Ebenso wie die Snowboarder sind die HipHopper auf dem Easy-Living-Trip. Ideal ist es, nichts übertrieben ernst zu nehmen. Keine ernsthaften Aktionen ohne Fun! HipHopper sind cool, relaxt und auf einem permanenten Easy-Going-Trip.
- **Be real, stay original**, das sind die Kernprinzipien des HipHop. Sei ein Original, tu nicht nur so als ob, paß' dich nicht an, lebe deinen eigenen Stil, bleib deinen Idealen treu. Jedes Alltagskunstwerk ist ein Original: der Raptext, die Breakdance-Figuren, der gesprayte Schriftzug. Natürlich kann das auch heißen: „Bleib deiner (Herkunfts-)Kultur treu. Du kannst auch türkisch, deutsch oder kroatisch rappen."

Manfred Zentner: HipHop rules.[77]

„Who gives a f...?"

Im US-Pop-Busineß war Rap Mitte der 80er Jahre die Wachstumsbranche Nummer 1. In Großbritannien nahmen Ex-Punk-Stars wie *Blondie* Deborah Harry und *Malcolm McLaren* Rap-Songs auf und landeten noch einmal riesige Hits. Der 1981 für die konsumfreudige urbane Jugend gestartete Musikkanal *MTV*, der Rap bisher aus Angst um seine Werbekunden ignoriert hatte, kapitulierte vor der nicht mehr zu übersehenden Tatsache, daß sich auch weiße Teenager massenhaft für diese Musik begeistern ließen, und startete 1988 mit „Yo! *MTV* Raps" eine eigene tägliche HipHop-Show, die aus dem Stand heraus die höchsten Einschaltquoten erreichte, die *MTV* jemals hatte. Millionen von Fans wollten diese Musik im Radio hören, im Heimkino sehen, im Plattenhandel kaufen.

Daraus ergab sich allerdings für die Industrie ein schwerwiegendes Problem: Die wichtigsten Kultstars wie *Ice-T*, *Ice Cube*, *Public Enemy*, *2Live Crew*, *N.W.A.* standen aufgrund ihrer „explicit ly-

HipHop in der DDR

Ab 1985 löste das HipHop-Drama „Beat Street" über den tödlich endenden Kampf zwischen dem Graffiti-Künstler Raymon und dem Gangbanger Spit auch in der DDR ein HipHop-Fieber aus. Allein in Magdeburg lief der Film ein ganzes Jahr vor ausverkauften Rängen – mit dem Effekt, daß dort zeitweise über dreihundert Breaker aktiv waren (Fuchs 1995).[78] Der Staat reagierte überraschend positiv auf die neue „Sportart". So konnten sich 1988 und 1989 in der sächsischen Karl-May-Stadt Radebeul jeweils mehr als 1.000 HipHop-Fans und -Aktive zu privat veranstalteten „Rap-Contests" treffen,[79] in der Hauptstadt Berlin fanden ab 1987 sogar vom DDR-Kultusministerium gesponserte Breakdance-Wettbewerbe statt, und den Rappern wurden sogar die ansonsten verpönten englischsprachigen Texte gestattet. „Da die Musik als unpolitisch bzw. politisch korrekt angesehen wurde, konnten sich innerhalb der FDJ-geleiteten Jugendklubs Arbeitsgemeinschaften für Breakdance bilden. Die B-Boys hatten eine ausgeprägt antirassistische Einstellung, welche auch durch den FDJ-Internationalismus bestärkt wurde", berichtet der Magdeburger Anglist Thomas Fuchs. „Der DDR-Rap war natürlich, wie alle anderen gesellschaftlichen Bereiche, von der Mangelwirtschaft betroffen: Es gab weder ‚coole' Bekleidung noch gute Kassettenrekorder und schon gar nicht die Schallplatten, die man gerne gehabt hätte. Gerappt wurde in ‚schlichtem' Englisch, und gescratcht wurde mit DDR-Tonbandgeräten.

Soziale Probleme wie in den USA spielten bei DDR-B-Boys keine Rolle, und die politischen Hintergründe der Musik wurden nicht erkannt. Statt dessen wollten die Jugendlichen die kulturellen Aspekte der Musik absorbieren, die Umgangsformen der schwarzen B-Boys untereinander, Vokabular, Graffiti, die knisternde Spannung, die das Leben im schwarzen Ghetto vermittelte – kurz und gut, all die Lebensbereiche, mit denen DDR-Jugendliche vorher nie konfrontiert wurden" (a. a. O., S. 161f.).

rics" auf dem Index. Elternverbände wie das von der Beinahe-Präsidentengattin Tipper Gore gegründete Parents' Music Resource Center liefen Sturm gegen die angeblich Gewalt, Sex und Drogen verherrlichenden Rapper und riefen zum Boykott von Plattenkonzernen, -läden und Rundfunksendern auf, die Rap im Programm führten.

Industrie und Medien reagierten zunächst mit einer spektakulären (Selbst-)Zensurkampagne: „Ganze Songs werden vor der Veröffentlichung vom Album genommen, Texte müssen umgeschrieben werden oder werden ausgeblendet. Ganze Songpassagen werden bei der

Produktion still und heimlich weggelassen. Coverkunst wird vernichtet. Ein Künstler wird gezwungen, eine ‚saubere' Version eines ‚schmutzigen' Songs zu schreiben", berichtet *Ice-T* in seiner Autobiographie „Who gives a fuck?" (S. 135).

Die Entschärfung der Original-HipHop-Szene auf ein für den weißen Mittelschichtenmarkt akzeptables Maß genügte allerdings nicht zur Befriedigung der Kaufinteressen. Denn Zensur wirkt selten so, wie die Zensoren sich das vorstellen. Vor allem dann nicht, wenn sie auf eine Szene trifft, die es geradezu darauf anlegt, das Establishment zu reizen. Da wird ein Verbot schnell zur Auszeichnung, zum Qualitätsmerkmal. „Wir machten das ‚Rhyme Pays'-Album, dann kamen Warner Brothers daher und teilten mir mit, daß sie einen Aufkleber für das Album wollten. Ich fragte, warum. Sie erklärten mir, das wäre zur Information der Öffentlichkeit notwendig, weil ein Teil des Materials die Zuhörer beleidigen könnte. Ich sagte: ‚Prima, das ist cool.' Das Album bekam Gold. Ohne Video. Ohne Radio", berichtet *Ice-T* (a. a. O., S. 122f.). So wurden die verbotenen oder boykottierten Songs zu Kult- und Sammelobjekten, Index-Platten schossen ohne jegliche Radio- und TV-Unterstützung in die Charts, Rapper erreichten durch krasseste Provokationen einen hohen Bekanntheitsgrad.

So brachten *N.W.A* (*Niggaz With Attitude*) auf ihrem 88er-Album „Straight Outta Compton" über zweihundertmal (von entrüsteten Bürgern akribisch ausgezählt)[80] das Wort „Fuck" unter; *Ice Cubes* zweiter Longseller „Death Certificate" ging 1991 innerhalb von vier Tagen nach Erscheinen einemillionmal über die Ladentheke. Die Reaktionen auf seinen *Bodycount*-Song „Cop Killer" hat *Ice-T* genüßlich in seiner gnadenlosen Autobiographie erzählt.

Vor allem die Gangsta-Rapper profitierten von der schockierten Reaktion der Mehrheitsgesellschaft. *Dr. Dre*, der seit 1991 fünfzehn Millionen Platten verkaufte, prügelte sich mit Produzenten und einer Fernsehmoderatorin, und als er schließlich dazu verurteilt wurde, einen Funksender am Knöchel zu tragen, der ihn rund um die Uhr mit einem Bewährungshelfer verband, war die Presse dabei. *Dr. Dres* Zögling *Snoop Doggy Dogg* verkaufte vier Millionen Exemplare seines 94er-Debütalbums „Doggy Style", nachdem die Öffentlichkeit darüber informiert wurde, daß Snoop nicht nur den Harten markierte, sondern wirklich wegen der Ermordung eines Menschen angeklagt wurde. (Das Gericht sprach ihn allerdings 1996 verkaufsschädigend frei.) Schon die Produktion des Albums war nur möglich, weil seine Plattenfirma eine Kaution in Millionenhöhe bereitstellte. Es sollte sich auszahlen, ebenso ein Jahr später bei Snoops Rapper-Kollegen *Tupac Shakur*. Auch er wird für 1,4 Millionen Dollar Kaution aus dem Gefängnis geholt, in dem er wegen Vergewaltigung eines weiblichen Fans saß, um das Doppelalbum „All Eyez on Me" aufzunehmen – es springt sofort auf Platz 1 der Charts und wird über sechsmillionenmal gekauft. Tupacs Ermordung durch bis heute unbekannte Täter aus einem fahrenden Auto heraus („Drive-by-Shooting") im September 1996 machte ihn endgültig zum Kultobjekt für jugendliche HipHop-Fans in aller Welt.

Bei vielen dieser erfolgreichen Produktionen schwarzer Rapper hatte die Industrie allerdings das Nachsehen. Denn die Rapper hatten aus der (weißen) Bevormundung gelernt und zur Verbreitung ihrer Kunst eigene Independentlabel, eigene Rundfunksender, eigene Fanzines gegründet. Das Geld floß reichlich – doch oft an den traditionellen Industriegiganten vorbei.

Die reagierten jedoch clever. Sie kauften nicht nur so viele „harte" Künstler wie möglich ein, sondern schufen zusätzlich eine zweite Rap-Kultur mit garantiert pflegeleichten Acts, die zwar den Rhythmus und das Prinzip des Rap, die Mode und die Signalsprache der HipHop-Kultur kopierten, aber ihren sozialen Kontext ausblendeten. Rap light.

Der Stuttgarter Top-act *Die Fantastischen Vier*, die die Idee des engagierten Sprechgesangs zwar aufgriffen, aber – zumindest bis zum Erscheinen ihres Albums „Lauschgift" – in ihren Texten eigentlich „nichts zu sagen haben" (Jacob, S. 214), oder Rap sogar aus der rechtsradikalen Szene mit rassistischen Texten (zugegeben ein extremes Beispiel) und natürlich die unzähligen rappenden Boygroups und Daily-Soap-Sternchen wie *Sasha* und *Oli P.* sind nur zufällige Belege für die Loslösung des HipHop aus seinen ursprünglichen Zusammenhängen und die Verwandlung einer schwarzen Jugendkultur in eine Mode für jedermann.

Das gelingt jedoch nur, weil HipHop weiterhin das Image einer Ghetto-Kultur hat. Vor allem Gangsta-Rap funktioniert nur, solange es noch (Medienberichte über) wirkliche „Gangster" gibt, wie jenen vielleicht 12-, 13jährigen Berliner Jungen, der nach einer Präsentation unseres Buches „Krieg in den Städten" beim anschließen-

Junge Graffiti-Sprayer in Berlin, 1994

den Imbiß-Talk jovial anbot, für meinen Co-Autor und mich die Rechnung zu übernehmen, und zum Beleg seiner Ernsthaftigkeit kurz ein Bündel von Hundertmarkscheinen aufblätterte. Denn der durchschnittliche HipHop-Fan (und das ist, statistisch gesehen, nicht der Kreuzberger Gang-Nachwuchs, sondern der weiße Mittel- und Oberschichten-Teenager aus den Vororten) will nicht nur einen Rhythmus kaufen, sondern teilhaben an einem Stück Widerstandscooltur, auf der Seite der Guten stehen – gegen Rassismus und Neonazis. HipHop bringt ein wenig Abenteuerstimmung in das Leben gelangweilter Wohlstandskinder. „Die überall ventilierte In-

Gangstarism und Millionen-Deals

(Szene-)Medien tragen mit Berichten über das Leben und Sterben amerikanischer Rapper etwas Ghetto-Thrill in die Jugendzimmer gelangweilter Wohlstandskinder:

Festnahme

Ruff Ryders Drag-On wurde in New York festgenommen, nachdem er seinen Chauffeur niedergeschlagen hatte. Ob er momentan auf Kaution draußen ist, ist unbekannt.

Queen Pen wurde während eines Zwischenfalls, bei dem Schüsse fielen und Flaschen flogen, in einem New Yorker Nachtclub festgenommen. Ein Grund dafür ist nicht bekannt, aber *Pen* wurde nach eigenen Angaben mit leichten Verletzungen kurzzeitig ins Krankenhaus gebracht.

12 Jahre Knast

Bone-Thugs'N'Harmony-Mitglied Flesh-N-Bone muß für 12 Jahre hinter Gitter. Neben mehrfachen Verstoßes gegen das Waffengesetz wurden ihm auch noch der Besitz einer Schußwaffe nach einem Überfall und Bedrohung eines Menschen mit einem AK-47-Sturmgewehr vorgeworfen. Sein Anwalt gab nach dem Schuldspruch folgendes Statement ab: Flesh wird in Zukunft auf jeden Fall weiter Musik schreiben und auch mit der Musikindustrie zusammenarbeiten. Sein Album „5th Dog Let Loose" ist kürzlich erschienen.

Abgestochen

Der zweiundzwanzigjährige Boston-Celtic-Star Paul Pierce wurde im Bostoner Club Buzz mit 11 Messerstichen niedergestreckt und mit lebensgefährlichen Verletzungen ins Medical Center gebracht. Ein Grund für diese Tat ist der Polizei bisher nicht bekannt, aber laut Angaben sollen Mitglieder der Bostoner Rap-Crew *Mad Men* an dieser Tat beteiligt gewesen sein. Drei von ihnen wurden vorübergehend festgenommen. Mehr dazu in den nächsten Ausgaben.

formation, Rap sei ‚Musik aus dem Ghetto', macht bei den Jungs und Mädels mit den aufgeräumten Jugendzimmern mächtig Eindruck“ (Jacob, S. 193). Und so rappen auch der Arztsohn aus Hamburg-Pöseldorf und die Journalistentochter aus Berlin-Zehlendorf den „Ghetto-Blues“. Ganz authentisch.

„In kaum einem Marktsegment ist Glaubwürdigkeit so wichtig, geht HipHop doch von einer ständigen Authentizität seiner Protagonisten aus. Aber um sich im Segment Glaubwürdigkeit zu verdienen, mußte man jahrelang auf Jams aufgetreten sein, ein paar Dut-

Verklagt
Coolio sieht einer Eine-Million-Dollar-Klage entgegen. Sein ehemaliger Produzent hat ihn wegen Steuerschuld, privater Schulden, Vertragsbruch, Betrug und weiterer Delikte angezeigt.

Falls *Puff Daddy* Pech hat, darf er sogar noch tiefer in die Tasche greifen. Sein ehemaliger Chauffeur hat ihn jetzt auf drei Millionen Dollar verklagt. Der Grund: Während des Schußwechsels im Dezember 1999 in einem New Yorker Club, an dem angeblich auch Puffy beteiligt gewesen sein soll, hatte dieser ihm aufgetragen, die Limousine, ohne für irgend jemanden zu stoppen, weg vom Tatort zu bringen. Sein Chauffeur überfuhr dabei neun rote Ampeln. Bei der Durchsuchung des Wagens wurde eine 9-mm Pistole gefunden, und der Chauffeur kam dafür ins Gefängnis.

Bewährung
Kürzlich mußte sich auch *Busta Rhymes* vor Gericht verantworten. Ihm wurde unerlaubter Waffenbesitz vorgeworfen. Die Richter waren milde gestimmt und verdonnerten Busta zu einer fünfjährigen Bewährungsstrafe.

Auch *Suge „Deathrow“ Knight* wird nach vier Jahren Haft im April 2001 auf Bewährung entlassen, obwohl er eigentlich zu neun Jahren verurteilt wurde.

Neue Filme
Mit *Notorious Big* und *Tupac Shakur* sind zwei der bedeutendsten Künstler der HipHop-Gemeinde von uns gegangen. Von beiden wurde die Lebensgeschichte von Cathy Scott niedergeschrieben, die mit „The Killing of Tupac Shakur“ und „The Murder of Biggie Smalls“ ihre beiden größten „Erfolge“ feierte. Für den Film sollen beide Bücher kombiniert werden.

Nicht nur *BILD*-Leser lieben diese Kurzmeldungen aus der Welt des Glamour und der Gewaltkriminalität (bevorzugt von Ausländern in entfernten Welten begangen). Alle obigen „News“ stammen aus dem Hamburger HipHop-Magazin *Wicked*, Dezember 2000/Januar 2001, S. 6-12.

zend Häuserwände und Züge besprüht haben. Wer nicht aus der Szene kam, der wurde von der Szene auch nicht gekauft."[81] Der kommerzielle Siegeszug des HipHop (der längst zum Imagefaktor für andere Industrieschöpfungen wie Streetball geworden ist) wurde nur möglich, weil es nach wie vor auch den HipHop-Underground gibt: eine breite Subkultur mit Dutzenden von eigenen Fanzines und Homepages, mehreren unabhängigen Plattenfirmen und Cassettenvertrieben, selbst- und nicht von szenefremden Veranstaltern organisierten Jams, einer eigenen (Jugend-)Club- und oft illegalen Graffiti-Szene und Rappern, die wissen, wovon sie reden.

Vereinnahmungen

Das explosionsartige Anwachsen eines kommerziellen Musikmarktes, insbesondere die Einführung von *MTV* und *Viva*, haben dazu geführt, daß neue Jugendkulturen in kürzester Zeit global verbreitet, „entschlüsselt" und in mainstream-kompatibel entschärften Variationen in den Markt integriert wurden. Die beständigen Versuche von Medien- und Freizeitindustrien, Manifestationen von Undergroundkulturen als den neuesten Trend zu kommerzialisieren oder zu kriminalisieren, hat bei den Angehörigen dieser Subkultur eine hohe Sensibilität für die Gefahren der Vereinnahmung geschaffen. Andrea (26), Physiotherapeutin und schon zu DDR-Zeiten „Gruftie": „Das hat mich total gekränkt, als ich die ersten Mode-Kataloge mit Gothic-Kleidung und -Accessoires gesehen habe. Also, das konnte ich überhaupt nicht ertragen, daß sich auf einmal normale Leute aus Mode-Gründen schwarz gekleidet haben. Das hat mich enorm verletzt. Das ist meine Welt, da dürft ihr nicht rein."[82]

[Mehr über die Welt der „Schwarzen", ihre Ursprünge, ihre „Glaubensinhalte", ihre aktuelle Kommerzialisierung erfahren Sie im folgenden Kapitel. Möchten Sie zunächst im Haupttext bleiben, blättern Sie weiter zur Seite 171.]

Gothics[83]

Leipzig, Pfingsten 199 ... – Neunzehnhundert ...? Ich muß in der falschen Zeit gelandet sein. Um mich herum lustwandeln blasse Edelleute, in Samt und Brokat gehüllt, reichlich mit Silberschmuck behängt und überhaupt herausgeputzt, als gingen sie zur Soirée bei König Lothar. Unbeeindruckt von der lärmenden Hektik ihrer Umgebung, durchschreiten sie stolzen Hauptes das sich um sie bildende Spalier aus wesentlich einfacher gekleideten Menschen: in Leder oder Fellen gewandete Landsknechte und Handwerker, Spielleute mit seltsamen Instrumenten ohne Stromklinken. Keine drei Meter vor mir schlagen zwei Männer mit ellenlangen Schwertern klirrend aufeinander ein. Ein Dutzend anderer Kerle steht feixend daneben und genießt das Spektakel, anstatt dem Irrsinn Einhalt zu gebieten. In einem kleinen Rondell nur wenige Meter weiter übt sich eine Amazone in schwarz glänzendem Leder im Speerwerfen. Ich weiche zurück und gerate zwischen ein Quartett langhaariger Gesellen, die sich mit großen Met-Krügen zuprosten.

Ich bin offensichtlich auf einem Markt gelandet, wenngleich auf einem sehr seltsamen: Ein komplett schwarz gewandeter Schuhmacher preist seine Schuhe an, die allesamt vorne in aufgerichteten Schnäbeln münden. Ein Glasbläser produziert unermüdlich neue hauchdünne Gefäße, ein grauhaariger Miraculix verkauft selbsthergestelltes Räucherwerk. An weiteren Ständen bieten Magier, Wahrsager und Alchimisten ihre Dienste an, eine Hexe mischt aus geheimnisvollen Kräutern Heiltees, Salben und Arzneien. Ein Ausrufer erinnert daran, daß in wenigen Minuten der „Sklavenmarkt mit Jungfernversteigerung" eröffnet werde; ein junger Ritter, der allerdings auf dem Kopf statt eines Helms einen feuerroten Iro trägt, drückt mir eine weitere Einladung in die Hand. Glasscherbentreten, Bauch- und Schlangentanz sowie eine „mystische Feuerprozession mit Brandpfeilbogenschießen" werden geboten. „Kinder, die das Schwert der Wächter am Eingang nicht überragen, haben freien Zutritt."

Der Ort dieses wundersamen Geschehens ist Leipzig. Einmal jährlich verwandelt sich die sächsische Metropole für drei Tage und vor allem Nächte in eine Hochburg der „Schwarzen", wie sie sich selbst am liebsten nennen. Mehr als 20.000 von ihnen kamen beim ersten „Wave-Gotik-Treffen" des neuen Jahrtausends aus allen Regionen Deutschlands und zahlreichen anderen Ländern zusammen, um sich und ihren Kult zu feiern. Das 1992 aus den bis dahin losen regionalen Treffen der Grufties hervorgegangene Festival (mit damals rund 2.000 TeilnehmerInnen) hat sich inzwischen zur weltweit größten „Love Parade“ der Gothic-Szene gemausert – mit den üblichen Nebenwirkungen der Kommerzialisierung wie juristischen Schlammschlachten, finanziellen Unregelmäßigkeiten, Copyright-Streitigkeiten und Boykottaufrufen genervter Grufties von der „Basis“ …

Leipzig war schon in Vor-Wende-Zeiten die heimliche Kulturhauptstadt der DDR, zumindest was alles Abseitige, Untergründige, Subkulturelle anbelangte. Hier trafen sich in den Siebzigern verpönte Literaten zu heimlichen Privatlesungen, in den frühen Achtzigern rotzten die ersten ostdeutschen Punk-Bands in Kirchensälen und zweckentfremdeten Betriebs- oder FDJ-Klubs zu minimalistischem Drei-Akkorde-Pogo ihre obrigkeitsfeindlichen Texte ins Mikro. Und hier versammelten sich auch in den späten Achtzigern in der „Villa“ oder im „Eiskeller“ die Grufties der DDR. Die taten zwar eigentlich nichts Schlimmeres, als Partys zu feiern und über Gott und die Welt zu meditieren, waren aber alleine schon aufgrund ihres „negativ-dekadenten“ Outfits der Optimismus verordnenden Staatsführung ein Dorn im Auge. „Ich war *Cure*-Fan. Diesen Robert-Haarschnitt gehabt, toupierte Strähnen ins Gesicht ’rein, damit man die Augen nicht sieht“, erinnert sich Pfeffi, inzwischen 31 Jahre alt und immer noch „schwarz“, an seine Anfänge als „Gruftie“ in einem verträumten thüringischen Dorf Mitte der 80er Jahre. „Ich war einfach nur jemand mit strubbeligen Haaren und ein paar schwarzen Sachen, auf der Suche nach dem Leben, und bin dabei komischerweise gegen das System gestoßen, obwohl ich das eigentlich gar nicht wollte. Ich habe das nie verstanden, wenn die auf mich zugekommen sind und Druck gemacht haben wegen meines Aussehens. Daß ich damit politisch irgendwo anstoße, war mir überhaupt nicht bewußt, das war auch nicht der Zweck. Das hat sich dann erst entwickelt, aus Trotz heraus, als ich merkte, daß das System, an das ich geglaubt habe, Treue von der Haarfrisur abhängig macht. Da bin ich dem System untreu geworden und habe angefangen, mich mit Perestroika, Gorbatschow usw. auseinanderzusetzen.“[84] Der DDR-Staat reagierte wie üblich und ließ die Grufties – wie alle (vermeintlich) oppositionellen Gruppen, Szenen und Kulturen – von der Firma Horch & Guck scharf überwachen und bedrängen. 600 Grufties kannte das Ministerium für Staatssicherheit Anfang 1989 mit Namen und Anschrift, 36 davon wurden als „Informelle Mitarbeiter“ geführt. Wo immer sich eine

Gothics-Gruppenbild beim Wave-Gotik-Treffen, Leipzig 1998

größere Clique von „Schwarzen“ zusammenfand, war ein staatlicher Spitzel unter ihnen.

Während ich noch etwas unentschlossen in dem 44seitigen Programmheft zum „Internationalen Zusammenfinden“ der Gothic-Szene blättere, zieht sich der gefährlichste Feind des schwarzen Volkes bedrohlich über unseren Köpfen zusammen: schwere, schwarzgraue Regenwolken. Der Marktplatz leert sich, Gruppen von kunstvoll Schwarz-weiß-Geschminkten verlassen geradezu fluchtartig das Gelände. Die meisten werden die Gelegenheit nutzen, sich im Schutz ihrer Zelte noch einmal für die Nacht visuell aufzurüsten, manche suchen direkt einen der 22 Klubs und anderen Locations auf, die an diesem Wochenende den angereisten Lords & Princesses of Darkness ein adäquates Programm offerieren. Mit Ausnahme weniger Spießer-Läden, deren Betreiber offensichtlich befürchten, die androgyn geschminkten Schwarzen könnten das mit Goldkettchen behängte Stammpublikum verschrecken, sind Grufties in der Gastronomie gerne gesehen: Anders als ihre nächsten Verwandten, die Punks, führen die Schwarzen zumeist ausreichend Zahlungsmittel bei sich, die sie auch mit Vergnügen gegen eine angemessene Gegenleistung eintauschen. Mindestens zehn Millionen Mark werden am Ende des diesjährigen Wave-Gotik-Treffens in der Sachsen-Metropole bleiben.

Ich strande zunächst in einer riesigen, zweigeteilten Halle, die zu zwei Dritteln ebenfalls mit Verkaufsständen belegt ist, vor denen sich Hunderte von Schwarzen tummeln. Die meisten Händler haben Kleidung und Mode-Accessoires im Programm, andere bieten Musik, Bücher und Fanzines an, mittelalterliche Waffen und esoterische Kultgegenstände, mit Runen verzierte heilige Steine oder astrologische Kalender. Hier gibt es Ketten und Ringe für jegliche Körperglieder und -öffnungen, Kreuze, Piercing- und anderen Schmuck je nach Belieben in christlicher, heidnischer oder satanistischer Ausführung. Eine selbst üppig mit düsteren Ornamenten und fröhlichen Springteufeln verzierte Tätowiererin bietet ihre Künste gleich vor Ort an und findet reichlich Zuspruch von jungen Menschen beiderlei Geschlechts. Als ein kahlköpfiges Model mit grün leuchtenden Pupillen eine Mode-Show ankündigt, ziehe ich weiter...

...und lande in einem düsteren Kellergewölbe. Eine Patchoulie-Wolke raubt mir gleich am Eingang fast die Besinnung. Wenige Schritte weiter mischt sich das Patchoulie in der Luft mit den süßlichen Aromen diverser Parfüms und einem weiteren, Haut und Kleidung durchdringenden Duft, der mich schaudernd an jene roten Spitzkegel erinnert, die man früher immer mitsamt erzgebirgischem Holzmännchen als Strafe für ein „Paket nach drüben" zurückbekam. Im Saal ist es finsterer als im wurmzerfressenen Sarg der Gräfin Barthory. Nur hier und da glimmen rote Räucherstäbchen vor sich hin. Verwischende Konturen scheinen kurz auf und tauchen wieder ins Dunkel hinab. An einem Platten- und T-Shirt-Verkaufsstand wirft eine flackernde Kerze ihr Licht auf einen grinsenden Totenschädel.

Während ich mich an unsichtbaren Körpern vorbei zur Bühne drängle, gewöhnen sich meine Augen allmählich an den Lichtmangel. Graue Schemen zeichnen sich vor dem tiefschwarzen Hintergrund ab. Ich erahne schwarze, oft waghalsig zu spätgotischen Kathedralen auftoupierte Haare, schwarze Jacken, manchmal mit Spiegelscherben verziert, schwarze Bodys, Kleider, Miniröcke, viel Lack, Latex und Leder, bestrapste Beine, die in Springerstiefeln enden, und immer wieder diese schwarzen, spitzen Schnallenschuhe, die ich schon auf dem Markt bewundert hatte. Verlockend geschminkte Gesichter beiderlei Geschlechts fangen meinen Blick ein, manche mit Spinnennetzen verziert; schwarzer Eyeliner umrandet Augen mit in der Natur nicht existierenden Pupillenfarben, darunter kullern große schwarze Tränen, aufgemalt auf leichenblaß gepuderte Wangen. Während ein Techniker im *Paradise-Lost*-T-Shirt auf der Bühne zum letzten Mal die Kabelanschlüsse für die gleich auftretende Band mit dem anheimelnden Namen *Untoten* checkt, erfüllt aus den Boxen ein Uralt-Song von *Siouxsie & the Banshees* den Saal. *Dead before born, words fall in ruins, but no sound...*

History

Fragt man Gothics nach den „Erfindern" ihres Stils, fällt bezeichnenderweise vor allem der Name eines Musikers: *Robert Smith*, Kopf und Sänger der 1978/79 in Sussex/Großbritannien gegründeten Band *The Cure*. Diese war allerdings alles andere als ein „Heilmittel" für die depressive Jugend. Ihre Konzerte wirkten wie ein „Marathon der Angstzustände", schrieb der *Rolling Stone*, „Selbstmord-Rock" assistierte *Time Out*, „manche Leute machen aus Elend einen Beruf", spottete der *New Musical Express*, als *Smith* wieder einmal von der Bühne herab sein Publikum mit den aufmunternden Worten empfing: „Du bestehst ja bloß aus drei kranken Löchern, du bist sowas von scheißüberflüssig, du bist wie eine schleimige Schnecke am Boden, du bist zu nichts nutze und abscheulich."[85] Dazu präsentierte sich *Robert Smith* in schwarzer Kleidung, mit schwarz gefärbten, hochtoupierten Haaren, die ihm bald nur noch in wilden Strähnen vom Kopf abstanden, das Gesicht totenblaß, die Augen schwarz umrandet, die Lippen knallrot gefärbt. Ein androgynes, wildes, melancholisches Wesen, ein Alien von einer fremden Welt, aus einer anderen Zeit, war unter die Menschen gefallen.

Robert Smith, seine visuelle Präsentation, die düstere Atmosphäre seiner frühen Songs, sein auch in Interviews und diversen Ausrastern hervorbrechender Weltschmerz, symbolisiert bis heute den idealtypischen Gruftie schlechthin. Allerdings spitzte *Robert Smith* nur zu, was bereits im Punk-Outfit jener Tage angelegt war und auch andere Bands und manche Straßenpunks ähnlich darboten. Zum Beispiel die 1979 in Los Angeles/USA gegründeten *Chri-*

stian Death, die meist gleich an zweiter Stelle der Gruftie-„Erfinder" genannt werden, spätestens seitdem sie sich 1982 auf ihrer heute als Kultalbum geheiligten LP „Only Theatre Of Pain" im selbigen Outfit präsentierten. Waren *The Cure* die Einstiegsdroge Nr. 1 für melancholische Zwölf- bis Sechzehnjährige, so brachten die inhaltlich radikaleren, provokativeren, auch mißverständlicheren Anti-Christen aus L. A. vor allem Ältere und Ex-Punks zum Gruftie-Kult. Beide wiederum, Teenager und Alt-Punks, verführte die dämonische Punk-Prinzessin Susan Dallion alias *Siouxsie Sioux*, die als Frontfrau der *Banshees* (Todesfeen) schon 1976 mit schwarz umränderten Augen im blassen Gesicht durch die Londoner Klub-Szene wirbelte und wie viele Punks der ersten Generation die Farbe schwarz als realistisches Abbild der Gesellschaft begriff. *Siouxsie* gab mit ihrer Musik und ihren Texten nicht nur dem Punk und New Wave jener Tage eine deutlich morbidere, introvertiertere Richtung, sie popularisierte auch die Beschäftigung mit okkulten Symbolen und entsprechenden Themen.

Aus gutem Grund entstand Punk erst in den späten 70er Jahren – mit dem Ende der Wirtschaftswunder-Ära. Während die Generation der Kriegskinder und der im Nachkriegsschutt und -elend Aufgewachsenen noch glückselig taumelnd den neuen Luxus genoß (und dabei die „Nebenwirkungen" wie den radikalen ökologischen Raubbau und die Verelendung der sogenannten „Dritten Welt" verdrängte), waren es die Jungen, zumindest einige unter ihnen, die bald erkannten, daß sie die erste Generation waren, der es nicht besser gehen würde als ihren Eltern. Das immer Höher-Schneller-Weiter funktionierte nicht mehr. Der traditionelle Industriekapitalismus hatte seine *Grenzen des Wachstums* erreicht.

Wozu also noch sich tagtäglich knechten und ausbeuten lassen, wenn es eh keinen Sinn mehr machte? (Von Spaß ganz zu schweigen.) Eine Antwort hieß Punk. Punk bedeutete zunächst: viel Spaß ohne Rücksichtnahme auf langweilige Konventionen. Punk hieß nicht: Die Welt ist so traurig, laßt uns 'ne Runde heulen, sondern: Wenn die Welt schon so beschissen ist und wir daran nichts ändern können, dann laßt uns eben Party machen, solange es noch geht. Und gleichzeitig denen, die verantwortlich sind für all den Dreck und die Langeweile, zeigen, was sie uns können: „There's no future – for you!"

Es ist müßig zu fragen, wer die erste Punk-Runde gewonnen hat: die Straßenkinder und die Kunst-Avantgardisten der ersten Punk-Generation, die immerhin eine Gegenkultur ins Leben riefen, die noch heute von Tausenden von Bands, Fanzines, Labels und Szene-Treffs getragen wird, oder das Establishment, das schon drei Jahre nach dem ersten Auftritt der *Sex Pistols* alle bekannteren Bands unter Vertrag genommen und das schrille Outfit der No-Future-Kids zur Boheme-Attitüde umgewidmet hatte. [Mehr zur Vereinnahmung des Punk finden Sie auf den Seiten 126ff.] Die Punks selbst reagierten unterschiedlich auf die Vereinnahmung ihres Stils durch Politik, Industrie, Ex-Hippies und Medien-Schickeria: Viele hörten einfach auf, Punk zu sein, schlossen ihren Frieden mit der Welt, gründeten Familien und abonnierten für die abendliche Freizeitgestaltung Fernsehprogrammzeitschriften; manche sprangen selbst auf die Kommerz-Lokomotive, um auch für sich ein paar Kohlen aus dem Feuer zu holen; ein größerer Teil opponierte auf verschiedensten Wegen weiter, mischte zum Beispiel in der Bewegung für selbstverwaltete Jugendzentren oder gegen die verstärkt aufkommenden neonazistischen Umtriebe mit; einige wenige drifteten selbst in die rechtsradikale Szene ab; andere wiederum pflegten demonstrativ ihr Proleten-Dasein, verließen – manchmal aus Not, manchmal aus Überzeugung – nur noch selten die Straße, vermischten sich gelegentlich mit rechten oder linken Skinheads (oder wurden gleich selbst Skinhead) und kultivierten die derbere Variante des saufenden, herumprollenden Straßenpunks: „Pöbel & Gesocks" – die Beschimpfungen der Passanten avancierten zum Adelsprädikat.

Wieder andere, die schon früher lieber stundenlang über den Sinn des Lebens meditierten, statt dessen Sinnlosigkeit in Bier zu ertränken, die keinen Spaß an der Gewalt und wenig Interesse für die Politik hatten, die ein edleres Outfit dem Straßen-Schmuddel-Look vorzogen, die insgesamt Introvertierteren aus der Punk-Szene, wurden Grufties.

Man könnte sicher noch hinzufügen: die eher aus besseren Verhältnissen Stammenden. Hatten die Punks mißtrauisch beobachtet, wie ihre Gegenkultur immer mehr zur Freizeitmode der „Stinos" degenerierte und Jugendliche aus den mittleren und oberen Schichten der Gesellschaft in ihre Szene einzogen – der berühmte, immer wieder kolportierte Sohn des Sparkassen-Filialleiters, der am Wochenende mit bunt gefärbten Haaren und Sicherheitsnadeln an der Kutte

Eine „Schwarze“ auf dem Wave-Gotik-Treffen, Leipzig 1998

am Stadtbrunnen oder Bahnhofsvorplatz herumsaß und Geld für Bier schnorrte, um dann am Montag wieder in der Schule der sicheren Karriere entgegenzuschleimen – so rekrutierten sich die Grufties eher aus diesen kulturell gebildeten und materiell gesicherten Familien. Es waren vor allem Gymnasiastenkinder, die im Punk die Möglichkeit sahen, dem gesicherten, aber stinklangweiligen Alltag ihres Lebens und der Gleichgültigkeit ihrer Eltern zu entfliehen, aber bald merkten, daß sie mit der exzessiven Körperlichkeit bzw. -vernachlässigung (Prügeln, Saufen/Drogen, Leben auf der Straße) und der Extrovertiertheit der rüden Arbeiterkinder nicht klarkamen. So zogen sie sich nach und nach aus der Straßenkultur zurück und bauten ihre eigene Szene auf; mit Bands, die nicht nur die Schlechtigkeit der Welt geißelten, sondern auch die schwarzen Seiten in einem selbst anklingen ließen, Bands, bei denen es sich lohnte, zweimal ins Textheft zu sehen: *Siouxsie & the Banshees*, *The Cure*, *Christian Death*, *Depeche Mode*, *Bauhaus*, *Joy Division*, *Fields of the Nephilim*, *Sisters Of Mercy* …

Die Literatur

Die Punks hatten sich seit Ende der 70er Jahre eine der bis dahin kreativsten und vielfältigsten Subkulturen aufgebaut – mit eigenen Bands, Cassettenvertrieben und Platten-Labels, mit Klubs und Jugendzentren, Fanzines und Info-Läden, Volxküchen und (besetzten) Wohnprojekten – und sich gleichzeitig vom etablierten Kulturbetrieb radikal abgenabelt. Die bildungsbürgerlich aufgeschlosseneren Grufties dagegen standen zu keiner Zeit in Fundamentalopposition zur Mehrheitskultur. Ihre Rebellion war keine sozial begründete, ihre Provokation keine politische, sondern eine ästhetische. So suchten und entdeckten sie auch weiterhin in der etablierten Kultur Parallelen oder gar Vorfahren (zu) ihrer eigenen Kultur. Dabei spielte die Literatur eine besondere Rolle, bot sie den introvertierten Schwarzen doch als einziges Medium nicht nur die Möglichkeit des Rückzugs vom Alltagslärm der Gesellschaft, sondern auch Anlässe und Anregungen für die Beschäftigung mit grundlegenden Fragen des menschlichen Seins. AutorInnen wie *Hermann Hesse* („Siddharta"), *Friedrich Nietzsche* („Also sprach Zarathustra"), *H. P. Lovecraft*, der misanthrope Schöpfer düsterer Horrorgeschichten, *Feodor Dostojewskij* und *Nikolai Gogol*, die gemütsschweren Russen, die in ihren Werken immer wieder das menschliche Seelen- und Triebleben untersuchten, selbstverständlich Existentialisten wie *Jean-Paul Sartre* und *Albert Camus* und die schwarzen Romantiker *Novalis* („Ariel") und *Charles Baudelaire* („Die Blumen des Bösen"), *Mary Shelley* („Frankenstein"), *Bram Stoker* („Dracula"), *Sheridan le Fanu* („Carmilla"), *Anne Rice* („Interview mit einem Vampir") und andere SchöpferInnen von Gothic Novels und Vampirgestalten bevölkern seitdem die Bücherregale der Schwarzen. Neben Romanen und Lyrik (Gothics produzieren selbst erstaunlich viel Lyrik, siehe etwa die entsprechenden Seiten in einschlägigen Magazinen) findet sich auch Sachliteratur, die immer wieder um zentrale Themen kreist: der Tod und mögliche Welten und Reinkarnationen danach, mittelalterliche und (kirchenkritische) Religionsgeschichte(n), nordische Mythen, Runenkunde und Esoterik, Magie und (Neo-)Satanismus *(Aleister Crowley, Anton Szandor La Vey).*

Der Tod

Die intensive Beschäftigung mit dem Sinn des Lebens führt unweigerlich zur Frage nach dem Ursprung (göttliche Schöpfung?) und dem Ende allen Seins. Der Tod durchzieht als roter Leid-Faden die gesamte Gothic-Kultur. Gothics lieben diese endlosen Gespräche über das Ende und mögliche Wiedergeburten, obwohl sie natürlich wissen, daß sie die gültige Antwort erst dann erhalten werden, wenn es soweit ist, die irdische Hülle abzustreifen. Der Glaube an Reinkarnation ist in der Gothic-Szene weit verbreitet; vermutlich zunächst, weil es einfach „natürlich“ erscheint: Die sterblichen Überreste des Menschen zerfallen in der Erde, vereinen sich so wieder mit der Natur und bringen neues Leben hervor. Außerdem scheinen Menschen, die sich intensiv mit dem Sinn des Lebens befassen, fast zwangsläufig in die Hoffnung hineinzuwachsen, da gebe es noch mehr als das bekannte kümmerliche Erdendasein – vielleicht, um nicht in Verzweiflung zu verfallen. Literarische wie filmische Einflüsse (Vampir-Mythen) spielen dabei ebenso eine Rolle wie die „Wiederentdeckung“ heidnischer Religionen, die in der Regel ganzheitlicher bzw. naturverbundener waren als das Christentum, das die Angst vor dem Tod als machtpolitisches Instrument zuspitzte und instrumentalisierte – und damit erst das Feindbild Satan und so die Voraussetzung für jeglichen Satanismus selbst schuf.

Wenn Gothics sich so intensiv mit dem Tod beschäftigen, steht dahinter nicht nur die Faszination für alles Extreme, im besonderen extreme psychische Situationen, sondern auch das Ziel, den Tod wieder wie zu vorchristlichen Zeiten zu entdämonisieren, als unweigerlich eintretenden Alltagsfall zu akzeptieren. Die Gothics sind keine „Subkultur des Todes“, die ihre Mitglieder in den Suizid treibt, wie es sensationsheischende Medienreportagen gerne behaupten, sondern das Gegenteil davon: „ein Versuch, sich mit der eigenen Einsamkeit und Todesnähe kritisch und zusammen mit anderen auseinanderzusetzen. Sie entwickeln mit dem Bewußtsein, daß sie hier und jetzt leben und ihre Probleme bewältigen müssen, eine andere Beziehung zum eigenen Tod, da sie die große Angst anderer Menschen vor dem Sterben überwunden haben.“[86] Die Beschäftigung der Gothics mit dem Tod entwickelt sich also nicht aus eigener Todes*sehnsucht*, sondern führt zur Todes*akzeptanz*. Das ist ein Unterschied.

Sex

Im Widerspruch zur düsteren Ästhetik steht auch die offensichtliche Lebensfreude der Gothics: Keine andere Jugendkultur inszeniert sich und ihre Körper mit so viel Ausdauer, Freude und Lust. Keine andere Szene, nicht einmal Techno, präsentiert sich so offen erotisch und sexuell aufgeladen wie die Gothics. Tragen Normalbürger ihre Beate-Uhse-Kostüme allenfalls unter Gleichgesinnten im Swinger-Klub oder im heimischen Schlafzimmer hinter heruntergelassenen Jalousien, um den gelangweilten Ehe- oder Beziehungspartner mal wieder auf Trab zu bringen, so ist es für viele Gothics „normal", zum Konzert oder in der Disco mit eher ent- als verhüllendem Lack & Leder am Körper aufzutauchen. Seitdem Bands wie *Umbra et Imago* oder *Die Form* ihre Zugehörigheit zur S/M-Szene offen auf die Bühnen trugen, avancierte Fetisch-Mode zur gängigen Streetwear der Gothics.

Sex & Tod, schwarz & weiß – diese vordergründigen Widersprüche sind stilprägend für die Gothics. „Schönheit" schließt für Gothics das Häßliche mit ein, bedingt es geradezu. Kein Leben ohne Tod, kein Licht ohne Dunkelheit, keine Freude ohne Trauer. Um „Glück" zu definieren, muß ich auch „Unglück" erfahren haben. Gothic zu sein bedeutet für die meisten nicht, ständig unter Depressionen zu leiden, sondern die schwarzen Seiten des Lebens auch zuzulassen. Die alte Regel – willst du etwas über die Mehrheit einer Gesellschaft erfahren, dann sieh dir ihre Minderheiten an – gilt auch für die Gothics: Die geradezu magische Anziehungskraft, die extreme Themen, Gefühle und Lebensstile (Tod, Sadomasochismus, Körperschmuck wie Piercing usw.) auf die Gothics ausüben, nährt sich aus den Tabus und Verdrängungen der Mehrheitsgesellschaft.

Ästhetik & Provokation

Schon bei der Darstellung des Todes in Songtexten, Gedichten und Bildern fällt auf, daß wirklich blutrünstige Motive eher selten auftauchen. Bevorzugt werden ästhetische Bilder, häufig mit erotischen Bezügen. Der todbringende Biß des Vampirs wird zum Kuß, die präsentierten Körper von (Un-)Toten sind nicht etwa durch Gewalttaten deformiert oder verstümmelt, sondern ruhen in Frieden, oft in wei-

Pfeffi, 29, Berlin 1999

ße (!) Gewänder gehüllt, Symbole für Reinheit und Unschuld, während sich die noch Lebenden fast ausschließlich schwarz gewanden.

Die Farbe Schwarz symbolisiert seit jeher das Böse, Triebhafte, Unheimliche, eben „Dunkle" (Luzifer, Raben, Fledermäuse, Wölfe, schwarze Magie im Gegensatz zur helfenden und heilenden weißen Magie), aber auch Trauer und Tod, den (zeitweiligen oder ewigen) Rückzug aus der Gesellschaft der Menschen. Schwarz signalisiert wie keine andere Farbe (selbstgewählte) Ausgrenzung, Distanz, aber auch Selbstbewußtsein und Stärke.

Außenstehende, Andersgekleidete empfinden den Stil der Schwarzen häufig als Provokation. Und das, obwohl Gothics selbst in großen Gruppen in der Regel eher stille, introvertierte Wesen sind, die sich weder prügeln noch öffentlich lautstarke Gesänge oder Parolen anstimmen, die weder für auffällige Drogenexzesse noch militante Neonazi-Kulte anfällig sind und die im Gegensatz zur medialen Stigmatisierung auch weder Friedhofsschänder noch Sektenangehörige sind.[87] Doch ihre schwarze Ästhetik wirkt inmitten der bunten Vielfalt der Warenwelt wie ein störender Schmutzfleck; sie widersprechen allein durch ihre Präsenz den gängigen

Andrea, 23, in ihrer Plattenbauwohnung, Erkner 1999

Jugend-, Schönheits- und Körperbildern. Sie wirken alt(ertümlich), konfrontieren uns *passers-by* mit der Vergänglichkeit des Lebens und unterlaufen damit subversiv – nicht aggressiv – die Verdrängungssehnsüchte der Gesellschaft.

Das macht sie nicht unbedingt beliebter, auch nicht unter Gleichaltrigen. Gothics gelten als „arrogant" (zu Recht) und „spaß-feindlich" (zu Unrecht). Bei Techno-Raves, HipHop-Jams, Funsport- und anderen schrillen, lautstarken Events trifft man sie nicht. Mit der bunten Welt der übrigen Jugendkulturen wollen sie nichts gemein haben. Die Gothics sind eine Mondkultur inmitten von Sonnenkulten. Der Mond symbolisiert Sehnsucht, und die Zeit seiner Präsenz, die Nacht, bedeutet Stille und Einsamkeit; sie ist aber auch der bevorzugte Spielort der Sexualität; die Ästhetik der Nacht(geschöpfe), die Vielfalt ihrer Farben, Töne, Gerüche enthüllt sich nicht dem oberflächlichen Betrachter. In der Mythologie zahlreicher Religionen und auch in den meisten Sprachen wird der Mond – Luna – dem weiblichen Geschlecht zugeordnet. Und in der Tat sind die Gothics sowohl in ihrer Ästhetik als auch in der realen Geschlechterpräsenz eine stark weiblich geprägte Kultur.

Möglicherweise ist auch die erstaunlich hohe Anzahl von „Schwarzen", die im sozialen Bereich arbeiten, zum Beispiel als Krankenschwester oder Altenpfleger, nur eine Folge des hohen Frauenanteils in der Szene. Doch auch für die männlichen Gothics gilt: Die grundsätzliche Haltung, die Menschen nicht unbedingt als Krönung der Schöpfung zu betrachten und sich von diesen eher abzugrenzen, führt anders als in satanistischen und neorechten Kreisen nur selten zur Mysanthropie. Die Arroganz gegenüber dem Geschlecht der Menschen im allgemeinen verhindert nicht das konkrete Mitgefühl und Engagement für schwache Angehörige dieses Geschlechtes.

Satanismus

Das Interesse an religiösen Fragen ist bei Angehörigen der Gothic-Szene deutlich stärker ausgeprägt als bei den meisten anderen Gleichaltrigen. Nicht wenige Schwarze haben sich intensiv mit der Bibel, aber auch mit grundlegenden Werken anderer, nichtchristlicher Religionen beschäftigt. Dennoch gehören nur wenige Schwarze selbst einer Kirche oder anderen religiösen Bewegung an. Sie lieben die Architektur und Ästhetik christlicher Kirchen, Friedhöfe und Ornamente, respektieren in der Regel jegliche Glaubensbekenntnisse anderer Menschen innerhalb und außerhalb ihrer Szene, ein eigenes religiöses Bekenntnis gehört jedoch nicht zur kulturellen Identität der Gothics.

Allerdings hat die intensive Beschäftigung mit alten heidnischen Kulturen und dem Spätmittelalter (Inquisition, Hexenprozesse, Zwangschristianisierungen) bei vielen Gothics zu einer kritischen Distanz zum institutionalisierten Christentum geführt, die angesichts der aktuellen Praktiken und Haltungen der offiziellen Kirchen (Schwangerschaftsverhütung, die Rechte von Frauen allgemein, Enthüllungen von mafiosen Strukturen in Vatikan-Konzernen etc.) nicht unbedingt korrigiert werden muß. So lag es für manche Gothics nahe, sich dem von der Kirche selbst in Szene gesetzten Widerstreiter positiv zuzuwenden: dem gefallenen Engel Luzifer, der nun, aus der Sicht der Kirchengegner, zum Rebell wird. Ob er wirklich existiert oder nur von der Kirche als Züchtigungsinstrument für sündige Schäfchen erfunden wurde, interessiert die Mehrzahl der Gothics kaum: Für sie stellt Satan nur eine Schablone dar, ein provokantes Symbol wie der leidende Jesus am Kreuz für die offizielle Kirche – der genau aus diesem Grund von manchen Schwarzen gerne auf den Kopf gestellt wird. „Satanisten“ – Teufelsanbeter im klassischen Sinne – findet man so gut wie nie im realen Leben, nicht annähernd so viele, wie es Berichte über angebliche Satanisten gibt. Bei meinen inzwischen vierjährigen Recherchen zu diesen Fragen sind mir nicht mehr als ein Dutzend „Satanisten" begegnet, und diese, wie auch andere Experten bestätigten, schätzten die Zahl der aktiven und in entsprechenden Geheimbünden organisierten Satanisten in ganz Deutschland auf einige hundert Menschen, die Mehrzahl davon keine Jugendlichen – und nebenbei auch optisch eher unauffällig, bewußt für Außenstehende nicht als Satanisten erkennbar. „Wirklicher Satanismus ist keine Frage von Textilien und Kosmetik", stellt Wiesendanger schon 1995 fest. Und „ein furchterregendes Outfit macht aus einem pubertierenden Minderjährigen ebensowenig einen Vollzugsgehilfen des Bösen, wie ein paar angeklebte Flügel ihn in einen Engel verwandeln können."[88]

Stärker verbreitet sind neosatanistische Strömungen, deren inhaltliche Kernaussage – neben dem zentralen Streben nach absoluter individueller Freiheit: *Tue, was du willst, sei das ganze Gesetz* – sich im Grunde auf eine sozialdarwinistische Weltsicht reduzieren läßt: Die Welt besteht aus ewigem Kampf, bei dem sich *natürlich* der Stärkere gegenüber dem und auf Kosten des Schwächeren durchsetzt – und so ist es richtig. Diese simple Übertragung (und einseitige Interpretation) von Darwinschen Naturgesetzen auf soziale Beziehungen und Gesellschaften spitzt letztendlich nur die „Survival-of-the-Fittest"-Ideologie der Ellbogen-Mehrheitsgesellschaft drastisch zu, auch wenn sie sich gelegentlich mit kultisch begründeten „Ritualen", esoterischen und anderen Blüten und Praktiken vermischt.

In der Gothic-Gemeinde fristen auch diese neosatanistisch-sozialdarwinistischen Strömungen trotz des hohen thematischen Interesses der Schwarzen ein kärgliches Randgruppen-Dasein, denn

- anders als zum Beispiel im Black Metal gehört Satanismus nicht zum stilbildenden bzw. imageprägenden Kern der Kultur & Mode;
- die neosatanistische Szene ist *zum Teil* mit gewaltaktiven Neonazis verknüpft, die jedoch von 99 Prozent der Gothics grundsätzlich abgelehnt werden.
- *Ein Teil* der Satanisten begeht Taten, die von Gothics absolut verabscheut werden, etwa die Verwüstung von Grabstätten oder das Besprühen von Grüften, Ruinen, Bäumen mit „satanistischen"

Symbolen. „Ich gehe niemals auf den Friedhof und zerstöre etwas. Ich würde nie eine Sprayflasche nehmen und was an die Kirche sprühen. Wenn ich sehe, daß jemand alte Gemäuer angesprüht hat, bin ich entsetzt. Ich gehe auf Friedhöfe, um die Ästhetik zu bewundern. Um Ruhe zu finden. Da bist du beim Grunde des Menschen, beim Anfang und beim Ende, das ist friedlich, dein Zuhause. Und man zerstört ja auch sein Wohnzimmer nicht" (Pfeffi, a. a. O., S. 105 bzw. 95).

- Auch die in beiden Szenen praktizierten „Rituale" unterscheiden sich erheblich. Werden Satanisten vor allem mit recht blutrünstigen Opferritualen in Verbindung gebracht (Meerschweinchen-, Hasen- oder Katzenkreuzigungen, das Ausgraben von Leichen und menschlichen Skeletten, sexualisierte Gewalt), so stellen die gängigsten „Rituale" der Gothics schlicht Meditationsübungen dar: auf den Boden setzen, Augen schließen, tief einatmen, in sich blicken ...; als Opfergabe brechen manche ein Stück ihres Brotes oder Kuchens ab oder vergießen einen Schluck ihres Rotweins, sprechen dabei geheimnisvolle Macht-Worte und wünschen sich als Gegengabe Gesundheit, Glück, Liebe und Schutz vor bösen Geistern ...

Overground, Underground ...

Der Berliner Szene-Insider und -Fotograf Andreas Bromba spricht bereits Ende 1997 von „etwa 20.000" Gothics in Deutschland,[89] eine Marktstudie geht zur gleichen Zeit bereits von „60.000 Anhängern der Gothic- bzw. Dark-Wave-Szene" aus. Eine im Januar 2001 veröffentlichte Liste von Klubs und Discotheken, die regelmäßig „schwarze Abende" im Programm haben, nennt 165 Adressen allein in Deutschland.[90] Im Internet finden sich derzeit rund 300 Adressen für „schwarze" Partys, den Bezug von Mode, Musik und anderen Accessoires. In den aktuellen Ausgaben der marktführenden Gothic-Magazine werden 130 (*Sonic Seducer*) bzw. 125 (*Orkus*) Neuerscheinungen auf dem Musikmarkt rezensiert. Im gleichen Monat zwei Jahre früher waren es noch 67 bzw. 82 Tonträger. Der Gothic-Markt boomt. 49 der 164 Seiten im aktuellen *Orkus* sind Anzeigenseiten, beim *Sonic Seducer* sind es immerhin noch 31 von 132 Seiten – Kleinanzeigen, die zum Teil kostenlos sind, nicht mitgezählt. Bei Seitenpreisen bis zu 2000,– DM ein lohnendes Geschäft.

Neben *Orkus* (Stuttgart) und *Sonic Seducer* (Oberhausen) konkurrieren derzeit u.a. noch *Astan* (Metelen) und natürlich das szene-übergreifende *Zillo* (Stockelsdorf) am Kiosk um die Gunst der Gothic-Fans. Die Gesamtauflage allein der genannten Magazine liegt bei monatlich rund 250.000 Exemplaren. Der Stil-Mix mit Teilen der Heavy-Metal-Fraktion hat dazu geführt, daß auch – zum Teil wesentlich auflagenstärkere – Metal-Magazine wie *Rock Hard*, *Hammer*, *Break Out* oder *Metal Heart* und natürlich die Black-Metal-Zentralorgane *Legacy* und *Ablaze* verstärkt Bands aus dem Gothic-Bereich ins Blatt hieven.

Der Flirt mit der S/M-Szene hat in den letzten Jahren ein Dutzend „schwarzer" Erotik-Boutiquen und Versandfirmen entstehen lassen, deren Szene-Wear-Kollektionen sich kaum von denen einschlägiger Lieferanten unterscheiden. Und so entdecken auch immer mehr „Normalbürger" die erotischen Qualitäten der (weiblichen) Gothics und mischen sich zur „Tittenschau" unter das schwarze Völkchen, beklagte sich Gunnar Eysel von *Love Live Blood* im *Zillo*-Talk über die veränderte Atmosphäre bei Konzerten und Festivals: „Lauter geile, wichsende Schwanzträger, die Musik einen Scheißdreck interessiert, aber wenn nackte Titten und Auspeitschen auf der Bühne sind, dann ist es allemal interessant." Und sie werden bedient – von einer steigenden Anzahl von Bands, die in der Kombination Gothic & Sex ihre Marktchance sehen. „Wenn es Leute machen, die dazu stehen, wie *Die Form* oder *Mozart* von *Umbra*, dann habe ich davor einen Riesenrespekt. Aber all die anderen Wichser, dann kann ich gleich für fünf Mark Videokabinen aufstellen. Das, was *Atrocity* machen, ist plump und plakativ. Aber es scheint so, als ob die Leute inzwischen die Musik einen Scheißdreck interessiert, also stellen wir ein paar Titten auf die Bühne." Und natürlich hat die Szene längst auch ihre eigenen Boy-Groups und Teenager-Stars, Musiker und Produzenten anderer Genres erschließen sich den Gothic-Markt durch Übernahme simpler Text-, Themen- und Outfit-Klischees, so wie Mitte der 90er Jahre ausgemusterte Pop-Stars und volkstümelnde Sängerknaben ihre Uralt-Hits noch einmal im Techno-Sound recycelten.

Das Leipziger Gotik-Wave-Treffen spaltete sich bereits 1998 u. a. an dieser Frage und der Einsicht, mit so einem von eigentlich allen Gothics anerkannten Festival Geld verdienen zu können. Ein Teil der ehemaligen Mitstreiter schied aus. „Hintergehung, Irreführung und Lügen dauern immer noch an. Gehilfen, Handlanger und Komplizen haben bis heute noch keinen Weg zur Umkehr gefunden. Die ‚Trittbrettfahrer-Runde' ist herzlichst ausgeladen und auf der gesamten Veranstaltung ausdrücklich unerwünscht", wurde ihnen im Programmheft des 99er Events nachgerufen. Ausdrücklich erwünscht war dagegen der „Wellenreiter" *Joachim Witt* ...

JournalistInnen vom *Stern* bis zu Fanzine-RedakteurInnen, die über das Festival berichten wollten, wurden von der inzwischen zur „Wave Gotik Treffen Veranstaltung-GmbH" mutierten Organisation erst einmal zur Kasse gebeten: 120 DM für einen „Pressepaß", der „nicht zum freien Zutritt zu allen Veranstaltungen" berechtigte, sondern lediglich „für bestimmte Bereiche auf dem Treffengelände" gelten sollte, forderte die neue „Öffentlichkeitsarbeiterin" per Rundfax in leicht holprigem Deutsch für das Privileg, die Veranstaltung zu promoten. Doch schon im Jahr darauf wurde der kommerzielle Aufstieg des Leipziger Treffens unsanft gestoppt: Der Veranstalter mußte noch während des Festivals wegen offensichtlicher Mißwirtschaft Konkurs anmelden. Selbstverständlich bedeutete das nicht das Ende einer derart lukrativen Idee: Der Hauptverantwortliche wurde ausgetauscht, und im nächsten Jahr, verkündeten die neuen Anteilseigner schnell, werde alles wieder so schön wie früher ... – Die Gothic-Szene ist auf dem Wege in die Normalität. Ein Busineß wie Punk, HipHop, Techno, Skateboarding und viele andere auch. Eine Kultur, die einst antrat, um dem schönen Schein der Vergnügungssüchtigen die dunkle Seite ihrer Existenz vor Augen zu führen, wurde selbst zum Teil der Vergnügungsbranche ...

... und zieht sich damit automatisch ihre eigene Opposition heran: diejenigen, die es ernster meinen, für die das „Schwarz-sein" keine Mode, sondern ihr Weg des Lebens ist und die deshalb beginnen, sich neue Nischen zu suchen, die die angesagten Klubs der Wochenend-Grufties meiden und eigene Locations finden, schaffen, besetzen. „Wir machen alle vier Wochen in einem Abrißhaus unsere eigene Party. Da mußt du durch so ein Kellerfenster durchklettern, und das ist scheißkalt da und nur 1,75 m hoch, da kannst du nicht mal toupierte Haare tragen. Du hast da keinen richtigen Sound drin und keine richtigen Getränkegläser oder so, das ist eigentlich richtig asselig. Aber so war es früher, illegal, in irgendwelchen Häusern haben wir uns getroffen, bis die Bullen kamen und uns 'rausgeholt haben, und wir haben es doch immer wieder gemacht. Daß es das noch gibt, ist geil" (Pfeffi, a. a. O., S. 103 bzw. 95).

Immer neue Homepages vernetzen die schwarze Gemeinde jenseits der kommerziellen Info-Kanäle, annoncieren Privatpartys und stiften neue Diskussionsforen. Kleine, billig produzierte Fanzines schießen aus dem Urschlamm und berichten über die Bands, die den Kiosk-Magazinen zu unwichtig, zu unverkäuflich sind, über strittige Themen, die die großen Magazine vermeiden aus Angst, einen Teil der Kundschaft zu verprellen. Jenseits von *Bravo*, *MTViva* und kommerzialisierten *Gothic Parades* entsteht ein neuer schwarzer Underground. Und wächst. Und wächst. Bis auch dessen Vertreter eines Tages genug vom Underground haben und die Gelegenheit nutzen, ihre Passion zum Beruf zu machen. Und sich damit selbst eine neue Opposition heranzüchten. Die es ernster meint. Strictly uncommercial... Und das alte Wechselspiel vom Over- & Underground geht weiter...

Grenzen

„Jugendliche haben eine ambivalente Beziehung zur Wirtschaft. Sie schwankt zwischen dem Gefühl, ausgebeutet zu werden, und der ganz bewußten Nutzung der Wirtschaft für eigene Interessen", stellt der Wiener Marketingmanager Franz Weissenböck fest, der u. a. Kampagnen für Coca Cola, Martini und L'Oréal designte. „Jugendliche wissen, daß die Industrie mit ihrem Geld erst viele Szenen und Szene-Events möglich macht. Auf der anderen Seite will man seine eigene Kultur leben und nicht permanent das Gefühl haben, daß diese kommerziell vermarktet wird, und grenzt deshalb die Wirtschaft aus. Dies kann speziell bei Kernszenen beobachtet werden, deren Sprache außer Insidern kaum jemand verstehen wird. Die Sprache der Randszene wird dagegen schon eher verstanden, also auch von Menschen, die der jeweiligen Szene nicht angehören. Warum? Vor allem deshalb, weil auch die Wirtschaft als Kommunikator und Verbreiter des Szene-Virus agiert."[91]

Doch der von der Wirtschaft verbreitete Szene-Virus stimmt nur noch bei oberflächlicher Betrachtung mit dem Original überein. Aus Anliegen wurden Attitüden, Individualität wurde zur Konfektionsware – und die muß gerade deshalb besonders grell ihre Einzigartigkeit herausstellen. Nicht allen Szenen behagt das, und manche igeln sich um so mehr ein, sobald sie bemerken, daß die Öffentlichkeit beginnt, sich für sie zu interessieren. Manchmal sogar erfolgreich: „Szenen, die für das Marketing guten Gewissens mit einem Bannspruch belegt werden können, sind die sogenannten Subkulturen, also Jugendkulturen, die sich ganz bewußt an den Rand der Gesellschaft stellen und sich selbst ausgrenzen. Für solche Kulturen lautet der Wahlspruch ‚viel Feind, viel Ehr' oder ‚wenn du von den Menschen geliebt wirst, dann hast du sicher etwas falsch gemacht'. An der Spitze der Negativszenen liegen die Skinheads. Mit weitem Abstand folgen ihnen die Rechten, die Linken und die Punks, danach Grufties und Sprayer. Schon auf den ersten Blick sieht man: Wie sich diese Leute codieren, kann man sie kaum für Kampagnen, die für eine möglichst große Mehrheit von Jugendlichen attraktiv sein sollen, verwenden."[92]

Der Kampf um Authentizität und „credibility" verbindet inzwischen trotz aller Differenzen die Angehörigen vieler Szenen. So werden die Grenzen häufig weniger zwischen den unterschiedlichen Kulturen gezogen, sondern zwischen jenen, die nur eine Zeitlang als Trittbrettfahrer mitreisen wollen, und denen, für die das Leben im Netzwerk ihrer Jugendkultur zum „way of life" geworden ist. Andrea: „Früher wurden wir Schwarzen von Skinheads oder anderen Leuten, die alles haßten, was links sein könnte oder andersartig sein könnte, gejagt. Das habe ich miterlebt, noch '93 jedes Wochenende rennen zu müssen, weil man was auf die Fresse kriegen sollte, nur weil man so aussah. Wenn ich jetzt hier durch E. laufe und mir so richtige Glatzen auf der Straße entgegenkommen, da gibt es eher so ein Abchecken, so ein Wissen, da ist auch jemand, der ist auf jeden Fall echt und wirklich anders" (a. a. O.).

„Jugendszenen sind keine scharf voneinander abgegrenzten sozialen Strukturen wie zum Beispiel Parteien, Jugendverbände oder Religionsgemeinschaften. Traditionelle Institutionen verlangen nach Entscheidungen, sie sind nach dem Entweder-Oder-Prinzip gebaut. Im Gegensatz dazu ist in der informellen Welt der Szenen so ziemlich alles möglich: Man kann in mehreren Szenen gleichzeitig sein oder sich auf eine Szene konzentrieren" (Heinzlmaier, a. a. O., S. 36). Häufig überschneiden sich auch die Locations und kulturellen Interessen verschiedener Subkulturen, so daß sich deren Angehörige im Alltag ohnehin zum Beispiel anläßlich von Konzerten oder größeren Festivals mischen. Punks etwa vereinen sich gerne bei Oi!- und Ska-Konzerten mit (nichtrechten) Skinheads, diese wiederum vermischen sich in manchen Regionen, sofern sie auch Fußballfans sind, mit Hooligans. HipHopper dagegen können mit Fußballfans in der Regel recht wenig anfangen (und umgekehrt), hegen aber große Sympathien für Inline-Skater, Skateboarder und Snowboarder (bzw. tummeln sich sogar selbst häufig in diesen Szenen). Die sich allmählich auch in Deutschland, der Schweiz und Österreich dank kräftiger kommerzieller Supports entfaltende Beachvolleyball-Szene wiederum ist unter HipHop-Fans nicht allzu beliebt. Das „Sun-and-Fun-Feeling" der Strandballspieler, die ihre Szene primär als pures Wochenend-Freizeitvergnügen sehen, sich ansonsten aber zumeist harmonisch in die (Ideologie der) Leistungsgesellschaft einfügen und häufig selbst aus finanziell bessergestellten Familien kommen, beißt sich mit der Szene-Identität der HipHopper, die sich gerne als „kulturelle Stadtguerilla" verstehen und bewußt von der Mainstream-Kultur der angepaßten Mittelschicht-Kids abgrenzen.

Naturgemäß besteht auch zwischen Rockfans und Anhängern von Techno, House und artverwandten elektronischen Musikstilen wenig Liebe. (M., ein dreiundzwanzigjähriger Rockfan: „Wenn man über Musik redet, kann man dabei nicht über Techno diskutieren. Techno ist keine Musik.") Gothics und Schwarzmetaller dagegen, zwei Jugendkulturen, deren Vorfahren sich vor nicht einmal zehn Jahren noch vorzugsweise als Opfer (Grufties) und Täter (Heavy Metals) gewalttätiger Übergriffe gegenüberstanden, haben seitdem immer mehr Parallelen im Outfit und gemeinsame Vorlieben für bestimmte Bands (*Type-O-Negative*) entwickelt und sich so freundschaftlich angenähert. Bedingung für diesen Friedensprozeß: keine Gewalt.

In diesem Punkt sind sich fast alle Jugendkulturen und 80 bis 90 Prozent aller Jugendlichen – in Ost- wie Westdeutschland – einig: Mit Gewalt wollen sie nichts zu tun haben. Hooligans und Skinheads, Neonazis und Satanisten zählen zu den verhaßtesten Jugendkulturen der Gegenwart. Das macht sie allerdings für die wenigen, die diesen Szenen angehören, mitunter auch gerade attraktiv. Beispiel: Hooligans.

[Im folgenden Kapitel erfahren Sie mehr über die Faszination der Gewalt und die Sucht nach dem *Kick* am Beispiel einer traditionellen Männerkultur in Reingestalt. Sollte Sie das Thema nicht so sehr interessieren oder möchten Sie zunächst die letzten noch folgenden 1.558 Zeichen dieses Haupttextes lesen, blättern Sie weiter zur Seite 194.]

Hooligans[93]

„Die ganze Gesellschaft ist doch gewalttätig. Wird doch immer schlimmer – die Leute steigen aus den Autos raus und hauen einem eine rein. Das fängt ja schon in der Politik an. Die bescheißen doch das Volk, wo es nur geht. Die sehen doch nur zu, daß sie Kohle für sich ranschaffen und in irgendwelchen Aufsichtsräten sitzen. Fußball interessiert die Massen, und wenn es da welche gibt, die sich keilen, dann steht das richtig schön in der Zeitung: ‚Wir haben 'nen Hooligan mit der vollen Härte des Gesetzes abgeurteilt. Unsere Polizei war erfolgreich.' Nur daß sie irgendwelche Reichen, die in den Villenvierteln wohnen, nicht am Arsch kriegen, daß der Arsch in seiner Villa, der 'ne Fabrik hat, die schon Konkurs ist, seine Kohle weiter mit irgendwelchen linken Dingern macht. Wie die Gesellschaft in Wirklichkeit strukturiert ist, das interessiert doch nicht, kann man mit ein paar verurteilten jugendlichen Gewalttätern doch schön verwischen." Jens (26, Polsterer), FC-Union-Berlin-Hooligan

Ein „Zuschauer" geht ins Stadion (natürlich nur zu ausgewählten Heimspielen), um als Konsument auf Zeit eine spannende Show präsentiert zu bekommen. Ein „Fan" geht als Mitwirkender zum Spiel (zu jedem natürlich) und möchte die Arena nach neunzig Minuten Kampf als Sieger verlassen. Wenn nach dem Abpfiff Fans und Zuschauer zufrieden oder gelangweilt, freudestrahlend oder zu Tode betrübt nach Hause gehen, beginnt für die „Hooligans" erst der ernsthafte Part des Spieles: Hooligans wollen auch die „3. Halbzeit" gewinnen.

Für die Vereine und den DFB sind letztere natürlich keine Fans, sondern „Krawallmacher, die den Fußball mißbrauchen". „Es kann doch nicht angehen, daß die Polizei notorische, wandernde Krawallmacher und Chaoten immer wieder festnimmt und ihnen beim nächsten Zwischenfall doch wieder gegenübersteht", schäumte dereinst der Weltkrieg-II-Offizier Hermann Neuberger im *Kicker* und forderte ein „härteres Durchgreifen“ gegen die „Feinde unseres gesamten Gesellschaftssystems, die keine Fans des Fußballs sind und so nicht bezeichnet werden dürfen“ (nach Farin/Seidel-Pielen, S. 94). Olli, 25, sieht das naturgemäß anders als der ehemalige DFB-Boß. Seit drei Jahren ist der Hamburger sogar polizeilich als einer der ganz Harten – „Kategorie C“ – registriert. Doch wenn er wählen müßte zwischen einem Spiel seiner Elf, und sei es am anderen Ende der Republik, und einem Match ganz in der Nähe, wo richtig gute *action* zu erwarten ist, kommt er nicht in Gewissensnöte. „Der Verein hat Vorrang vor jeder guten Jagd. Sonst würde ich denen ja nicht 500 km hinterherreisen und einfach bei Auswärtsspielen in ein anderes Stadion gehen.“

Olli glaubt nicht, mit seinen „körperkommunikativ betonten Umgangsweisen“ (Narciss Göbbel) ‚seinem‘ Verein zu schaden. „Das wird alles nur in den Medien aufgeblasen. Bei uns kommen normalerweise keine Außenstehenden zu Schaden. Nur solche Kunden, die es auch wollen. Sicher, Durchgeknallte, Spinner, Rechtsradikale gibt’s auch unter uns. Davon kann man sich nur distanzieren. Aber wir, meine engsten Kumpel und ich, wir sind keine solchen Assis. Wir können uns benehmen.“

Vor allem von montags bis freitags. Da sitzt Olli am Schalter einer Bank, tauscht Schecks gegen Bares und lächelt viel. Am Wochenende tauscht er Anzug, Krawatte und Namensschild gegen Nike-Schuhe, Hugo-Boss-Sweatshirt und *Beastie-Boys*-Button. Olli trägt gerne „Edleres“ am Körper, und sei es nur, um „Assis“ mit auserwähltem Snob-Gehabe zur Weißglut zu reizen. Doch Vorsicht, nicht übertreiben! riet bereits ein Bremer Hooligan-Fanzine. „Du solltest darauf achten, daß der Wert deiner Oberbekleidung nebst Schuhen 500 DM nicht überschreitet, das weckt den Neid der Besitzlosen. Schon mancher ist barfuß und den Oberkörper frei nach Hause gekommen, weil einem gegnerischem Fußball-Prolo seine Nike-Schuhe und das Boss-Sweatshirt so ausnehmend gut gefielen.“

Als Bankangestellter verdient Olli nicht schlecht, wie die Mehrheit seiner Clique. „Bei uns gibt es nur einen einzigen ohne Job und eine Umschülerin.“ Doch das, was er am Körper trägt, übersteigt auch Ollis Möglichkeiten, „weil man ja öfter was Neues braucht nach so ’nem Fight.“ So hat Olli die Schuhe „getauscht“. Ein Schuhgeschäft in M. hat nun eine Secondhandabteilung.

Beliebt ist auch die hooligan-interne Wochenend-Tauschbörse.

Vom letzten Besuch in Nürnberg brachten Olli und seine Clique „Sachen so bestimmt für 2–3000 Mark Ladenpreis mit nach Hause". Von anderen Hooligans. Zur Anzeige gebracht wird das nur selten. Auch im Winter bis auf's T-Shirt entkleidete und erbärmlich frierende Hools fordern von der Polizei, „daß die sich da raushalten. Das regeln wir schon selbst untereinander. In der Rückrunde holen wir uns die Klamotten zurück."

Wie einstmals die Mods der 60er Jahre riskieren Hooligans gerne ihre Kleidung in Straßenschlachten. Sie mögen diesen Widerspruch zwischen schicken Markenklamotten und Prolo-Prügeleien. Wer bereit ist, Kleidung im Wert von mehreren hundert DM für eine bloße Boxerei zu opfern, der kann doch wohl noch kein Spießer geworden sein, hoffen sie. Und wenn sie sich schon die ganze Woche über in die von ihnen geforderten Regeln einzwängen lassen, „da muß am Wochenende einfach was abgehen. Und auf Bodybuilding und so stehe ich nicht. Da bist du nur Solokünstler, und es passiert ja eigentlich auch nichts. Aber auf der Straße weißt du nie, wie es weitergeht; jeden Moment können von rechts oder von hinten die anderen heranstürmen, und du mußt innerhalb von fünf Sekunden erkennen und entscheiden, ob du gegenhalten kannst oder laufen mußt. Da stehst du total unter Strom, das ist der totale Kick, das ist geiler als früher der schärfste Trip."

Was ist eigentlich „geil" daran, andere Leute zusammenzuschlagen, zusammenzutreten oder gar mit Steinen, Baseballkeulen, Leuchtspurstiften oder angeschliffenen Gürtelschnallen ins Aus zu schicken? „Außenstehenden kann man das nicht erklären. Die verstehen das nie. Das muß man selbst mal mitgemacht haben", sind die meisten Fußballrabauken überzeugt. „Die haben sowieso ihre Vorurteile, auch wenn die noch nie mit einem geredet haben. Für die sind wir doch alles Rechtsradikale, asoziale Schlägertypen." Und wer jetzt ganz genau hinhört, bemerkt, wie sich unter die berechtigte Empörung über die pauschale Stigmatisierung ganz leise ein trotziger Ton des Stolzes mischt.

Es ist an der Zeit, einige Irrtümer zu korrigieren.

Erster Irrtum: Hooligans sind alles milieugeschädigte Underdogs, von Arbeitslosigkeit und Bildungsdefiziten gepeinigte Modernisierungsverlierer.

Die Realität ist schlimmer. War der Fußball noch vor zwanzig Jahren die letzte sichere Heimstatt der aussterbenden Arbeiterklasse, so hat die von Vereinen und DFB seit Mitte der 80er Jahre massiv betriebene Umorientierung des Profi-Fußballs vom proletarischen Vergnügen zum Event-Entertainment-Park für die ganze (Mittelschicht-)Familie auch vor den Fankurven nicht haltgemacht. Beschrieb die Shell-Studie „Jugend '81" den typischen jugendlichen Fußballfan noch als „Hauptschüler aus der Unterschicht, mit traditionellen und zum Teil zuversichtlichen Zukunftserwartungen, politisch in der Nähe zur CDU, toleriert von anderen Jugendlichen",[94] so stellt (bezeichnenderweise) eine Marketingstudie aus dem Jahre 1999 fest: „Der Fußballplatz ist aus seiner ursprünglichen sozialstrukturellen Verortung herausgerissen. Fußballfan zu sein ist zu einem freien optionalen Lifestyle geworden, dem sich jeder, der Lust dazu hat, frei zuordnen kann."[95]

Selbst unter den ganz Harten trifft man heute mehr Lehrer, Verwaltungsangestellte oder selbständige Kleinunternehmer als arbeitslose Hauptschulabbrecher. Mario zum Beispiel ist Bäcker, Thomas Speditionskaufmann, Martin Schlosser, Schlenne Klempner, Spion Gärtner, Pickel, Sascha und Ingo arbeiten als Straßenbauer, Winter hat gerade sein Ingenieursstudium aufgenommen und Frank eine Kneipe gepachtet. Tom träumt von der eigenen Arztpraxis und Olli von einem Job beim Bundesgrenzschutz – Hooliganismus auf Staatskosten. Zwölf Beispiele aus einer langen Serie von Interviews mit Hooligans zwischen 15 und 32 Jahren, Mitläufer und Erste Reihe – und keine dramatischen Kindheitstraumata, keine Sozialfälle darunter, zumindest nicht mehr als regional üblich. Dabei sollten Hooligans doch eigentlich von Arbeitslosigkeit und schlagenden Vätern oder alleinerziehenden Müttern gebeutelte Schlüsselkinder sein – glaubt man jedenfalls der öffentlich vorherrschenden Meinung über die Prügelknaben der Nation. Lesen Hooligans denn keine Zeitung?

„Eines sind Hooligans mit Sicherheit nicht: ein Beleg für die These, daß Gewalt in unserer Gesellschaft von ökonomisch Benachteiligten ausgeht", bestätigt Joachim Kersten, professoraler Polizeiausbilder und langjähriger Erforscher aggressiver Männlichkeiten.[96] „Im alltäglichen Leben sind sie alles Mögliche, zum Beispiel Polizeibeamte oder Bankangestellte, sehen sie aus wie junge Geschäftsleute oder Studenten. Und am Wochenende gehen sie nach

Am Rande eines Spiels des BFC gegen Dresden

Hause, ziehen ihre Designerjeans, -schuhe und -jacken an, heften sich Versatzstücke des Kämpfers an die Brust und ziehen los, um ‚richtig' männlich zu werden beziehungsweise sich so zu fühlen."

Eine Sache unterscheidet Hooligans allerdings doch von der Mehrzahl ihrer Altersgenossen – die hautnahen Erfahrungen mit Polizei und Justiz. Gehören für uns Gelegenheitsdemonstranten Konfrontationen mit den Hütern von Recht und Ordnung zu den erregenden Highlights eines ansonsten eher abenteuerlosen Lebens, so kennen Hooligans ihre uniform- oder turnschuhbewehrten Gegenüber aus langjähriger Wettkampfpraxis per Vornamen – und umgekehrt.

Kaum einer unter ihnen, der nicht schon seine acht und mehr Stunden Untersuchungshaft abgesessen hätte; nicht wenige, die auf vierzehn Tage und Nächte oder gar mehrere Monate „Staatspension" zurückblicken können – zumeist wegen „(schwerer) Körperverletzung", „Widerstand gegen die Staatsgewalt", „Sachbeschädigung", „(schwerem) Raub" bzw. (im damals noch nicht wiedervereinigten Osten Deutschlands) „Vergehen zum Nachteil sozialistischen Eigentums", „Land- und Hausfriedensbruchs" oder schlicht und wahrhaftig: Rowdytum.

Haß

„Der Fußball ist mit seiner notwendigen Disziplin und mit seiner Art, wie er die Teilnehmer an Gefahr und Schläge gewöhnt, ein wahrer kleiner Krieg."
Almanach des Sports, 1899[97]

Zweiter Irrtum: Hooligans sind ein integrierter Teil der rechtsradikalen Szene.

„Sieg Heil"-, „Republikaner"- und „Deutschland, Deutschland"-Rufe im Stadion, „Affen"schreie und Bananenwürfe, sobald ein dunkelhäutiger Spieler das Spielfeld betritt, Hooligans in der ersten Reihe bei Übergriffen auf Flüchtlingsheime und linke „Zecken"-Treffpunkte, ein riesiges, von zweihundert Hooligans gebildetes Hakenkreuz auf dem Ostberliner Alexanderplatz – vieles deutet auf den ersten Blick darauf hin, daß sich die Hooligan-Szene als militanter Arm der Neonazis versteht. Doch wer genauer hinsieht, stellt überraschende Brüche und Widersprüche fest.

„Rechts" waren die meisten Hooligans wohl schon immer. Oder zumindest nicht „links". Auch im Osten. Oder besser: Gerade im Osten. Denn mit nichts konnte man den ersten antifaschistischen Staat auf deutschem Boden besser reizen als mit der provokanten Inszenierung dessen, was es – sogar in der Verfassung verbrieft – in der DDR seit der Abschaffung der kapitalistischen Ausbeutung gar nicht mehr gab: (Neo-)Faschisten.

Zoni (29, Gärtner), BFC-Dynamo-Hooligan: „Mit Rechts konntest du damals die DDR treffen und heute genauso die Bundesrepublik."

Spion (28, Installateur), ebenfalls BFC-Dynamo-Hooligan: „Ich bin schon konservativ veranlagt. Ich bin Nazi, was soll ich sagen. Ich hab schon faschistisches Gedankengut. Was damals abgelaufen ist, find ich gut. Ich muß aber sagen: zur Hitlerzeit wären wir gegen Hitler gewesen. Wir wären garantiert nicht mit der Masse mitgelaufen. Wir wären was anderes gewesen, Kommunisten, irgendwas Geisteskrankes."

Zoni: „Weil wir uns zu den Minderheiten hingezogen fühlen."

Spion: „Ich hab mich mein Leben lang zu den Minderheiten hingezogen gefühlt. Bei den Punks damals schon. Wie die Leute uns angeguckt haben, das fanden wir toll. Geil, provozieren."

Um ein Provozieren der Staatsmacht ging es den Hooligans des Ostens von Anfang an. Stärker als ihre Vorbilder in Großbritannien und ihre Brüder im Westen definierten sich die jugendlichen DDR-Rabauken in deutlicher Opposition zu ‚ihrem' Staat. Viele von ihnen waren früher Punks, wurden später Skinheads und erst dann Hooligans, verstanden sich von Anfang an als Bestandteil jener Subkultur-Landschaft, die sich Ende der 70er Jahre im Schatten der miefigen DDR-Realität herausbildete. Ein Versuch, der Eiszeit zu trotzen, aus dem verordneten Konformismus der preußischen Patriarchen auszubrechen, denen schon jedes englische Wort, „Fan" zum Beispiel, als verdächtig galt. Die Vorbilder fand man im Westen. Punks, Skins, Metaller, Grufties usw. – eine vielfältige, bunte Jugendszene, das heißt eigentlich viele Szenen mit jeweils eigenen Moden und Stilen und Klängen, hatte sich nur wenige Kilometer vor der eigenen Haustür entwickelt. Man brauchte nur auszuwählen und zu kopieren. Die Gründe für den Ausstieg aus der ostpreußischen Einheitsfront waren allerdings hausgemacht.

Selbstverständlich wäre es verharmlosend zu behaupten, die rechten Symbole, der radikale Nationalismus seien *nur* Provokation gewesen. Rund um den Fußball sammelten sich schon immer eher die Konservativen – auf dem Rasen und in den Kurven ebenso wie in den Management- und Funktionärsetagen der Vereine. Wo sich militante Männlichkeit zusammenballt, ist Chauvinismus meist nicht fern. St. Paulianer, Bunte Ligen und progressive Arbeitersportvereine sind auch im Westen Exoten. Darüber hinaus gab es zahlreiche weitere Gründe, warum viele DDR-Jugendliche in den 80er Jahren nach rechts abdrifteten. Der staatlich geförderte Nationalismus und das gefährliche Spiel mit dem aus der Nazi-Zeit überlebenden Anti-Slawismus als Waffe gegen Solidarnosc und Perestroika ermunterten den Mob auf der Straße. Die zunehmend geringer werdenden Aufstiegschancen der jüngsten Generation aufgrund der wirtschaftlichen Stagnation frustrierten spätestens in den 80er Jahren selbst die Gutwilligsten. Die Gleichsetzung des herrschenden Regimes mit „links" forderte oppositionell denkende Jugendliche geradezu heraus, sich selbst als „rechts" zu definieren; die unübersehbare Doppelmoral der staatlichen Illusionskunst, das „Signum des Verrats" der immer noch plakativ eingeforderten Werte und Ideale durch die Elterngeneration brachen den Dialog ab.

Doch die Staatsmacht stellte sich blind und taub und akzeptierte

Europa verspottet uns. In unserer Mannschaft brodelt es wg. Matthäus. Und jetzt Schicksalsspiel gegen England

Steht auf, wenn ihr Männer seid!

MATTHÄUS

Mittwoch, 14. Juni 2000, 70 Pf 137/24

Bild

UNABHÄNGIG · ÜBERPARTEILICH

Spanien – Norwegen 0:1 Jugoslawien – Slowenien 3:3

ENGLAND

Und wieder sind sie unser

SCHICKSAL

Kevin Keegan überspielt die Angst mit lockeren Sprüchen. Die Pressekonferenz beendete er auf deutsch: „Es war mir ein Vergnügen!"

Ganz Europa macht uns nieder!

Hoffentlich geben unsere Spieler die richtige Antwort

Erich Ribbeck brüllt seiner Ärger raus

Bild ruft in ihren Schlagzeilen zur Besonnenheit auf (14.6.2000)

nur eine einzige Begründung für das rechtsradikale Coming-out einer lautstarken Minderheit ihrer eigenen Jugend: Infiltration durch den Westen. „Eine Beantwortung der Frage, wie DDR-Jugendliche dazu kommen konnten, rechtsextremistische Orientierungen attraktiv zu finden, hätte eine Fähigkeit zur Selbstkritik vorausgesetzt, die dem System nicht zu eigen war", stellte Walter Süß, wissenschaftlicher Mitarbeiter der Gauck-Behörde, lapidar fest (*Die Zeit* vom 30. April 1993).

Statt sich mit ihren rebellischen Jugendlichen argumentativ auseinanderzusetzen, setzte die DDR-Staatsmacht auf Repression. So beschäftigte die Stasi in ihrer Endphase allein in der Hauptstadt mehr als dreißig IMs nur für die Skinhead-Szene – jeder zehnte Ostberliner Skinhead war demnach ein Spitzel der Staatssicherheit. Besonders auffällig gewordene Gewalttäter wurden vorzeitig zum Militär eingezogen oder zur Ausreise in den Westen gedrängt. Ständige Vorladungen, bei denen sich die Jugendlichen inhaltsleere Drohungen und Moralappelle anhören durften, Glatzen- und sogar Bomberjacken-Verbote in den Jugendklubs sollten abschrecken. Die Folge: Viele Skins ließen sich die Haare wachsen, zogen sich in ihre Wohnungen zurück und – politisierten sich. Aus rechtsorientierten Subkulturen wurden ideologisch aufgeladene rechtsextremistische Zellen. Als die Mauer fiel, knüpften einst in den Westen gegangene Kameraden für die bis zum Schluß im Osten Verbliebenen schnell die Kontakte zur besser und hierarchisch organisierten Neonazi-Szene des Westens. Auch wenn sich letztendlich nur wenige Hools, Skins und andere Straßenrowdies wirklich organisatorisch ins braune Netzwerk einbinden ließen, war damit eine wichtige Transferroute für die weitere ideologische Aufladung der militanten Subkulturen des Ostens eröffnet.

[Weitere Infos zur rechtsradikalen Subkultur finden Sie ab der Seite 195.]

Pantoffelkinohelden

„Viele Sportler sind hoch talentiert, aber nur die erreichen letztlich die höchste Stufe des Ruhmes, die für ihren unbedingten Willen zum Sieg alles geben und keine Kompromisse machen. Menschen mit Killerinstinkt ‚fahren am Limit' (Michael Schumacher), aber der Sieg ist es ihnen wert. Risiken gehören zum Weg des Erfolges, Konsequenz sichert die Erreichung des Zieles. Das Wort eines Samurai-Verkäufers ist für ihn Gesetz. Wenn er sich selbst etwas vornimmt, führt er es ungeachtet aller Konsequenzen durch. Der Samurai-Verkäufer kennt keine halben Lösungen."

Hans-Peter Rentzsch, Verkaufs- und Managementtrainer: Lernen von den Samurai; in: sales profi. Das Magazin für Verkauf und Vertrieb, Oktober 2000

Dritter Irrtum: Hooliganismus ist nur eine moderne Variante des Boxkampfes.

Sicherlich: Auf den ersten Blick läuft alles darauf hinaus, den Gegner (andere Hools oder Polizei) zu stellen und zu verprügeln. Doch wer genauer hinsieht, merkt bald, daß sich die große Mehrheit der Hools ja gar nicht prügelt. Kommt es überhaupt zur körperlichen Begegnung (was heutzutage aufgrund der massiven Polizeipräsenz eher eine Ausnahme darstellt), prallen wirklich einmal zwei Hooligan-Mobs gegeneinander, so haben allenfalls die zehn, fünfzehn, zwanzig Mann in den ersten Reihen die Möglichkeit, aufeinander einzuprügeln, bis die grünberockten Schiedsrichter dazwischengehen und die Sparringspartner auseinandertreiben. Zwischen dem ersten Blickkontakt, dem Aufeinanderstürmen, der wüsten Schlägerei und der Flucht vor den knüppelschwingenden Uniformen liegen eher Sekunden als Minuten.

Verständlich ist es, daß sich die gesamte öffentliche – das heißt: mediale, denn wer hat schon die Chance und den Mut, das Schauspiel live zu beobachten – Aufmerksamkeit auf diese wenigen Sekunden des Hooligan-Daseins konzentriert. Massenprügeleien auf offener Straße erfüllen höchste visuelle Ansprüche. Legionen von Westernfans können das bezeugen. Und im Gegensatz zu John Wayne und seinen Erben sind die allwöchentlich im heimischen Pantoffelkino uraufgeführten Actionthriller von randalierenden Jugendlichen sogar echt. Es geschieht jetzt und heute, in diesem unseren Lande. Das steigert das behagliche Gruseln und schafft wohlige Sicherheit inmitten verwirrender Zeiten. Ich gehöre nicht dazu, kann sich Vati zufrieden zurücklehnen. Ich bin immer noch ein besserer Mensch als die. (Und nur ganz verschämt drückt sich eine Spur Neid auf das männliche Gemüt.)

Die erregten Diskussionen und drastischen Vorschläge braver Bürger zur Auflösung des Störfaktors „Jugendgewalt" deuten darauf hin, daß die Straßenrowdys gegen mehr verstoßen als der Deutschen sicherlich ausgeprägtes Bedürfnis nach Ruhe und Ordnung. Hooligans brechen mit ihren routinierten Inszenierungen scheinbar sinnloser Gewaltexzesse das Tabu körperlicher Gewalt. Sie machen öffentlich, was ansonsten hinter den Wohnungstüren verborgen bleibt; sie halten dem Normalbürger sein obszön ungeschminktes Spiegelbild vor. „Wir prügeln uns mit Gleichstarken – Ihr fickt eure Kinder." „Besser, sich am Wochenende prügeln und vielleicht ein paar blaue Augen zu riskieren, als auf der Piste mit Lichthupe am Vordermann zu kleben und mich und andere in den Tod zu rasen" – sagen sie und treffen damit unbewußt-zielgenau in die Weichteile einer Gesellschaft, die sich über eingeschlagene Schaufensterscheiben, illegale Graffiti und zertrampelte Grünanlagen vehementer entrüsten kann als über die mehr als eine Million bundesdeutscher Kinder, die pro Jahr zu *Opfern* von (zumeist elterlicher) Gewalt werden.

Der starre Blick auf Hooligans und andere jugendliche Gewalttäter entlastet den Normalbürger – von Politikern und Medienmachern ganz zu schweigen – von seiner Mitverantwortung an der alltäglichen Eskalation der Gewalt, die nicht nur eine steigende bzw. auf hohem Niveau stagnierende Zahl von Verkehrs- und Drogentoten produziert, sondern auch beispielsweise Jahr für Jahr mehr Suizidversuche unter Zehn- bis Vierzehnjährigen. Aber was ist schon ein kühler Verwaltungsakt, die Streichung von Sozialleistungen, ein anonymer Kündigungsbrief, die Schließung eines Jugendklubs oder die Verweigerung elterlicher Zuneigung bei schlechter werdenden schulischen Leistungen gegen einen lautstark dubiose Parolen skandierenden und auf seinem Weg alles niederwalzenden Hooligan-Mob! Nahezu perfekt wird die Inszenierung dann, wenn dieser wilde Haufen, der da in unsere Wohnzimmer einfällt, auch noch aus dem Osten kommt, dem Hort alles Bösen. Genosse Honeckers rechtsradikale Erben terrorisieren unter heimlicher Stasi-Führung brave, fleißige Wessis – eine Schlagzeile von fast so exquisiter Würze wie die vom deutschen Schäferhund, der einstmals Marilyn Monroe den Brustkrebs wegküßte.

Aber merkwürdig bleibt es doch, daß bis auf ganz wenige seriöse Ausnahmen kaum ein medialer Beobachter der Fußballszenen registrierte, daß vier Fünftel aller Hooligans das vermeintliche Ziel – die Prügelei mit dem gegnerischen Mob – niemals erreichen. Und dennoch nach getaner Arbeit glücklich und zufrieden von dannen ziehen und dennoch immer wieder auftauchen. Die Auflösung dieses Mysteriums ist recht einfach: Der Weg ist das Ziel.

„Ob du nun der obergeile Schläger bist oder nicht, interessiert hier erstmal keinen. Der Punkt ist: Kann man sich auf dich verlassen? Oder nicht? Wie reagiert der, wenn der Mob auf ihn zuläuft? Wenn das Flattern anfängt und du am liebsten wegrennen willst. Schaffst du's, überwindest du dich, bleibst du stehen oder nicht? Das ist der entscheidende Moment." – Wenn Hooligans mit rhythmischem Klatschen und aufreizenden Gesängen auf der Suche nach ihren Gegnern durch die Fußgängerzonen der Innenstädte ziehen und schließlich, im glücklichsten Falle, mit martialischem Gebrüll aufeinander losstürzen, wollen sie damit weniger den anderen Mob erschrecken als ihren eigenen inneren Schweinehund an die Kette legen. Der ganze Ablauf eines Hooligan-Wochenendes ist perfekt bis ins kleinste Detail auf das eine Ziel hin komponiert. Joachim Kersten: „Die Hooligan-Szene ist eine Freizeit-Szene. Man könnte in Anlehnung an Feldstudien auf der ozeanischen Insel Truk von ‚Wochenendsöldnern' sprechen (‚Krieger' sind eher die Jugendlichen aus den Nachbarschaftscliquen). Auch die müssen am Wochenende saufen und schlägern, um ‚Männer' zu werden."

„In den Straßen steigt das Fieber..."

„Ganz unvermittelt breitet sich ein dunkles Gefühl des Schreckens aus, und eine seltsame Veränderung geht vor. Zwei, drei Leute drängen sich an mir vorbei. Ich blicke zurück: hinter mir ist niemand zu sehen. Plötzlich wird mir klar, daß ich ganz allein hier stehe, vielleicht eine Wurflänge vom Feind und durch kein Hindernis von ihm getrennt. Das geht wie ein eisiger Guß über die Haut. Es ist, als ob man mit dem Tode Brust an Brust zusammenstände. Ein Rückschlag hat eingesetzt, grundlos, oder vielmehr aus den tödlichen Ahnungen heraus, die hier ihr Spiel mit den Menschen treiben als Kräfte höchster Wirklichkeit. Wird dieser Augenblick von drüben erkannt, so sind wir rettungslos verloren. Ich eile zurück und finde ein Bild der Auflösung vor. Von vorn wollen sie zurück und von hinten vor, ein Bündel von Menschen drängt sich zusammen, von der Furcht übermannt. Wie durch ein Wunder gelingt es mir und einem von den '76ern, der rücksichtlos auf die Köpfe schlägt, das Knäuel notdürftig zu entwirren und nach vorn etwas Abstand zu schaffen. Denn Abstand müssen wir hier haben, damit die Kämpfer vor- und zurückspringen können und in ihren Bewegungen nicht behindert sind. Diese Verwirrung hätte nicht entstehen können, wenn sich nicht, als die Sache gut ging, eine Reihe von Leuten vorgedrängt hätte, die ihrem Wesen nach gar nicht dorthin gehören."

Ernst Jünger: Feuer und Blut. Hanseatische Verlagsanstalt, Hamburg 1926, S. 203f.

Es beginnt im Grunde schon zwei, drei Tage vorher, wenn sich die Clique noch einmal in ihrer Stammkneipe trifft, mehr oder weniger nervös die aktuelle Stärke des gegnerischen und die Mobilisierungsreserven des eigenen Mobs zu kalkulieren versucht, bei Auswärtsfahrten die Reiseroute festlegt. Fuhr man früher noch gemeinsam mit dem Zug (je länger, desto schöner), so reisen Hooligans nun unauffällig in PKWs an, um nicht schon vor Erreichen des Zieles von der Polizei aus dem Rennen genommen zu werden.

Die Fahrt wird genutzt, um wieder und wieder Chancen und Risiken der angesetzten Begegnung zu diskutieren, natürlich ergebnislos. Im Gegensatz zu dem neunzigminütigen Vorspiel auf dem Rasen läßt sich die Dritte Halbzeit nicht planen, stehen Ort und Zeit des Matches erst in dem Moment fest, in dem es passiert. Doch wie der Trainer in der Kabine noch in letzter Minute mit seiner Elf zum wiederholten Male die Stärken und Schwächen der gegnerischen Mannschaft bespricht, so lassen auch die Hools in den PKWs immer wieder die letzte Konfrontation vor ihren Augen ablaufen. Wie zufällig taucht dabei so manche offene Rechnung auf, die unbedingt beglichen werden muß – und zwar heute … Am Zielort angekommen, klettert das Fieberthermometer langsam in die Höhe. Und an der Häufigkeit, mit der nun immer mehr Hooligans zum nervösen Pinkeln aus den Reihen scheren, merkt auch der Beobachter, daß die voller Angstlust erwartete Konfrontation unmittelbar bevorsteht.

Es geschieht in Wellen, ein ewiges Auf und Nieder wie die La-ola-Rituale im Stadion, sich nur langsam umkreisend auf den Höhepunkt zubewegend. Der Marsch ins Stadion, das scheinbar ziellose Umherirren in der Stadt, das plötzlich und immer unerwartet von gemächlichem Schlendern ansatzlos in einen Spurt überwechselt

Beim Spiel des BFC gegen Union, Berlin 2000

und wieder zurück, ohne daß für den Außenstehenden ein bestimmter Anlaß zu erkennen ist – das ganze vorsichtig-offensive Gebahren der Hooligans ähnelt Demonstrationsriten. Und schließlich geht es ja auch um die Verwirrung, im besten Fall sogar Abhängung desselben Gegners – der Polizei. Doch die eigentliche und wichtigste Funktion der Jagden und Ruhepausen, der Haß- und Spottgesänge, der lange vor ihrer Zeit erschallenden „Jetzt-geht's-lohos"-Chöre ist eine andere: Sie bereiten den Körper auf die kommende Ekstase vor, zwingen ihn zur Freisetzung immer neuer, immer heftigerer Schübe der körpereigenen Droge Adrenalin.

Von Lutschern und Mitläufern, Guten und Verrückten

„Die Gesetze des Kampfes gelten auch im Verkaufsgespräch. Samurai-Verkäufer wissen, daß Angriff und Verteidigung, Aktion und Reaktion, Ruhe und Bewegung zusammengehören."
Hans-Peter Rentzsch, Verkaufs- und Managementtrainer, a. a. O.

Die Jüngsten sind gerade mal dreizehn. Die ersten Male schwirren sie noch wie aufgeregte Motten um den Pulk herum, beobachten mit glänzenden Augen, aber aus sicherer Distanz, wie der Mob sich die

Stadt erobert. Bevor sie weitere Annäherungen wagen, versuchen sie, in dem scheinbar völlig ungeordneten Chaos Strukturen zu erkennen, die „Guten" aus der ersten Reihe, die „Kategorie C"-Hooligans herauszufiltern, an denen man sich orientieren kann, sich deren Gesten, Sprüche und Kleidung zum späteren Kopieren einzuprägen. Bald wissen sie die wichtigsten Spitznamen, die, im Kneipengespräch danach locker plaziert, ihren Insider-Status bestätigen.

Der anonyme Mob löst sich allmählich in einzelne Gesichter und Namen auf, mit denen wieder Erlebnisse verbunden sind. Untercliquen werden erkennbar, erste individuelle Freundschaften kristallisieren sich heraus, Verabredungen auch außerhalb des Fußballs kommen zustande. Dann taucht erneut Nachwuchs auf, und plötzlich ist man schon ein „Alter", einer, der „okay" ist, der von den „Guten" namentlich begrüßt wird, auch wenn man selbst nie in der ersten Reihe stand; einfach, weil man da und dort dabei war, Teil der Stammesgeschichte(n) geworden ist.

Den meisten reicht das. Sie werden sich auch zukünftig damit begnügen, am Rande dabeizusein, mit den anderen durch fremde Städte zu sprinten, Polizeisperren zu überlisten, den gegnerischen Mob zu jagen, sich jagen zu lassen, die notwendige Kulisse für die „Verrückten" und die „Guten" zu bilden – und dabei die hautnahe Konfrontation nach Möglichkeit vermeiden. Nur eine Minderheit will sich wirklich prügeln. Viele bleiben nur eine Saison, springen wieder ab, wenn es sie zum ersten Mal erwischt oder sie merken, daß die Polizei ernsthaft zur Sache geht.

Gefährlicher sind die, die sehr schnell sehr hoch hinauswollen, die sich beweisen, die Aufmerksamkeit der ersten Reihe auf sich lenken wollen. Gefährlich sind die, die nicht gelernt haben, zwischen Film und Realität zu unterscheiden. Oder denen es egal ist, ob einer für immer liegenbleibt. Da es ihnen zudem oft noch an Körperkraft und Erfahrung mangelt, gleichen sie das durch Waffen aus, die ihnen ein trügerisches Gefühl von Sicherheit geben, die Angst zurückdrängen sollen. Der über die Jahre ritualisierte Ehrenkodex der Älteren, nach dem alles andere als ein unbewaffneter Kampf Mann gegen Mann im allgemeinen verpönt ist, ist ihnen fremd. Mangelndes Selbstbewußtsein vertuschen sie durch Amphetamine und möglichst krasse Sprüche, die fehlenden Körpersäfte durch „ein bißchen schmutziges Zwanzig-gegen-einen".

Liegt ein Gegner erst einmal am Boden – von einem „Guten" gefällt –, traut sich auch der „Lutscher“ aus der letzten Reihe heran, um noch mal nachzutreten, um – hoffentlich gucken gerade viele hin – auch etwas getan zu haben. Behält der eigene Mob eindeutig das Oberwasser, stürmt auch der Mitläuferpulk mutig mit voran. Doch sobald die Situation brenzlig aussieht, zu kippen droht, kann es passieren, daß der stolze Dreihundert-Mann-Mob plötzlich auf ein Dutzend zusammenschrumpft, das unter Umständen ganz schön blaß aussieht, wenn der Gegner kommt. So sind nicht alle Alt-Hooligans glücklich über den Mode-Boom, auch wenn sie natürlich wissen, daß die Masse überhaupt erst ihr Hooligan-Dasein ermöglicht.

„Ohne Mitläufer wär' nichts los, 'ne gewisse Masse muß erst mal da sein, sonst passiert gar nichts. Bei zwanzig Mann hätten zehn Bullen die Sache im Griff.“ Die „Verrückten aus der ersten Reihe“ brauchen die Masse, in der sie hin- und hertauchen wie einzelne Fische im großen Schwarm, um blitzschnell nach vorne zu stoßen, wenn Gegner in Sicht kommen. Die „Guten“ kennen sich seit Jahren, müssen nicht lange reden, um sich zu verständigen, behalten den Überblick auch und gerade in heißen Situationen. „Ich bin kein Rädelsführer, um Himmelswillen, aber der Nachwuchs orientiert sich halt an mir. Die wissen, ich hab' mehr Erfahrung, alle brenzligen Situationen schon erlebt, kenn' die Orte. Wenn du in der ersten Reihe stehst, mußt du dir schon 'n Kopp machen, daß du die Leute nicht ins Messer laufen läßt.“

Die „Guten“ zeichnen sich nicht nur und unbedingt dadurch aus, daß sie am kräftigsten zuschlagen und keiner Prügelei aus dem Weg gehen. Klar, für sie gilt natürlich die alte Kapitänsmoral ganz besonders streng: Ein „Guter“, der als erster wegrennt oder vor einer halbwegs realistisch mit einem Sieg zu beendenden Konfrontation kneift, sieht sich noch Monate danach mindestens beißendem Spott ausgesetzt. Doch genauso wichtig wie Körperkraft sind andere Eigenschaften: Zuverlässigkeit, kameradschaftliches Verhalten, Witz und verbale Schlagfertigkeit, Organisationstalent und natürlich langjährige Zugehörigkeit zur Szene.

Niemand (nun ja: fast niemand) steht darauf, zusammengeschlagen zu werden, auch Hooligans nicht. Und doch begeben sie sich regelmäßig und freiwillig genau in solche Situationen, wo die Chance fifty-fifty steht, daß es sie erwischt.

Die meisten Kampfsportarten sind im Straßenkampf nicht zu gebrauchen. Auch eine römische Statur nutzt bei einer Übermacht an Gegnern wenig. Ein Hooligan, der behauptet, er habe nie Angst, ist unehrlich oder verrückt (und sehr oft ein „Poser", nichts als ein großmäuliger Statist). Hooligan zu sein heißt, regelmäßig Angst zu haben. „Wenn du siehst, da kommt die Meute auf dich zu – das ist der entscheidende Moment. Wenn du dich – trotz der Muffe, die du in dem Augenblick hast – nicht umdrehst, sondern draufgehst..." – Hooligan sein heißt auch, sich dieser Angst zu stellen.

Tausende stehen alljährlich Schlange für das schale Privileg, einmal, nur mit einem Gummiband gesichert, von einem Turm hinab in die Tiefe springen zu dürfen. Achtzehn Jugendliche kamen in den 90er Jahren bei dem Versuch ums Leben, während der Fahrt den S-Bahn-Waggon zu wechseln. Reinhold Messner erholte sich noch von einer Expedition, die er nur knapp überlebt hatte, als er bereits ein neues, noch waghalsigeres Unternehmen der Öffentlichkeit vorstellte. Es geht um Grenzerfahrungen. Um Abenteuer, reale Abenteuer ohne Joystick. Um Ausbruchsversuche aus einer high-technisierten Welt, in der körperliches Agieren überflüssig erscheint oder gar unangenehm auffällt. Hooliganismus ist auch ein Versuch, mal wieder zu spüren, daß man noch lebt.

Grenzwelten

„Die Samurai wußten, daß Angst der Anfang einer – meist tödlichen – Niederlage im Kampf war. Das Wichtigste für sie war es, die Angst zu verlieren. Sie übten dieses Umgehen mit der Angst, indem sie sich laufend Situationen stellten, vor denen sie sich fürchteten."

Hans-Peter Rentzsch, Verkaufs- und Managementtrainer, a. a. O.

Vierter Irrtum: Hooligans sind im normalen Leben besondere Problemkinder – sozial deklassierte, psychisch angeknackste Frustbolzen.

Sicherlich ist Hooliganismus ein Ventil zum Abbau von Aggressionen. Sicherlich sind militante Jugendbewegungen – mit Ausnahme der primär politisch motivierten Mittelschichtkinder der autonomen Szene – meist proletarische Vergnügungen. Doch die Hooligan-Szene stellt tendenziell eine Ausnahme von dieser Regel dar. Man begegnet in ihr allen sozialen Schichten, Bildungsabschlüssen und Berufsbranchen, sogar Polizeibeamten, Rechtsanwälten,

Chirurgen. Hooligans sind weder Aussteiger noch Ausgegrenzte. Sie sind, im Gegenteil, nicht selten „äußerst ehrgeizige, ökonomisch denkende Leistungsträger dieser Gesellschaft, junge Männer mit ausgeprägtem Organisationstalent und hoher Kommunikationskompetenz, sprich mit eindeutigen Managementqualifikationen" (Joachim Kersten). Hooligans leiden nicht unter individuellen Extremlagen, sondern an den normalen pathologischen Alltagsstrukturen. Während die meisten Menschen schlucken, depressiv werden oder ihre Familien terrorisieren, entladen Hooligans den Druck in einer gewaltigen Explosion offensiv am Wochenende.

Schlenne (29, Klempner): „Mein anderes Leben läuft so scheißnormal ab. Und hier bin ich eben anders, hier kann ich mal raus aus diesen Zwängen, die die ganze Woche von mir verlangt werden, hier bin ich mal nicht der Angepaßte, hier laß ich mal die Sau raus, schrei mal alles raus, was mir nicht paßt."

Frank (26, selbständig): „Für mich macht es schon viel aus, wenn ich am Wochenende mit meinen Kumpels quatschen kann, wie ich will. Bei der Arbeit muß ich schön hochdeutsch quatschen, immer schön sauber und überlegen, was ich denke. Am Wochenende kann ich mir auch mal 'nen Versprecher leisten und meinen Dialekt anwenden, mit dem ich aufgewachsen bin. Das ist für mich auch schon 'ne Befreiung."

Schlenne: „Manchmal im Leben, gerade auf der Arbeit, bist du ja doch das feige kleine Arschloch und hast dem Chef doch nicht die Meinung gesagt. Aber irgendwo in deinem Leben willst du die Grenzen, die dir gesteckt sind und die du auch einhältst, sprengen. Im normalen Leben steckt man meistens was ein, und als Hooligan, da teilt man endlich mal aus."

Hooliganismus ist eine männliche Form zivilen Ungehorsams, eine nichtpolitische Rebellion gegen die sinnlose Autorität des Alltags, ein Versuch, die von montags bis freitags aufgezwungene Rolle abzustoßen, aus dem langweiligen, abstumpfenden Spießerdasein auszubrechen – wenigstens für ein paar Stunden.

„Jeder, auch die Polizei, ist machtlos gegen eine große Zahl Menschen, die beschlossen haben, ‚keinerlei' Regeln zu befolgen", notiert Bill Buford in seiner Buchreportage über die Rabauken-Szene auf der Insel. „Gegen große Zahlen gibt es keine Gesetze." Schwarzfahren bleibt ebenso risikolos wie Ladendiebstahl. Denn was soll

Die 7 Wege des Hooligans[98]

1. **Furchtlosigkeit:** Hooligans haben keine Furcht vor Mißerfolgen oder Ablehnungen. Sie stellen sich ihren Ängsten und tun genau das, wovor sie sich fürchten. Sie wissen, daß sie dadurch ihre Ängste besiegen.
2. **Konsequenz:** Hooligans setzen sich Ziele und akzeptieren im voraus alle Konsequenzen ihrer Handlungen. Sie lassen sich durch nichts von ihrem Weg abbringen.
3. **Gelassenheit:** Hooligans sind versiert und fit auf ihrem Gebiet. Sie wissen, um zu gewinnen, müssen sie im Kopf völlig frei von Emotionen und Vorbehalten sein.
4. **Geordnete Flexibilität:** Hooligans haben eine Strategie, gehen aber innerhalb dieser Strategie voll auf die Bedürfnisse des Kunden ein. Sie wirken locker und entspannt, aber ihr Geist ist hellwach.
5. **Achtsamkeit:** Hooligans wissen, daß nur der Augenblick in der Gegenwart zählt. Sie achten darauf, daß sie mehr im Yin (Zuhören, Denken, Moral) als im Yang (Reden, Handeln, Reagieren) leben.
6. **Loyalität:** Hooligans wissen, daß sie nichts im Leben ohne die Hilfe anderer erreichen können. Sie sind loyal zu ihren Kollegen.
7. **Innere Kraft:** Hooligans haben eine starke Ausstrahlung (Charisma). Sie sorgen laufend durch den Wechsel von vollem Einsatz und tiefer Entspannung für den Austausch von gesunder Energie, dem sogenannten Ki.

ein Tankstellenbesitzer schon großartig machen, wenn plötzlich ein zwanzigköpfiger Pulk den Laden stürmt, die Regale ausräumt und schon wieder draußen ist, bevor er richtig glauben kann, was er gerade erlebt hat?

Im Mob werden Kinderträume wahr. Für wenige Stunden sind scheinbar alle Normen bürgerlichen Anstandes und Gesetzbuches außer Kraft gesetzt. Du wolltest diesen spießigen „Stinos“ schon immer mal zeigen, was du von ihnen hältst? Bitte! Kein Problem! Tu es! Jetzt! – Du wolltest schon immer mal auf die Rosenbeete deines Nachbarn pissen? Bitte! Nimm gleich diese hier auf dem Bahnhofsvorplatz. Mach es! Vor aller Augen! Dir kann nichts passieren. In der Masse bist du anonym. Vergiß alles, was man dir in den letzten Jahren eingetrichtert hat. Du bist jetzt, zumindest für diesen einen Moment, kein liebevoller Vater, Ehemann, verantwortungsbewußter Mitbürger, kuschender Arbeitsuntertan. Du bist wieder jung. Unverantwortlich jung. Hooliganismus ist ein Versuch, die Jugendzeit festzuhalten, den Übergang zum Stammtischrabauken und Fernsehsessel-Django hinauszuzögern.

Du darfst alles – wir schützen dich! Wir halten zusammen! Gemeinsam sind wir stark! Nur gemeinsam! „Zu DDR-Zeiten waren wir 500 Mann in Leipzig, und vorm Stadion haben 5.000 Sachsen getobt. Da sind wir mit 500 Mann auf die raufgerannt, und du hast bloß noch 'ne Staubwolke gesehen. Weil die keinen Zusammenhalt haben." – „Zusammenhalt", „Kameradschaft", „Freundschaft" sind Worte, die immer wieder fallen, wenn Hooligans ihre Zugehörigkeit zur Szene begründen. Hooliganismus ist auch ein Versuch, das zwischenmenschliche Single-Dasein, die negativen Folgen der großstädtischen Individualisierung abzufedern, der autistischen Gleichgültigkeit ein – zumindest am Wochenende – emotional hochbesetztes Gemeinschaftsgefühl entgegenzusetzen.

Ein Versuch, der letztendlich zum Scheitern verurteilt ist. Seitdem die Polizei die Fußballrandalisten aufgrund des politisch-publizistischen Drucks aus den Stadien trieb (so hatten in der Saison 1998/99 743 Hooligans bundesweites Stadionverbot) und damit zu innerstädtisch agierenden Gewaltprofis ausbildete, sind zentrale Bestandteile der alten Fußballfankultur – vor allem das gemeinsame, feuchtfröhliche Anreisen im großen Mob und das identitätsstiftende Club-Outfit – nicht mehr möglich. Die Abschottung der Hooligans auch gegenüber anderen Fans, ihr oft arrogantes Selbstbewußtsein als „Fußballelite Deutschlands", hat dazu geführt, daß vor allem Jüngere auf Distanz blieben und sich andere Szene-Zusammenhänge schufen.

So halbierte sich die Zahl der Hooligans in Deutschland nach Beobachtungen der Polizei von etwa 14.000 in der Saison 1991/92 auf maximal 7.000 in der Saison 1998/99 (jeweils inklusive der nur „gelegentlich gewalttätigen" Fans; die aktuelle Datei der Polizei mit den „ganz Harten" sog. Kategorie-C-Hooligans enthält nur 3.200 Personen) – trotz steigender Zuschauerzahlen. Den wenigen tausend Hooligans stehen heute in der Ersten und Zweiten Bundesliga 5.600 offiziell registrierte und von den Vereinen anerkannte Fanclubs mit etwa 200.000 meist jüngeren Mitgliedern gegenüber, die sich fast ausnahmslos von Hooligans distanzieren. Auch die ursprünglich aus Italien stammenden „Ultras" gewinnen mit ihren grandiosen Fußballballett-Inszenierungen im Stadionrund inzwischen deutlich mehr Anhänger. Während auf den Straßen Deutschlands immer mehr junge Männer in „Hooligan-", „Pitbull-" oder „Troublemaker"-T-Shirts auftauchen, die vermutlich niemals ein Fußballstadion von innen gesehen haben, sind die realen Hooligans eine langsam aussterbende Art.

In der Regel gilt: Je stärker eine Subkultur von außen stigmatisiert und ausgegrenzt wird, desto schärfer bewachen auch die (Kern-) Szene-Angehörigen ihre Grenzen, desto schwieriger wird es Sympathisanten gemacht, in die Szene einzusteigen, aber auch bereits Szene-Angehörigen, diese wieder zu verlassen. Und umgekehrt: Je größer eine Szene und ihre gesellschaftliche Akzeptanz wird, desto offener werden auch ihre Grenzen – bis mitunter die Konturen des ursprünglichen Stils unter dem Andrang der Sympathisanten aus dem Mainstream so sehr verwischen, daß sie für Außenstehende kaum noch wahrnehmbar sind – siehe Techno und Fußballfans ab Mitte der 90er Jahre. „In der Regel gilt: Kleine subkulturelle Szenen (Punks, Skins, Rechte, Linke etc.) funktionieren eher nach dem Entweder-Oder-Prinzip der klassischen Institutionen, die großen Mainstream-Fun-Kulturen wie Snowboarder, Mountainbiker, Beachvolleyballer, Streetballer, HipHopper oder Technos sind offen und durchlässig für die sogenannten Szene-Surfer, also für den Haupttypus des postmodernen Jugendlichen, der sich nicht festlegen lassen will, der eigentlich immer unterwegs ist, der mehrere Heimaten gleichzeitig hat, der Gegensätze virtuos unter einen Identitätshut bringt, der mehrere Szenecodes beherrscht und damit z. B. am Montag Snowboarder, am Dienstag Techno-Freak, am Mittwoch Computerspieler und am Sonntag Junger Christ sein kann“ (Heinzlmaier, a. a. O., S. 36f.). Und damit finden alle Kategorisierungsversuche von Medien, Industrie, Pädagogik und Wissenschaft – ihr wohlverdientes Ende.

Neonazis

> „Meine Pädagogik ist hart. Das Schwache muß weggehämmert werden. Eine gewalttätige, herrische, unerschrockene, grausame Jugend will ich. Es darf nichts Schwaches und Zärtliches an ihr sein. Das freie, herrliche Raubtier muß wieder aus ihren Augen blitzen ..."
>
> *Adolf Hitler*[99]

Keine andere Jugendkultur erreichte in den letzten zwölf Jahren eine so hohe öffentliche Aufmerksamkeit wie die Rechtsextremen. Postpubertäre Pickelknaben bramarbasierten zur besten Sendezeit in ungelenkem Deutsch über ihre Strategien zur „Endlösung des Ausländerproblems"; Amateurmusiker, die noch nicht einmal gelernt hatten, ihre Gitarren zu stimmen, durften *Spiegel*-Redakteuren die Welt erklären; sogar der Bundeskanzler und sein Innenminister gingen auf die Straße, um gegen einen Teil ihrer Jugend zu demonstrieren; und ein von einer Handvoll rechtsextremer Studenten ausgedachter Propagandabegriff zog – ein deutlicher Punktsieg vor „Leitkultur" – als „Unwort des Jahres" in den Sprachschatz der Deutschen ein.

Wenn man sich die Tausende und Abertausende von Beiträgen, die Jahr für Jahr über dieses Phänomen publiziert wurden, einmal komprimiert ansieht, entsteht unweigerlich der Eindruck, bei den jungen Rechtsextremisten handele es sich um Aliens, die eines Tages überraschend im Osten unseres Landes auftauchten, um sich bald danach, ausgerüstet mit fürchterlichen neuartigen Waffen (Rechtsrock, Internet), wie eine Flutwelle über das ganze Land zu ergießen, offenbar in der vorrangigen Absicht, Deutschland international in Mißkredit zu bringen. Im Juni 2000 geschah schließlich, was H. G. Wells bereits 1898 prophezeite: „Erst wenn die Menschheit von Wesen von anderen Planeten aus dem fernen Weltraum angegriffen wird, vereinigen sich die Völker." Der „Aufstand der Anständigen" begann, den braunen Spuk wieder zu vertreiben. Polizeibeauftragte initiierten „Runde Tische" gegen Gewalt, sogar CDU-Abgeordnete traten Bündnissen „gegen Rechtsextremismus, Fremdenfeindlichkeit und Gewalt" bei, die Landesregierung von Nordrhein-Westfalen setzte eine Kopfprämie von 1,– DM pro EinwohnerIn für Maßnahmen gegen den Rechtsextremismus aus, und sogar Bayerns Innenminister Beckstein versprach Michel Friedman vor laufenden

Kameras, seine Forderung nach einer deutschen „Leitkultur" zukünftig sensibler zu verbreiten.

Dabei beschreibt die letztlich aus politischer Konformität doch nicht zum „Unwort des Jahres 2000" gekürte „Leitkultur" punktgenau wie kein anderer Begriff die Geschäftsgrundlage der rechtsextremen Alltagskultur, die sich stets der fließenden Übergänge zwischen militantem Neonazitum und bürgerlicher Wohlanständigkeit sicher sein konnte. Anders – und daher kaum vergleichbar – als die linksterroristischen Pfarrerskinder der RAF stilisierten sich militante Rechtsextremisten nur selten als Kämpfer gegen die Mehrheitsgesellschaft. Im Gegenteil: In der Regel sahen sie sich als Erfüllungsgehilfen einer Bevölkerung, die zwar zu phlegmatisch war, um selbst zur Tat zu schreiten, jedoch immer wieder nicht nur an Stammtischen und in Elternhäusern ihre klammheimliche Freude über die militanten Desperados kundtat. Sogar höchste Repräsentanten des Staates, vom Bundesinnenminister Friedrich Zimmermann – „Ein konfliktfreies Zusammenleben wird nur möglich sein, wenn die Zahl der Ausländer bei uns begrenzt und langfristig vermindert wird, was vor allem die großen Volksgruppen (Türken) betrifft" – im Mai 1983[100] bis zum Kanzlerkandidaten Edmund Stoiber – „Wir wollen nicht, daß sich hier Lebensformen etablieren, die nicht deutsch sind, wo man nicht unsere Bräuche pflegt" (in: *Stern* 2/1999) –, sandten eindeutige Auftragssignale aus: Ausländer raus!

„Die Brandstifter haben Signale aus ihrer heimischen Umgebung empfangen, viele versteckte Aufmunterungen und nur diffuse Entmutigungen, auch nach dem Anschlag", berichten Jörg Bergmann und Claus Leggewie, die in ihrer *Kursbuch*-Reportage „Die Täter sind unter uns" den konkreten Fall eines Brandanschlages auf ein Asylbewerberheim nachzeichneten und dabei anders als die Mehrzahl der journalistischen Berichterstatter sehr genau beobachteten und nachfragten. „Aus den Gesprächen zu Hause, in den Läden und Gaststätten wußten sie, daß die Einrichtung des Asylbewerberheims nicht gut gelitten war. Sie hörten die Milchmädchenrechnungen der Bewohner, wonach jede Mark, die für die Asylanten draufging, uns, den Einheimischen, fehlen wird. Vor allem sahen sie die bitteren Gesichter, wenn solche Sätze fielen. Sie spürten die Entschlossenheit der Unterschriftenaktion und der Ressentiments, die dahinter lauerten, auch gegen die Befürworter der Flüchtlinge und später gegen die Betroffenheit der Nachtwachen, die als Nestbeschmutzung aufgefaßt wurde. Eine schwelende Wut schien sich ein Ventil zu suchen."[101]

Fremde Täter

WissenschaftlerInnen und JournalistInnen haben bei ihren Versuchen, Erklärungen für die rechtsextreme Gewaltexplosion zu finden, immer wieder auf extreme Defizite in der sozialen Lage oder individuellen Biographie der Täter verwiesen: Arbeitslosigkeit, fehlende Väter, die antiautoritäre Erziehung des Westens, die autoritäre Erziehung des Ostens u. v. m. – aus der ordentlichen Bahn des Lebens geworfene Schicksalskinder und marginalisierte Randgruppenangehörige suchten eben ihr Heil in rechtsextremistischen Gewaltkulten wie denen der Hooligans, Skinheads oder NPD-gelenkten Kameradschaften, wo sie mit Hilfe von Rechtsrock, Internet-Angeboten und anderen Propagandamitteln weiter aufgerüstet und so lange hochgepusht würden, bis die Explosion in einer grauenvollen Tat quasi zwangsläufig erfolgen mußte. Die Attraktivität dieses Erklärungsansatzes ist offensichtlich: Die Täter sind anhand weniger Kriterien eindeutig zu kategorisieren und vor allem von der Bevölkerungsmehrheit klar zu unterscheiden. Aus „unseren Kindern" werden Fremde. „Nein, bei uns ist das nicht so schlimm", höre ich immer wieder bei Vorträgen auf meine Frage nach rechtsextremistischen und rassistischen Tendenzen in einer bestimmten Schule oder einem Betrieb. „Wir haben hier keine Skinheads."

Praktisch wäre es ja schon, könnte man die Täter so eindeutig anhand optischer Merkmale, der Zugehörigkeit zu bestimmten Jugendsubkulturen oder Parteien und biographischer Extremlagen identifizieren. Doch leider fügt sich die Realität nicht den beruhigenden Hypothesen. „Die meisten aktenkundig gewordenen Fälle sind Auszubildende und Facharbeiter, Schüler und Wehrpflichtige, die wenigsten waren zur Tatzeit arbeitslos. Familienkatastrophen, durch problematische Trennung der Eltern oder Alleinerziehung indiziert, sind bei den Tätern nicht überproportional anzutreffen", zitieren Bergmann/Leggewie eine Untersuchung der Gerichts- und Ermittlungsakten von über 1.400 Fällen (a. a. O., S. 33). „Weder pathologische Einzelfälle noch eine fehlgegangene, nach rechts verrutschte Arbeitslosenrevolte lassen sich belegen. Vielmehr muß man

NPD-Aufmarsch mit dem Motto „Solidarität mit Österreich“, Berlin 2000

die auffällige Normalität der Lebensläufe und die Zugehörigkeit der Täter zum gesellschaftsweiten Mittelstand konstatieren. Die meisten Täter stammten ‚aus gutbürgerlichem Milieu‘ und seien nie zuvor ‚aufgefallen‘, stellen Kriminologen und Staatsschützer erstaunt fest“ (Bergmann/Leggewie, a. a. O., S. 10f.). 80 bis 90 Prozent der Tatverdächtigen mit rechtsextremistischem bzw. rassistischem Hintergrund, bestätigten Untersuchungen der Polizei seit Anfang der neunziger Jahre immer wieder, seien bis zur Tat unauffällige Nachbarsjungen, Mitschüler usw. ohne Verbindungen zur organisierten Neonazi- oder rechten Skinheadszene gewesen.

Die Taten selbst geschahen fast immer in kleinen Gruppen und aus einer Ad-hoc-Situation heraus, spontan und doch nicht zufällig: Die Opfer waren stets Fremde (das heißt: nicht der türkische oder rußlanddeutsche Mitschüler und auch nicht der blaßhäutige schwedische oder australische Einwanderer), vor allem aufgrund von Haut- und Haarfarbe identifizierte vermeintliche „Ausländer“, aber auch Bunthaarige, „Homosexuelle“, „Intellektuelle“ und im Osten zudem „Wessis“. Die Opfer waren wie die Täter überwiegend männlich und standen auf der Leiter der sozialen Hierarchie zumeist noch einige Stufen unter den Tätern. War die Diskrepanz zwischen den Vorstellungen der Täter über deutsche Tugenden und Ideale und der Realität der potentiellen Opfer sehr groß, konnten auch eindeutig als Deutschstämmige identifizierbare schwache Männer Opfer von Übergriffen werden, zum Beispiel Obdachlose, Alkohol- und Drogenabhängige. Die Tritte nach unten – gegen Menschen, die angeblich gegenüber den Tätern bevorzugt wurden, ihnen etwas wegnahmen, staatliche Unterstützung erhielten, obwohl sie es sich nicht verdient hatten, die sich aus unerklärlichen Gründen Konsumgüter leisten konnten, die die Täter nicht hatten, aber auch gegen gestrauchelte Deutsche, Arbeitslose und Alkoholiker, die den Tätern ihre eigene potentielle Zukunft vor Augen führten – dienten nicht nur der (weiteren) Erniedrigung der Opfer (und damit der Vergrößerung ihres Abstandes zu den Tätern), sondern auch der Integration der Täter in eine imaginierte monokulturelle Volksgemeinschaft. Wenn Neonazis nach unten treten, zielen sie immer auch auf die Anerkennung ihrer heroischen Tat durch die Mitte. Der Traumberuf des Neonazi ist nicht Revolutionär, sondern Polizeibeamter, Bundesgrenzschützer oder Berufssoldat.

Die Angst vor dem Kontrollverlust

Sicherlich gibt es auch diese ideologisch sattelfesten, belesenen, intellektuell anspruchsvolleren Neo-Nationalsozialisten, die ihre gesamte Existenz dem politischen Kampf unterstellen, die nicht nur wissen, gegen wen, sondern auch, wofür sie kämpfen, und deshalb gezielt den organisatorischen Zusammenschluß mit Gleichgesinnten suchen. Doch innerhalb der militanten, rechten Jugendsubkultur und ihrer Cliquen vor Ort stellen sie Ausnahmen dar. Den meisten genügt es zu wissen, wo sie stehen. Das Bedürfnis, ihre Position durch informationsgesättigte Argumentationsketten untermauern zu können, verspüren nur die wenigsten. Ihre Hauptquellen sind die gängigen bürgerlichen Medien, aus denen sie sich das heraussaugen, was ihre Meinung stützt: Schlagzeilen über „Ausländerkriminalität“ und „Asylbetrüger“, Politikerstatements zu dieser Frage. Manche lesen die *Nationalzeitung* des Dr. Gerhard Frey oder das NPD-Organ *Deutsche Stimme*, vielleicht jeder Zehnte bezieht einschlägige subkulturelle Schriften wie das gleichnamige Magazin der Rechtsrockorganisation *Blood & Honour*. Populär sind historische Werke über die Zeit des Dritten Reiches, besonders Heldenmythen über die Deutsche Wehrmacht und überhaupt militaristische Literatur. Die Schriften der intellektuell anspruchsvolleren Neuen Rechten kennen sie nicht, die umfassenden Ideologie- und Strategiedebatten zum Beispiel auf neonazistischen Homepages verfolgen sie nur am Rande. Kaum einer in dieser Szene hat zum Beispiel den im Internet frei verfügbaren Originaltext des Nationaldemokratischen Hochschulbundes zur Strategie der „national befreiten Zonen" gelesen.

Wie schon ihr Vorbild, die junge nationalsozialistische Bewegung der zwanziger und dreißiger Jahre, vor allem die SA, ist die militante Neonazi-Subkultur der Gegenwart weitgehend eine vorpolitische Bewegung der Ressentiments, nicht der politischen Strategie und Theorie. In den zumeist zehn bis zwanzig Angehörige umfassenden Cliquen der rechten Gewaltszene trifft man selten mehr als einen oder zwei primär politisch motivierte(n) Aktivisten. Die meisten begnügen sich mit einer simpleren Definition ihres Daseins: „Wir sind gegen die Ausländer, und die Zecken sind dafür." Der Rest ist Alltag.

„Was macht ihr eigentlich so in eurer Clique?"
„Ach, eigentlich nichts. Wir sitzen so 'rum, rauchen, trinken, hören Musik, deutsche Musik, reden halt über das, was einem gerade so passiert ist, in der Schule oder Streß auf der Arbeit, über die Kana ..., die Ausländer eben."
„Und sonst?"
„Nichts. Dann trinken wir eben noch 'n bißchen mehr, und ab und zu bringt auch einer mal ein rechtes Fanzine oder irgendwelche Zettel mit ..."
„Wird das nicht irgendwann langweilig?"
„Gibt ja sonst nichts."

Wie schon bei den „Eckenstehern" und anderen traditionellen, männlich geprägten Subkulturen scheint die hauptsächliche Aktivität vieler rechtsorientierter Cliquen die Nichtaktivität zu sein: das bloße, scheinbar sinnlose Abhängen tagein, tagaus in nur selten wechselnder Besetzung an immer demselben Ort. Doch ganz so sinn- und regellos, wie es dem zufälligen Betrachter erscheint, ist das nicht. Trifft man sich zum Beispiel draußen, so liegt der Stützpunkt der Clique zumeist gut sichtbar an einer Stelle, die möglichst viele Menschen passieren müssen – der Bahnhofsimbiß oder -vorplatz oder ein ande-

Aufmarsch der NPD und anderer rechtsextremer Gruppen am Völkerschlachtdenkmal, Leipzig, 1. Mai 1998

rer zentraler innerstädtischer Fußgängerknotenpunkt, eine Bushaltestelle in der Nähe einer für die Clique interessanten Schule, ein rundum von Mietshäusern eingeschlossener Kinderspielplatz, der Eingang zu einer Kaufhalle oder eine Tankstelle. Wichtig ist dabei das Sehen und Gesehenwerden. Sie zeigen Präsenz, locken die Aufmerksamkeit der Passanten auf sich, inszenieren sich selbst. Aber sie behalten auch den Überblick, das eigene Revier unter Kontrolle und können Überschreitungen der Grenzen ihres selbstgeschaffenen Freiraumes durch Fremde sofort ahnden. Die „national befreite Zone" reicht so weit wie ihre Augen und ihre Fäuste. Was jenseits ihres alltäglichen Reviers geschieht, interessiert sie nur selten, solange ihnen der Anblick von Fremden und Fremdem erspart bleibt.

Sie mögen keine Überraschungen, keine Neuerungen, die für sie häufig gleichbedeutend mit Chaos sind. Alles Unbekannte macht ihnen Angst, die sofort – Männer haben keine Angst – durch hyperaggressives Auftreten gebrochen wird. Souveränität nicht nur im Umgang mit dem Fremden, ein gelassenes Selbstbewußtsein, das auch ohne die Clique im Hintergrund vorhanden ist, individuelle Ich-Stärke sucht man hier vergebens.[102] So wie ihre Lieder keine persönlichen Geschichten zu erzählen wissen, so funktioniert die Neonazi-Szene insgesamt nur im Rudel. „Individualismus" ist ihnen verdächtig, hier herrscht das *Wir* des Kollektivs, der Kameradschaft, des Männerbundes. In der rechtsextremen Subkultur sammeln sich diejenigen, denen die individuelle Vielfalt, das weniger eindeutige, manchmal – siehe Gothics – sogar androgyne Männlichkeitsbild und die ständigen Innovationen im Stil anderer Jugendkulturen zuwider sind. Die Angst, einmal die Kontrolle zu verlieren, ist ihr ständiger Begleiter, und so überprüfen sie sich selbst und ihre Kameraden pausenlos auf Zeichen von Dissidenz. Da Fremdheit nach offiziöser Szene-Definition bereits mit dem Genuß eines Döner Kebab beginnt, schleichen sich viele Rechte heimlich in den türkischen Imbiß, immer in der Furcht, von einem Kameraden entdeckt zu werden.

Ständig auf der Suche nach (deutscher) Ordnung, ritualisieren und standardisieren sie geradezu zwanghaft ihren Alltag soweit wie möglich. Die Schnürsenkelfarben sind ebenso festgelegt (wenn auch regional unterschiedlich) wie der zulässige Musikgeschmack (keinen HipHop, keinen Reggae, keinen Soul). Kiffen ist „undeutsch" (muß also heimlich praktiziert werden), exzessiver Alkoholgebrauch dagegen ein Männlichkeitsbeweis. Wer neu zu einer Clique dazustößt, begrüßt die bereits Versammelten mit einem oft markig ausgestoßenen „Heil dir!", worauf die so Gegrüßten mit „Zum Sieg!" antworten; die Ausrufezeichen schweben dabei deutlich in der Luft. Ein fester Händedruck ist obligatorisch, man ist ja nicht schwul, auch wenn man eigentlich außer Deutschland nur die „Kameraden" richtig liebhat und Frauen außerhalb des Bettes eher als lästig empfindet. Bei „offiziellen" Kameradschaftsabenden herrscht zunächst ein Reglement wie in Tausenden von deutschen Vereinen, egal welcher Zielsetzung. Akribisch, häufig in der markigen Wortwahl voller Pathos fast schon wie eine böse Karikatur aus Kurt Tucholskys Feder wirkend, wird ein Tagesordnungspunkt nach dem anderen abgehakt, bis der Vorsitzende bzw. „Kameradschaftsführer" das befreiende Signal zum allgemeinen Umtrunk gibt.

Eine penible Ordnung zeichnet auch die Wohnungen vieler Neonazis aus; bevorzugt wird zudem ein Stil, den eher die Elterngenerationen vor 1968 pflegten, als hätte es die alltagsästhetische Revolution damals nie gegeben. Allerdings trifft man nicht selten auf das genaue Gegenteil: Wohnungen, die eher stinkenden Müllhaufen als

Neonazis in Halle, 1998

heimeligen Rückzugsorten gleichen. Michael Kühnens Obdachlosenasyl in Langen zählte ebenso dazu wie die besetzten Häuser in Berlin-Lichtenberg und Halle oder das ehemalige NPD-Fabrikgebäude am Stadtrand von Wurzen – Zeichen verwahrloster Jugend, realer Lebensunfähigkeit und häufig fortgeschrittener Alkoholsucht. Nirgendwo könnte der Kontrast zwischen den beschworenen deutschen Tugenden und der Realität größer sein als in diesen fraueñfreien Zonen deutscher Jungnazis.

Und Schuld daran, daß es soweit gekommen ist, haben immer andere. Auch der achtzehnjährige Rico, der gerade seinen dritten Job in zwei Jahren verlor, weil er sich nach seinen ausufernden Wochenendaktivitäten nur selten in der Lage fühlte, am Montagmorgen zur Arbeit zu erscheinen, weiß, daß „die Ausländer" ihm den Job weggenommen haben, „weil die billiger arbeiten als ich".

Vom Täter zum Opfer

Angehörige der Neonazi-Szene sehen sich bevorzugt als Opfer. „Geh ich durch die Straßen, spucken sie mich an / Beschimpfen meine Heimat, ich frag mich, was ich dafür kann / Sie machen auf mich Jagd, sie schlagen auf mich ein / Doch was ist falsch daran, ein Deutscher zu sein?"[103] Kriminalität – „Ausländerkriminalität" natürlich – ist eines ihrer Lieblingsthemen. Daß allein in den neunziger Jahren Hunderte Angehörige der Neonazi-Szene wegen rechtsradikaler Gewalttaten, aber auch „normaler" krimineller Delikte vom Bankraub über Vergewaltigung bis zum Drogenhandel verurteilt wurden und es selbst auf internen Veranstaltungen, zum Beispiel bei Rechtsrockkonzerten, immer wieder zu Diebstählen kommt, wird dabei mit erstaunlicher Verdrängungsleistung ausgeblendet. Auch hier trifft man wieder auf das typische Grundmuster der neonazistischen Ideenwelt: Jeder Mensch und jede Sache ist entweder gut oder böse, schwarz oder weiß; hier ist kein Millimeter Platz für Zwiespältigkeiten und Differenzierungen.

Der äußere Druck tut sein übriges, schweißt die Szene zusammen, verhindert in vielen Fällen auch den Ausstieg. Denn wer in diesen Zeiten die Szene verläßt, der kann nur ein Verräter sein ...

Dennoch ist die Fluktuation erstaunlich hoch. Manche werden einfach älter und merken eines Tages, daß die einstige Faszination der Subkultur nachgelassen hat und durch Langeweile ersetzt wurde. Manche geben dem Drängen ihrer Freundinnen nach, die meist – mangels Frauen dort – nicht aus der eigenen Szene stammen und die Männerkameradschaft häufig als Konkurrenz erleben. Ein sicherer Job (den man nicht riskieren will), das erste eigene Kind und die Alltagssorgen einer Familiengründung oder auch die Entdeckung einer spannenderen Subkultur sind weitere Ausstiegsmotive. Die Formel „Einmal Nazi, immer Nazi" stimmt nicht mehr. Menschen verändern sich – das gilt auch für Neonazis. Die Umsetzung des einmal gefaßten Entschlusses fällt allerdings vielen schwer. Wer bisher quasi jedes Wochenende mit den „Kameraden" verbracht hat, fällt nach dem Ausstieg zunächst einmal in ein tiefes Loch.

Das wissen auch die anderen, die in der Szene Verbleibenden. Und manche verstricken sich deshalb bewußt immer tiefer in der Szene, um sich selbst vor dem Sprung in das Vakuum der Orientierungslosigkeit zu schützen. Ständig unter dem Druck, die Wirklichkeit aus der eigenen imaginierten Parallelwelt herauszuhalten, verwandeln sich manche in tickende Zeitbomben. Sie müßten dringend entschärft werden. Doch wer sollte das tun?

E-Mail von Klaus Farin an Prof. Dr. Ansgar Klein – Berlin, den 28.11.2006
betr.: Ihre Anfrage vom 26.10. nach einem Beitrag für Ihre „Visionswerkstatt" zum Thema „Jugend zwischen Kommerz & Politik im 21. Jahrhundert" für das 75. *Forschungsjournal Neue Bewegungen.*

Sehr verehrter Prof. Dr. Klein,

Ihr Angebot zur Teilnahme an Ihrem engagierten Vorhaben ehrt mich sehr, doch leider muß ich Ihnen heute absagen. Nicht etwa aus mangelnder Motivation oder Zeit, sondern allein aus inhaltlichen Gründen. Ihr Anliegen einer „Vorhersage" zur Zukunft der Neuen Bewegungen im Jugendsektor seriös zu erfüllen ist schlicht nicht möglich. „Die Zukunft wird bestimmt werden durch präfigurative Kulturen und Kinder, von denen wir nichts wissen", prophezeite Dieter Baacke (Margaret Mead zitierend) bereits in den 70er Jahren des letzten Jahrhunderts. „Sie werden dermaßen anders sein, daß jeglicher Strukturalismus zuschanden wird. Damit verschwindet Geschichte als Dimension überindividueller Zeitlichkeit: In diesem Sinne müssen wir erkennen, daß wir keine Nachkommen haben" (Baacke 1972, S. 187f.).

Sogar professionelle Futurologen blamieren sich zumeist kräftig, wenn sie sich über kurzfristige Extrapolationen der Gegenwart hinauswagen. Als Science-fiction-Fan und -Kenner wissen Sie, daß es auch SF-AutorInnen nicht besser ergeht, wenn sie – sicherlich genre-bedingt – vergessen, daß ihre ehrenwerteste Aufgabe und ihr großes Talent in der Entschleierung *gegenwärtiger* Mißstände und Risikofaktoren liegen. Natürlich können Ihnen Ökologen sehr genau den Grad der Umweltvergiftung in zehn Jahren beschreiben, die Demographie liefert Ihnen gerne „hard facts" über die Entwicklung der Bevölkerungsstrukturen sogar bis ins übernächste Jahrzehnt hinein. Doch in bezug auf die Software – wie werden sich Menschen im Jahre X *verhalten*, was werden sie *denken*, an welchen Normen- und Werteprogrammen werden sie sich orientieren? – muß ich Ihnen leider mitteilen: Prognosen gesamtgesellschaftlicher Trends dieser Art sind einfach nicht machbar, liegen fast immer fundamental daneben und dienten auch schon im letzten Jahrhundert weniger dem Aufspüren zukünftiger Entwicklungen als der lukrativen Vermarktung und Promotion der eigenen Produkte und Person. Gönnen Sie sich einmal das Vergnügen, und lesen Sie die in Antiquariaten und Bibliotheken sicherlich noch erhältlichen Prognosen nach, die zum Beispiel Boulevard-Wissenschaftler wie Norbert Bolz oder „Trend-Gurus" (sprich: Übersetzer US-amerikanischer Zeitschriften) wie Matthias Horx und ähnliche Dummschwätzer in den neunziger Jahren des letzten Jahrhunderts hierzulande verbreiteten, und Sie werden verstehen, was ich meine. Wer glaubt, um bei dem mir angetragenen Thema Jugend zu bleiben, 18 Millionen Menschen (allein in Deutschland) verschiedenartigster Herkunftsländer, Kulturen, Szenen, sozialer Milieus und nicht zuletzt Geschlechter auf einen gemeinsamen Nenner oder in eine Generationsschublade packen und diesen monolithischen Block auch noch ohne Realitätsverlust in die Zukunft transferieren zu können, offenbart damit nicht mehr als seine eigene Distanz zum Objekt der Begierde sowie ein sicheres merkantiles Gespür dafür, daß sich in der heutigen, medien-beherrschten Welt versimplifizierte Verallgemeinerungen und im wissenschaftlichen Gewand daherkommende Kaffeesatzanalysen besser vermarkten lassen als exakte und daher widersprüchliche Beobachtungen und Extrapolationen der Realität. Dort jedenfalls gibt es die „Generation Z" heute ebensowenig wie die „Generation X" oder „@", „Die 68er" und ähnliche Marketing-Erfindungen im letzten Jahrhundert.

Mit den differenzierten Lebenswelten von Jugendlichen im 21. Jahrhundert haben solche Schubladisierungsversuche von universitären Schreibtischforschern und kommerziellen Marktschreiern der jugendabhängigen Industrien nichts gemein. Sie wissen sicherlich, daß schon heute in Deutschland mehr als 600 lebende Jugendkulturen, sog. *artificial tribes*, existieren, viele davon natürlich selbst von der Industrie erfunden (wie „Streetball", copyright bei *adidas*, oder „Boarder-Skating", copyright bei *Goldies Royal Headz DLX*), und daß Jugendliche heute zwischen dem 11. und 19. Lebensjahr (formal sind sie damit natürlich seit der Herabsetzung der Volljährigkeit auf 16 Jahre keine „Jugendlichen" mehr) im Schnitt sechs bis acht dieser Kulturen durchlaufen und häufig sogar zwei oder drei Jugendkulturen und -szenen parallel angehören. Überhaupt: Ist Ihnen nicht auch schon einmal aufgefallen, daß die Jugendlichen des 21. Jahrhunderts wahre Sampling-Genies sind: An einem Tag sitzen sie in Billigklamotten aus den Ramschabteilungen der Massen-Kaufhäuser bei McDonalds herum, um zu miserabler Mainstream-Musik aus der *MTV*-Teenagerabteilung fetttriefende Burger von Plastetellern zu verschlingen, und am nächsten Tag speisen sie im teuersten Haubenlokal der Metropolis, gewandet in feinstem Streetwear-Zwirn von Helly Hanson oder Hilfiger, oder sie laden sich spontan per Netz ein Dutzend Freunde und Freundinnen ein und investieren ein ganzes Monatssalär Euros, um diese mit auserlesenem, im Labor mit antioxidativen Vitaminen angereichertem Convenience-Food aus garantiert biologischem Anbau zu bewirten. An einem Wochenende sammeln sie sich überall im Lande zu Tausenden auf Schlager-Punk-Memory-Partys, um sich im schreienden Papageien-Outfit zu nicht enden wollenden „Hossa"- und „Eisgekühlter Bommerlunder"-Chören zu vereinen, am nächsten verbringen sie zehn, zwölf, fünfzehn Stunden in konzentrierten Zwei- bis Vier-Personen-Cliquen vor ihren Decks, um übers Netz in Tierversuchslabore und militärische Anlagen einzudringen und unersetzliches Datenmaterial zu vernichten oder in die Datenströme der größten News-Agenturen subversiv-ironische Fakes einzustreuen. Wie, frage ich mich, sollte es möglich sein, diese chaotische Vielfalt auf *eine* Zukunftsprognose zu dezimieren?

Mag sein, daß dies noch Ende des letzten Jahrhunderts möglich war, zumal die Jugend in der Phase der Stagnation (1991–99) ohnehin ein gemeinsames, generationsübergreifendes Hauptproblem kannte: Massenarbeitslosigkeit. Doch die Eindämmung der Arbeitslosenzahlen von 6,1 Millionen (inklusive die Statistiken verschleiernde und formal entlastende kurzzeitige Warteschleifen- und Ausgrenzungsmaßnahmen) im Dezember 1999 auf unter zwei Millionen Menschen ab Mai 2003 änderte vieles, setzte bekanntlich eine enorme Welle bis dahin brachliegender Ressourcen frei. Sicherlich keine große Überraschung, verdankt doch sogar die heutige Regierungspartei Die Grünen einem solchen Prozeß überhaupt ihre Existenz: Erst wenn die materiellen Werte sicher scheinen, richten die Menschen ihre Energien auf postmaterielle Werte und Themen – Umweltschutz, die faire Verteilung von Reichtum in der Welt, Gewalt, Rassismus und die Kriege der Herrschenden standen auf der Themen-Agenda vor allem der Jugendlichen plötzlich wieder ganz oben. Menschenrechtsgruppen und UmweltschützerInnen führen unzweifelhaft die Sympathieskalen der 13- bis 19jährigen von heute an, während Neonazis und andere Gewalttäter noch nie so sehr verhaßt waren (was die etwa 60.000 gewaltbereiten und oft -tätigen Rassisten und Neonazis der im Zuge des NPD-Verbotsprozesses gegründeten Neuen Sozial-Darwinistischen Bewegung/NSDAB natürlich nicht daran hindert, ihr schmutziges Handwerk zu tun). Organisationen wie amnesty international, Greenpeace, Fair Trade und die im Jahre 2002 von Joe Strummer und Stefan Kretzschmar initiierte Stars World Aid erreichen heute unter Jugendlichen eine größere Anerkennung als Fußballvereine und Fanclubs. Zwei von drei Jugendlichen bekannten immerhin in der neuen Shell-Studie „Jugend 2006“: „Ich würde mich gerne in meinem Freundeskreis für eine wichtige Sache engagieren ...“

Doch sie tun es nicht, behaupten nun wieder Politiker und weisen darauf hin, daß ihre Parteien – und zwar unterschiedslos alle – im Jugendsektor zu quantitativ kaum noch zählenswerten Sekten marginalisiert wurden. Ähnlich niederschmetternd sehen auch die Mitgliedszahlen der Gewerkschaften, der Kirchen und anderer traditioneller Jugendverbände aus. Selbst bei Organisationen wie amnesty international, terre des hommes, Greenpeace oder der Animal Liberation Front (ALF), obwohl hoch angesehen, finden sich nicht mehr als zusammen drei Prozent der Jugendlichen ein. Nur die Sportjugend erreicht in ihren Vereinen noch knapp 30 Prozent aller Jugendlichen, hat jedoch seit 1998 – in nicht einmal zehn Jahren – bereits ein Drittel ihrer Mitglieder an die zahlreichen kommerziellen und oft von Szene-Aktiven gestarteten Anbieter und Dienstleistungsverbände im Fun-, Event- und Extremsportbereich verloren, deren im Vergleich zu Mannschafts- und Einzelleistungssport in traditionellen Vereinen wesentlich individualisierteren und auf Spaß statt Leistungszwang orientierten Angebote offensichtlich den Interessenlagen heutiger Jugendlicher eher entsprechen.

Doch während Politiker und Verbände über ihre mangelnde Resonanz bei Jugendlichen wehklagen, tanzten erst am letzten Wochenende wieder zur gleichen Zeit in acht europäischen Hauptstädten nach einem nur über Flyer, SMS und subkulturelle Homepages verbreiteten Aufruf unbekannter junger OrganisatorInnen Zehntausende von Jugendlichen bei sog. „Reclaim The Streets“-Partys gegen die Betonierung und Verkommerzialisierung der Innenstädte an. Hat sich das jugendliche Engagement vielleicht gar nicht verringert, sondern nur auf Orte und Kommunikationsfelder verlagert, wo die Bewegungsmelder der Alten sie nicht mehr erreichen?

Die bereits zitierte Shell-Studie „Jugend 2006“ widerspricht jedenfalls deutlich der häufig verbreiteten These von der „Entpolitisierung“ der Jugend. Zwar findet die große Mehrheit der Jugendlichen Politik „langweilig“ und „ineffektiv“, geben drei von vier Jugendlichen an, „keinen Politiker“ zu kennen, „dem ich wirklich vertrauen würde“, dennoch ist es rund 83 Prozent „absolut nicht egal, welche Partei regiert“. Auch das Wissen um die politischen Problemlagen und Strukturen des parlamentarischen Systems sind in den letzten zwanzig Jahren keineswegs gesunken. Die Mehrzahl der Jugendlichen kennt die Wege und Möglichkeiten politischen Engagements, die ihnen unser System offeriert, ist jedoch nicht willens, diese Wege zu beschreiten – wobei bemerkenswerterweise diejenigen die geringste Bereitschaft zeigen, die am besten informiert sind und sehr häufig früher einmal den Versuch politischen Engagements gewagt hatten.

Ursachen

„Die politischen Parteien sind tot.
Haben ihre führenden Köpfe das nicht bemerkt?“
John Naisbitt: Global Paradox

Zunächst hat die absolute rot-grüne Mehrheit im Bundestag und in zwölf Bundesländern seit den Wahlen der Jahre 2002/2003 dazu geführt, daß die Politik auf Protestbewegungen flexibler reagierte, themendurchlässiger wurde, soziale, kulturelle und andere Trends und Forderungen schneller aufgriff und (scheinbar) befriedigte. Erinnern Sie sich nur, lieber Prof. Klein, an die „spontane“ Teilnahme von Bundeskanzler Joseph Fischer am Bundeskonvent der einflußreichen Autonomen VegetarierInnen einen Tag nach seiner Wahl oder an die Einsetzung des Ständigen Beraterkreises der Bundesregierung, in denen sämtliche bedeutenden NGOs Sitz und Stimme und das gesetzlich garantierte Recht haben, sogar einmal jährlich dem Kanzler persönlich ihre Anliegen vorzutragen. So gelang es der Bundesregierung immer wieder, entstehenden Protestbewegungen frühzeitig den Wind aus den Segeln zu nehmen und deren Anliegen und Themen propagandistisch für sich zu vereinnahmen. Andererseits vermochte es die Politik trotz alledem nicht, eine eigene visionäre Kraft zu entwickeln und als Träger humanistisch-ökologischer Utopien zu reinkarnieren, um so das vorhandene Potential politischen Engagements von Jugendlichen wieder in das traditionelle Parteien- und Verbändesystem zu integrieren. Trotz der neuen Welle altruistischer und internationalistischer Orientierungen und der Engagementbereitschaft unter Jugendlichen gehören gegenwärtig nur 0,3 Prozent aller Unter-Dreißigjährigen einer Partei an, sank die Wahlbeteiligung kontinuierlich von rund 70 Prozent bei den letzten Wahlen des 20. Jahrhunderts trotz Senkung des aktiven Wahlalters auf 14 Jahre auf knapp 55 Prozent bei den diesjährigen Bundestagswahlen, was die 68prozentige Mehrheit der drei Regierungsparteien doch deutlich relativiert. Für die Mehrzahl der Jugendlichen des 21. Jahrhunderts ist die institutionalisierte Politik nicht einmal mehr ein Gegner, sondern ein Relikt des 20. Jahrhunderts, das nicht durch Dialogbereitschaft, Protest und Widerspruch geadelt, sondern durch demonstrative Ignoranz für seine fehlende Wirksamkeit, Authentizität und ästhetische Langweiligkeit abgestraft wird. Warum sollen wir erst den mühseligen und zumeist uneffektiven (Um-)Weg über politische Strukturen machen, wenn wir unsere Interessen doch auch direkt, zum Beispiel durch Konsum & Boykott, an der Ladenkasse durchsetzen können, fragen sich viele Jugendliche und wenden sich gleich an den Markt.

Das Gesetz des Marktes: Flexibilität

Daß die Politik nur ein ohnmächtiger Statist ist und in der Regel ihre eigene Verantwortung für die großen Krisenlagen hartnäckig leugnet, haben Jugendliche in den neunziger Jahren des letzten Jahrhunderts vor allem bei ihrem Hauptproblem Nr. 1, der Arbeitslosigkeit und Ausbildungsstellenmisere, schmerzhaft erfahren müssen. Die Helmut-Kohl-Regierung (die einzige, die in den 80er und 90er Jahren aufwachsende westdeutsche Jugendliche jemals kennengelernt haben) beschränkte sich bekanntlich im wesentlichen darauf, durch kurzzeitige Beschäftigungs-, Weiterbildungs- und Ausgrenzungsmaßnahmen die Statistiken zu vernebeln sowie die Forderungen der Wirtschaft in staatliche Programme und Propaganda zu gießen. Die zentrale Botschaft lautete dabei immer wieder: Verlaß' dich nicht auf uns, du trägst selbst die Verantwortung dafür, eine Arbeit zu finden (und bist selbst schuld, wenn du keine hast). Du mußt eben flexibler werden, deine Ansprüche herunterschrauben. Wenn du in deiner

Stadt keine Arbeit findest, suche gefälligst hundert Kilometer weiter. Sei flexibel! Fixiere dich bloß nicht auf eine Branche oder gar auf ein Unternehmen. Es könnte sein, daß dieses Unternehmen oder auch die ganze Branche morgen schon ein Auslaufmodell darstellt. Sei flexibel! Glaube nicht, wenn du einmal einen Arbeitsplatz gefunden hast, auf diesem alt werden zu können. Bereite dich ständig auf neue Arbeitsplatz- und sogar Branchenwechsel vor. Lerne unentwegt neue Sprachen, den Umgang mit neuen Technologien dazu. Akzeptiere kurzzeitige, flexible Arbeitsverträge ...

Obwohl zahlreiche Politiker und staatlich bezahlte Jugendforscher und Pädagogen zugleich, scheinbar ohne den Widerspruch zu bemerken, den „Identitätsverlust" unter Jugendlichen und die angeblich daraus resultierenden Folgen (wahlweise Rechtsradikalismus, Rassismus, Gewalt, Drogen- oder Sektenanfälligkeit) beklagten, war nicht Identität, sondern Ambivalenz der Schlüssel zum Erfolg. Die (gezwungenermaßen) Flexiblen, Weltoffenen, Mobilen hatten nicht nur auf dem Arbeitsmarkt deutlich bessere Chancen und Fähigkeiten als die Heimatverbundenen, Kultur-Traditionalisten, auf langjährige soziale Beziehungsverhältnisse Fixierten. „Die traditionelle Lebensform ‚Ehe und Familie' ist wenig geeignet für karrierefördernde Städte- und Länder-Hopping", konzedierte sogar das CDU-nahe Ludwig-Erhard-Fanzine *Im Klartext* bereits zur Jahrtausendwende angesichts von damals 36 Millionen Pendlern, die täglich bis zu sechs Stunden auf Autobahnen oder in Zügen unterwegs waren. „Vielleicht sind deswegen rund ein Drittel aller Haushalte in Deutschland mittlerweile Single-Haushalte."

Wenn Menschen jedoch in einem zentralen Bereich ihres Lebens, dem Arbeitsmarkt, immer wieder bedeutet wird, nicht Kontinuität, sondern steter Wandel garantiere ihnen eine Zukunft, so ist es kaum überraschend, daß sie diese Lehre auch auf andere Bereiche ihres Lebensalltags übertragen, zumal der Run auf die Städte (und aus dem Osten in den Westen Deutschlands) und die Erosion traditioneller Sozialstrukturen und Sozialisationsinstanzen wie Familie, Kirche, Partei, Dorfgemeinschaft, Arbeitermilieu usw. die Beziehungsverhältnisse ohnehin stärker anonymisierten. Das erschwerte einerseits das Knüpfen von Beziehungen, reduzierte jedoch auch die Kontroll- und Sanktionsmöglichkeiten. Zudem standen mit der Enttabuisierung und Modernisierung professioneller „Kontaktvermittlungen" (Internet-Chats, Handy-Flirt-Networks, einer Flut von Single-Freizeitclubs und -Party-Events in allen größeren Städten) eine Fülle zusätzlicher Optionen zur Verfügung. Es bedurfte lediglich eines gewissen Grades an Flexibilität, sie zu nutzen ...

Am radikalsten verändert hat sich in den letzten Jahrzehnten wohl der Medien- und Freizeitsektor. Bereits seit den fünfziger Jahren des vergangenen Jahrhunderts hatte die aufgrund des entstandenen Überangebotes von Produktionskapazitäten notwendig gewordene Erfindung des Teenagers als elternunabhängigen Konsumenten und die Schöpfung des Rock 'n' Roll und seine Domestizierung im Beat und Pop erste, noch semiprofessionelle Schritte zur Etablierung eines gigantischen Jugend(kult)marktes eingeleitet. Doch erst die revolutionären Entwicklungen im Bereich der Computer- und Elektroniktechnologie ab Mitte der achtziger Jahre leitete die absolute Dominanz des Freizeit- und Kommunikationssektors über alle anderen Bereiche des menschlichen Alltags, wie wir sie heute erleben, ein. Und sie markierten neue kulturelle Grenzen zwischen den Generationen, unabhängig von politischen und anderen Orientierungen oder auch sozialen Milieus (weshalb Ihr *Journal Neue Soziale Bewegungen* ja schließlich auch im Frühjahr 2004 nach heftigen Debatten zwischen Traditionalisten und den im Schnitt zwanzig Jahre jüngeren ProtagonistInnen des nEwMOTION auf ihr Attribut „Soziale“ im Namen verzichtete).

Die erste Generation der Nachkriegsgeborenen hatte immerhin schon die Chance, den Flair der großen weiten (US-amerikanischen) Welt einzuatmen: Cigarettes & Jazz, Blue Jeans & Motorroller, Chewing gum & Rock 'n' Roll. Allerdings: Sie mußte sich wirklich darum bemühen; es war gar nicht so einfach, die neuesten Schallplatten oder eine echte amerikanische Levis zu ergattern. Vorbehalte der nationalsozialistisch sozialisierten Elterngeneration und unprofessionelle Produktions- und Distributionsmethoden der noch im Aufbau befindlichen Konsumgüterindustrien erschwerten die freie Entfaltung.

Der Geburtenboom und die gewaltige innovative Kraft der 68er-Revolte, die ja im Kern eine kultur-evolutionäre war, bewirkten eine weitere Ausbreitung und -differenzierung des Jugend(kult)marktes. Rockmusik gab es nun in allen Varianten von ganz brav (der späte *Elvis*, die frühen *Beatles* und andere Boygroups) bis aufregend böse (der frühe *Elvis*, die späten *Beatles*, *Jim Morrison* und andere zornige, weiße, junge Männer). Jugendliche konnten in artgerechte Tanzschulen pilgern oder in verrauchten Kneipen existentialistische Gespräche führen. *Bravo*, das erste Zentralorgan des Jugendkultes, bekam mit *Sounds*, *Twen* und *Pardon* kritische Geschwister für die der Pubertät entwachsenen Fans. Auch deutsche Radiostationen sendeten nun englischsprachige Pop-Charts, *Mal Sondock* und andere amerikanische DJs zogen fleißig durchs Land, um auch die Fans in der Provinz mit internationalem Sound zu versorgen, der „Rockpalast" eröffnete seine Pforten, und Jugendliche organisierten nächtliche Feten rund um dieses alle sechs Monate stattfindende sensationelle Ereignis eines live vom deutschen Fernsehen übertragenen Rock-Festivals. Videos gab es ja noch nicht...

Und heute? *Bravo* erscheint immer noch zuverlässig jeden Donnerstag, doch nur knapp 400.000 zumeist 10-14jährige interessieren sich noch für das einst ganze Generationen aufklärende Blatt. Denn neben *Bravo* konkurrieren derzeit rund 160 weitere Zeitschriften und 800 natürlich auch in jeder Sony-Station ausdruckbare, professionelle Special-interest-Internet-Magazine um die Aufmerksamkeit jugendlicher LeserInnen. Da gibt es *Mädchen* und die kleine *Bravo*-Schwester *Girl!*, allein 60 auf bestimmte Musikgenres spezialisierte Magazine wie *Metal Heart*, *Gothic*, *Volxpunk* und *Raveline*, die Fan-Magazine von Boygroups und anderen Stars wie *Michael Jacksons Black & White*, die Begleithefte zu TV-Comicserien (*Die Simpsons*) und -Soaps (*Gute Zeiten, Schlechte Zeiten*), jeweils rund drei Dutzend Sport- und PC-Magazine und viele mehr. Statt der drei bis fünf Fernsehkanäle, die der Durchschnittsjugendliche vor 1988 nur konsumieren konnte, ermöglichen Verkabelung und Satellitenschüssel inzwischen den Empfang von allein 60 deutsch- und englischsprachigen Sendern, ein Drittel davon mit interaktiven Angeboten, und mit *MTV* und *Viva* zwei reinen Musiksendern mit jeweils drei Vollprogrammen für unterschiedliche Altersgruppen. Und damit die Eltern der Jüngeren nicht mit Techno, HipHop und TV-Teenagerdramen gequält werden, besitzen 98 Prozent aller Haushalte mit Kindern gleich einen Zweitfernseher inklusive Videospeicher und PC-Einheit.

Mußte ein Jugendlicher der siebziger Jahre, wenn er seine Leidenschaft für eine Band oder auch einen Fußballverein öffentlich kundtun wollte, sich den Namen mühevoll selbst auf die Kutte oder das Shirt nähen oder malen, so bietet heute jeder Zweitligist und jede drittklassige Band noch vor Erscheinen ihrer ersten CD bereits einen wohlfeilen Merchandise-Katalog an. Via Internet bekommen Fans alle Informationen über ihre Stars, und bei Bedarf können sie sich dort auch gleich die aktuellen Tonträger oder eine Aufzeichnung des letzten Konzertes oder Sport-Events herunterladen. Der Markt erfüllt (fast) alle Bedürfnisse, und das sehr schnell und relativ mühelos. Der Markt bietet aufregende Action für Kopf und Körper (und hat selbstverständlich auch für die Introvertierteren, die Bücher-Freaks oder politisch Engagierten spezielle Produkte, Szenen und Idole im Angebot), der Markt liefert Spaß und Sinn. Warum sollen sich Jugendliche also jahrelang in einer Partei oder so engagieren, wenn der Markt doch viel flexibler auf ihre Bedürfnisse reagiert? Warum sollen sie sich die Mühe machen, ihre Wünsche und Empörung über Mißstände erst mühevoll in politischen Strukturen wie Parteien einzubringen, wenn *MTViva* sie (zumindest im Net) sofort verbreitet und manchmal sogar aufgreift und in eigenen Kampagnen umsetzt, die garantiert die Aufmerksamkeit der Politik erringen, weil diese natürlich auch weiß, daß die virtuelle Realität und inszenierte Themenagenda der Medien längst die reale Welt ihrer Wählerinnen und Wähler dominiert.

Die „unpolitische Jugend" – drei Fallbeispiele

1. In einer von Jugendlichen stark frequentierten Vorstadtdisco wurden plötzlich männliche „Ausländer", ohne dazu einen Anlaß gegeben zu haben, am Eingang mit dem Hinweis „Nur für Klubmitglieder" abgewiesen. Eine Gruppe von Stammbesucherinnen beschloß daraufhin empört, diese Disco – obgleich die einzige in ihrem Wohnbezirk – so lange zu boykottieren, bis die rassistische Maßnahme eingestellt würde, verteilte dazu bei ihrem „Abschiedsbesuch" Flyer an die übrigen Gäste und erreichte so, daß sich ihnen weitere Cliquen anschlossen. Der Betreiber der Disco zeigte sich zu keinerlei Konzessionen bereit, gab jedoch acht Monate später aufgrund der spärlichen Besucherzahlen den Betrieb auf. Der neue Pächter beendete die diskriminierende Praxis; die Disco füllte sich innerhalb weniger Wochen wieder. M., Initiatorin des Boykotts: „Nein, das war keine politische Aktion. Wir wollten nur die Diskriminierung und Beleidigung *unserer* Freunde in *unserer* Disco nicht einfach hinnehmen."

2. Arthur Fischer, Senior der deutschen Jugendforschung, erzählt gerne und mit von Jahr zu Jahr wachsender Begeisterung die Geschichte einer Kollegin, die in einer früheren Shell-Studie einmal ein „absolut nicht engagiertes" Mädchen porträtiert hatte. Wenig später „erwischte" die Interviewerin die Siebzehnjährige bei einer Demonstration. Es stellte sich heraus, daß sie regelmäßig an solchen (ausschließlich linken oder antirassistischen) Demonstrationen teilnahm, weil sie diese als spannende „Events" sah und dort viele ihrer Freunde und Freundinnen treffen konnte. Da sie dies jedoch nicht als „politisches Engagement" sah, hatte sie die Frage der Interviewerin nach eventuellen politischen Aktivitäten rundweg verneint.

3. Über 80 Prozent aller in einer Hamburger Marktforschungsstudie befragten Jugendlichen erklärten, sie wollten „auf keinen Fall" Waren konsumieren oder kaufen, die auf menschen-, tier- oder umweltverachtende Weise produziert würden.

Lieber Herr Prof. Klein,

die Jugend des 21. Jahrhunderts definiert offenbar zahlreiche Begriffe anders als wir. „Politik" wird von ihnen selten als Prozeß und Chance der Gestaltung ihres eigenen Lebensalltags gesehen, sondern auf Partei- und Regierungspolitik reduziert, auf etwas Unangenehmes oder zumindest Abstraktes, welches auf für Jugendliche unerreichbaren und undurchschaubaren Ebenen stattfindet. Die Privatisierung einstmals staatlicher Dienstleistungen (Telefon, Post, öffentlicher Verkehr, Polizei, Wasser- und Stromversorgung, Müllentsorgung, Renten- und Krankenversicherung, Universitäten, Bibliotheken, große Teile des Schulwesens usw.) hat zu einem realen Bedeutungsverlust des Staates für den jugendlichen Alltag geführt, die zunehmende Verlagerung von Entscheidungsstrukturen auf die internationale Ebene bei gleichzeitig nicht abreißenden Berichten über gewaltige Ausmaße ökonomischer Mißwirtschaft (Verschwendung, Fehlplanungen, Korruption) mit nicht selten verheerenden ökologischen Folgen hat die Distanz von Jugendlichen gegenüber der Politik weiter verstärkt. Der Begriff Politik ruft heute Assoziationen wie Korruption, Egoismus, Doppelmoral, Langeweile und Uneffektivität hervor, Politiker gelten als unehrlich oder unfähig und schon allein kulturell/ästhetisch als jugendfreie Berufsgruppe. Daran haben auch die 240 „Jugendparlamente" und „-beiräte" in den Kommunen und die zwei Dutzend unter-30jährigen Abgeordneten im Deutschen Bundestag nichts ändern können, tummeln sich in diesen Gremien doch überwiegend nur biologisch jüngere Klone des alten Phänotyps Parteipolitiker: „karriereorientierte, anpassungsbereite junge Männer ohne dezidierten Gestaltungsanspruch", wie es in einer SPD-internen Studie von Hoffmann-Göttig heißt.

Das alles führte zu dem seltsamen Ergebnis, daß sich heute weniger als 10 Prozent der Jugendlichen selbst als „politisch engagiert" einschätzen, gleichzeitig aber zwei von drei Jugendlichen schon „mindestens einmal" an Demonstrationen teilgenommen haben, ebenso viele die irreversible Zerstörung der Datenbänke „menschen- und umweltfeindlicher" Konzerne durch Shadowrunner-Gangs ausdrücklich gutheißen und jede/r vierte Jugendliche sich sogar regelmäßig unentgeltlich zum Beispiel in der sozialen Arbeit, im Umweltschutz, in antirassistischen Gruppen, Internet-Magazinen oder interkulturellen Mediations-Projekten betätigt.

Was macht diese Bereiche für Jugendliche attraktiver als die traditionelle Partei- oder Jugendverbandsarbeit? Eine aktuelle Untersuchung der Strukturen, ProtagonistInnen und Ziele der Initiativen und Bewegungen, in denen Jugendliche der Gegenwart überproportional engagiert sind, enthüllt sieben Kriterien, die Jugendliche offenbar als unabdingbar für ihre Bereitschaft zum gesellschaftlichen Engagement sehen:

1. Keine Hierarchien

Die Strukturen, in denen sich Jugendliche engagieren, sind kaum hierarchisiert. Hierarchien bilden sich, wenn überhaupt, eher spontan und informell aufgrund von längeren oder kürzeren Erfahrungen und unterschiedlichen Persönlichkeiten, die Rangfolgen sind jedoch flexibel. Auch jeder „Neuling" wird sofort an sämtlichen Entscheidungen beteiligt. Die Gruppe der AktivistInnen kann Ziele und Wege (weitreichend) selbst bestimmen. Stehen überhaupt größere Erwachsenenstrukturen und -interessen im Hintergrund (wie etwa bei den von Greenpeace extra für Kinder bundesweit zentral initiierten „Greenteams"), so vermeiden diese eine auffällige Präsenz, greifen nur selten in den konkreten Prozeß des Engagements ein und bieten sich vor allem als Dienstleister und Ratgeber auf Abruf an.

2. Spaß-Kultur

Jugendliche des 21. Jahrhunderts engagieren sich nicht mehr bloß aus einem Pflichtgefühl heraus. Sie sind nicht bereit, ihre Freizeit für Termine zu opfern, die sie als „unangenehm" und „Streß" empfinden. Sie wollen Spaß haben – auch bei der Beschäftigung mit ernsten Angelegenheiten. Das setzt voraus, daß sie ihre Alltagskultur – ihre Sprache und ihre Rituale, ihr Outfit, ihre Musikleidenschaft – nicht verleugnen müssen.

3. Freundschaften

Wenn Jugendliche sich engagieren, ist mitunter der Weg das Ziel: Sie wollen nicht nur etwas Bestimmtes erreichen, sondern schon auf dem Weg dahin nette Leute kennenlernen, Freundschaften für den Alltag knüpfen. Bewegungen sind auch Kontaktbörsen für Cliquen und Singles.

4. Keine Taktik, keine Kompromisse

Die Bewegungen, in denen Jugendliche sich engagieren, sind eindeutige, punktgenaue, zeitlich limitierte Lobby-Gruppen. Läßt sich das Ziel nicht erreichen, steigen sie aus oder versuchen es auf anderen Wegen. Interessenkonflikte, wie sie Parteien und andere Großorganisationen mit gesamtgesellschaftlichem Repräsentanzanspruch auszeichnen, taktische Rücksichtnahmen auf andere „Fraktionen" oder „übergeordnete" Interessenlagen (zum Beispiel in Wahlkampfzeiten) sind ihnen wesensfremd.

5. Action statt Schulungskurse

Jugendliche erleben Zeit anders als Erwachsene. Sie (er)leben alles intensiver, also rennt ihnen die Zeit ständig davon. Für Jugendliche kosten zehn Minuten Langeweile gleich Stunden ihres Lebens ... So suchen sie Strukturen, die es ihnen ermöglichen, sofort zu handeln. Sie haben keine Zeit und nicht das Bedürfnis, das Objekt ihrer Empörung (zum Beispiel die Atom-Technologie) erst monatelang zu studieren, sich durch die Komplexität des Themas entwaffnen, ihrer Spontaneität berauben zu lassen. Sie sind ungeduldig, eher visuell als textorientiert, wissen, daß eine zu intensive, langandauernde Beschäftigung mit einem Thema ihre Tatkraft absorbiert. Sie vertrauen auf die Richtigkeit ihres Gefühls und der (zumeist durch Medienberichte ausgelösten) moralischen Empörung – und schreiten zur Tat. Strukturen, in denen Jugendliche sich engagieren, müssen Aktionsmöglichkeiten bieten, Kopf und Körper der Jugendlichen ansprechen und beanspruchen und last but not least als Wirkungsbeleg die öffentliche, also mediale Sichtbarkeit des Engagements gewährleisten.

6. Realistische Ziele
Die Ziele der Gruppen, in denen Jugendliche sich engagieren, sind gegenwartsbezogen, ihre Realisierung scheint oft „greifbar nahe". Obwohl die von Jugendlichen getragenen Bewegungen in der Regel auf einem rigoros fundamentalistisch vertretenen humanistischen, ökologischen und Gewalt ächtenden Grundverständnis basieren, beinhalten ihre konkreten Zielsetzungen selten gesamtgesellschaftliche Forderungen an Politik und Wirtschaft – also zum Beispiel nicht die gesetzliche Ächtung von Rassismus, sondern die Rücknahme einer konkreten Abschiebung oder diskriminierenden Maßnahme im direkten Lebensumfeld der Jugendlichen. Die Ziele müssen realistisch und in einem überschaubaren Zeitrahmen erreichbar sein.

7. Engagement auf Zeit
Jugendliche sind durchaus bereit, sehr viel Energie in eine Sache zu investieren, doch dies nur so lange, wie sie es für sinnvoll und spannend erachten. Bewegungen, in denen sich Jugendliche engagieren, müssen ihnen die Möglichkeit lassen, von Anfang an hundertprozentig mitzuwirken und ebenso jederzeit wieder aussteigen zu können. Organisationen, die Mitgliedsausweise und langjährige Funktionärstätigkeit zur Voraussetzung voller Akzeptanz machen, sollten sich nicht wundern, wenn ihre Altersstruktur sich der des ZK der inzwischen verstorbenen letzten DDR-Führung angleicht.

Sinn und Spaß

Sinn und Spaß sind also die Triebkräfte, die Jugendliche veranlassen, ihre Klubs, Cyberdecks oder Videoschirme zeitweilig verwaisen zu lassen, um Gutes zu tun. Jugendliche engagieren sich immer dann, wenn sie sich persönlich betroffen fühlen und daran glauben, durch ihre Aktivitäten wirklich etwas bewirken zu können. Kritischer als ihre Vorgänger-Generationen prüfen sie sehr genau, ob die Angebote politischen Engagements Sinn machen, das heißt, das anvisierte Ziel realistischerweise zu erreichen ist und der Weg dahin nicht zur Tortur wird, weil man gezwungen ist, ständig mit Langweilern und Unsympathen zu kommunizieren. Da jede/r Vierzehnjährige weiß, daß Menschen ab 30 in der Regel ziemlich *uncool* werden, bevorzugen Jugendliche von vornherein Gleichaltrigen-Strukturen, in denen ihnen (möglichst wenige) Erwachsene allenfalls mit Rat und Tat, Geld und Infrastruktur zur Seite stehen. So existiert heute ein dichtes Netzwerk jugendlichen Engagements, das schon allein aufgrund seiner Kommunikationswege (Flyer, Handy, Internet, Party-Zentralen als News Boxes) weitgehend unbemerkt von älteren Jahrgängen, stets spontan, aber sehr effektiv eine Vielzahl von Aktivitäten entfaltet. Im Hintergrund dieser Aktivitäten wirken nicht mehr Parteien, Gewerkschaften und andere durch hohe Mitgliedszahlen politisch legitimierte Organisationen, sondern private (Medien-)Agenturen und Aktionszentralen mit hohem Spaß-Output, die als professionelle *pressure groups* trotz stets wechselnder AktivistInnen dafür Sorge tragen, daß ihr Thema (oder Auftraggeber) kontinuierlich Aufmerksamkeit findet. Auch global agierende NGOs wie Greenpeace und zahlreiche Gruppen aus dem Gesundheitssektor haben inzwischen aufgrund starker Mobilisierungskrisen und Mitgliedereinbrüche Kooperationen mit professionellen (kommerziellen) Bewegungs- und Eventmanagern begonnen. Nur die stete Fluktuation von Ideen, Aktionen und AktivistInnen, haben moderne Bewegungen des 21. Jahrhunderts erkannt, garantiert ihnen Stabilität und Nachhaltigkeit bei der Durchsetzung ihrer Anliegen.

Lieber Prof. Dr. Klein,

es tut mir wirklich leid, daß ich Ihnen über diese kurze Bestandsaufnahme der Gegenwart hinaus keinerlei realistische Zukunftsvisionen für Ihre Jubiläumsausgabe anbieten kann.

Möglicherweise sollten Sie einen jüngeren Autor/eine jüngere Autorin ansprechen, und wir alten Männer sollten uns vielleicht besser um unsere eigene Generation der über 50jährigen kümmern, die inzwischen fast die Hälfte der in Deutschland lebenden Bevölkerung stellt und immer noch keinerlei Bedürfnis verspürt, die Zentralstellen der Macht in Wirtschaft und Politik für Jüngere zu räumen.

In diesem Sinne …

Mit besten Grüßen

Klaus Farin

Folgerungen für den Leser/die Leserin

1. Konsumieren Sie das Buch nicht. Wenn Sie mit wesentlichen Teilen des Buches nicht einverstanden sind, kritisieren Sie es. Senden Sie Ihre Kritik an den Verlag oder den Autor.
2. Erwähnen Sie weitere Bedürfnisse, auf die das Buch nicht eingeht.
3. Wenn Sie mit dem Inhalt des Buches im großen und ganzen einverstanden sind, ziehen Sie Folgerungen daraus. Arbeiten Sie in den entsprechenden Gruppen Ihres Ortes mit; wenn es diese Gruppen dort nicht gibt, helfen Sie mit, diese zu organisieren. Helfen Sie, diese Gruppen mit anderen Gruppen im Bundesgebiet zu föderieren.
4. Organisieren Sie Gegenmilieu an Ihrem Arbeitsplatz, in Ihrem Wohnbezirk, in Ihrer Schule, Hochschule, Verlag etc.
5. Stellen Sie eine leicht verständliche Kurzfassung des Buches her, und verteilen Sie diese in Ihrer Gruppe und an anderen Ihnen geeignet erscheinenden Orten (Arbeitsplatz, Wohnbezirk etc.).[104]

Anmerkungen

1 **Diese schöne „Gebrauchsanweisung" stammt nicht von mir, sondern von Rainer Fabian, der sie als Vorwort seinem Buch „Idole in unserer Zeit" bereits 1967 voranstellte.**

2 **Aus: *Zyklon E* Nr. 2, 1995; ein Skinhead-Fanzine aus Erfurt, das trotz des peinlichen Namens nicht rechtsradikal orientiert war. Zum Hintergrund: Die britische Skin-Kult-Band *Cockney Rejects* gab dem Oi!-Punk mit ihrem Song „Oi! Oi! Oi!" quasi den Namen.**

3 Deutscher, Irwing: Die Sprache in der subkulturellen und in der interkulturellen Forschung. In: *Kölner Zeitschrift für Soziologie und Sozialpsychologie*, Sonderheft 15, Opladen 1971, S. 94; hier zitiert nach: Griese 2000, S. 42.

4 Kreutz, Henrik/Beuningen, Ute van: Untersuchungsformen, Erhebungstechniken und Auswertungsformen der Jugendforschung. In: Markefka/Nave-Herz, S. 219–243, hier S. 222ff.

5 Stephan, Rainer: Jugend überhaupt ... In: *Kursbuch* 65, Der große Bruch – Revolte 81. Rotbuch, Berlin 1981, S. 171–178, hier S. 172.

6 **Auch dieses Buch arbeitet in seinem Titel aus keinem anderen Grund mit dem „Generationen"-Begriff als dem der optimalen Vermarktung: Klicken Sie im Internet *generation-kick.de* an, so landen Sie auf der Homepage des Autors mit zahlreichen weiteren Produktinformationen und Kaufverlockungen ...**

7 Bell, R. R.: Die Teilkultur der Jugendlichen. In: Friedeburg, L. v. (Hrsg.): Jugend in der modernen Gesellschaft. Köln/Berlin 1965, S. 86; hier zitiert nach: Baacke 1972, S. 155f.

8 Griese, Hartmut M.: Jugendkulturen – Reaktionen auf gesellschaftliche Polarisierung? Vortrag 1995; hier zitiert nach: Griese 2000, S. 60.

9 Vgl. zu diesem Thema auch: Griese, Hartmut M.: Wi(e)der die Re-Pädagogisierung in der Jugendarbeit. Ein Vortrag (1992), veröffentlicht in: *deutsche jugend*, Heft 7-8/1994, sowie Griese 2000, S. 143–152.

10 **Vorbildlich realisiert haben dies beispielsweise Nora Räthzel und der Argument Verlag in ihrer dreibändigen Reihe mit Schriften von Stuart Hall, einem der Begründer der Cultural Studies. Nach zwei Bänden mit Texten von Hall zu „Ideologie, Kultur, Rassismus und kulturelle Identität" dokumentiert der dritte Band „Cultural Studies. Ein politisches Theorieprojekt" ein ausführliches biographisches Interview mit Stuart Hall.**

11 „Subkulturen und Subkulturkonzepte", Manuskript 1994. In einer bearbeiteten und leicht gekürzten Version unter gleichem Titel veröffentlicht in: *Forschungsjournal Neue Soziale Bewegungen*, Heft 2/1995, S. 11–23, hier S. 12.

12 Meier, Uta: Die Herkunft bestimmt noch immer die Lebenschancen. In: *Frankfurter Rundschau*, Mai 1995. Hier zitiert nach Griese, S. 75.

13 Vollbrecht, Ralf: Von Subkulturen zu Lebensstilen. Jugendkulturen im Wandel. In: SPoKK, S. 22–31, hier S. 23.

14 Großegger, Beate: „Du bist, was du ißt ..." – Distinktion in der lifestyle-orientierten Sampling-Ära. In: Großegger/Heinzlmaier/Zentner, S. 180.

15 Hebecker, Eike: Der Kanon ist tot, es lebe das Leitmedium. In: *die tageszeitung* vom 6. Dezember 2000.

16 **Sollten Sie weitere Literaturtips oder Angaben zu den erwähnten Büchern benötigen, können Sie selbstverständlich jederzeit mit mir in Kontakt treten – zum Beispiel über die genannte Homepage. In der Präsenzbibliothek unseres Institutes stehen Ihnen ebenfalls alle in diesem Buch genannten Medien zur Verfügung.**

17 Zur Genese des „Jugend"-Begriffs und der Wahrnehmung einer eigenständigen Phase zwischen Kindheit und Erwachsenenstatus auch in früheren Zeiten siehe das Standardwerk zu diesem Thema: Gillis, John R.: Geschichte der Jugend. Beltz, Weinheim/Basel 1980 bzw. als ungekürzte Taschenbuchausgabe bei Heyne, München 1994.

18 Floessel, Ernst: Was fehlt unserer Arbeiterjugend? Ein Beitrag zur Lösung der sozialen Frage unter besonderer Berücksichtigung der Zuchtlosigkeit unter der Jugend, 1892. Hier zitiert nach: Peukert, Detlev J. K.: Clemens Schultens „Naturgeschichte des Halbstarken". In: Schock und Schöpfung, S. 391.

19 Hermann, U.: Was heißt ‚Jugend'? Jugendkonzeptionen in der deutschen Sozialgeschichte. In: Baden-Württembergische Landeszentrale für politische Bildung (Hrsg.): Jugend – Jugendprobleme – Jugendprotest. Stuttgart 1982, S. 22; hier zitiert nach: Griese 2000, S. 203f.

20 So der einflußreiche Kinderpsychologe Stanley Hall 1904; hier zitiert nach Gillis 1994, S. 227.

21 **Gillis beschreibt auch am Beispiel eines kleinen, aber sehr markanten Details, wie Jugendliche allmählich wieder entrechtet und auf den Status noch nicht gleichberechtigter „Unreife" reduziert wurden: 1924 stimmten Eltern, deren Töchter das Oberlyzeum (eine höhere reine Mädchenschule) besuchten, aus Angst vor den Auswirkungen eines radikalen Feminismus auf ihre Töchter einem Schulgesetz zu, das den Lehrern das „Siezen" ihrer Schülerinnen verbot; 17 Jahre später erklärten Fürsorger der Nazis ihren Jugendpflegern, „die Anrede per ‚Du' soll die Jungen daran erinnern, daß sie keinen Grund haben, sich als voll Erwachsene zu betrachten" (Gillis 1994, S. 217f.).**

22 **Das änderte sich 1922 mit dem Reichsjugendwohlfahrtsgesetz, das die neue Institution des „Jugendamtes" schuf. Diese bis 1928 auf 1.251 Ämter angewachsene Jugendbehörde vereinigte und verstärkte nicht nur die staatlichen Subventionen für jugendpflegerisch tätige Verbände, sondern beschäftigte auch selbst im gleichen Jahr 11.705 Beamte und Angestellte. Vgl. dazu: Peukert, Detlev J. K.: Jugend als Beruf. Der verbeamtete Wandervogel. In: Schock und Schöpfung, S. 342ff. Zu den Motiven und Herkünften ehrenamtlicher „Kinderretter" vgl. ausführlicher: Gillis 1994, S. 219–224.**

23 Gustav Wyneken, 1920, hier zitiert nach: Hartwig 1980, S. 66.

24 Die Chronologie entstammt im wesentlichen dem Beitrag von Christa Jancik und Gerhard Kluchert: Mit Gesang ins Jugendreich. Der Wandervogel. In: Berliner Geschichtswerkstatt e. V. 1985, S. 11ff. Das „Meißnerformel"-Zitat stammt aus Gillis 1994, S. 9.

25 Zitiert nach Jancik, Christa/Kluchart, Gerhard, a. a. O., S. 28.

26 Linse, Ulrich: Die Freilichtkultur der Wandervögel. In: Schock und Schöpfung, S. 404.

27 Stuebs, Albin: Romantisches Vorspiel. Roman. Nest-Verlag, Lauf 1946, bzw. hier zitiert nach einer undatierten Lizenzausgabe im Verlag J. H. W. Dietz Nachf. Berlin, S. 32.

28 Der Berliner Wandervogel Gerhard Zühl. In: Jancik, Christa/Kluchert, Gerhard, a. a. O., S. 27.

29 Eine fast unerschöpfliche Quelle für Originalmaterial und Studien zum Wandervogel und den meisten anderen Jugendbewegungen vor allem der ersten Hälfte des 20. Jahrhunderts stellt das *Archiv der deutschen Jugendbewegung*, Burg Ludwigstein, dar.

30 Vgl. dazu: Rosenhaft, Eve: Die wilden Cliquen. In: Schock und Schöpfung, S. 345f. Andere AutorInnen setzen die Zahl niedriger an. Gabriele Rohmann etwa geht in ihrer 1996 verfaßten und 1999 auch als Buch veröffentlichten Magisterarbeit über Berliner Skinheads in einem Exkurs über die Wilden Cliquen von „zwischen hundert und fünfhundert Gruppen mit insgesamt gut dreitausend Jugendlichen" (Rohmann, S. 101) aus. Sie stützt sich dabei auf zwei äußerst materialreiche Werke zur frühen Jugendbewegung: Lessing, Hellmut/Liebel, Manfred: Wilde Cliquen. Szenen einer anderen Arbeiterjugendbewegung, Bensheim 1981, sowie Berliner Geschichtswerkstatt (Hrsg.): Vom Lagerfeuer zur Musikbox. Jugendkulturen 1900–1960, Berlin 1985. In letzterem Titel kommt der Autor Andreas Mischok allerdings zu einer Schätzung von „ca. 250 bis 600 Wilden Cliquen, deren Mitgliederzahl zwischen 3.000 und 15.000 lag" (a. a. O., S. 65). Die vielen und recht ungenauen „Schätzungen" weisen darauf hin, daß die Wilden Cliquen in der Tat ihrem Namen alle Ehre machten, indem sie erstens sich nicht volkszählen ließen und zweitens ohnehin über keinerlei feste Organisationsstrukturen verfügten.

31 Hier zitiert nach: Mischok, Andreas: „Wild und frei". Wilde Cliquen im Berlin der Weimarer Zeit. In: Berliner Geschichtswerkstatt e. V. 1985, S. 67.

32 Zitiert nach Mischok, a. a. O., S. 61f.

33 *Rheinischer Merkur* vom 7. November 1958; gefunden in: Poell/Tietzel/Toubartz, S. 21.

34 Hier zitiert nach: Graves/Schmidt-Joos/Halbscheffel: Rock-Lexikon, 1998, Band 1, S. 391.

35 Vgl. dazu Böge, Volker: Wie das Unpolitische politisch wird. Jugendbanden in Hamburg-Eimsbüttel in den 40er und 50er Jahren. In: Roth/Rucht, S. 81–96, hier S. 94.

36 Beide Zitate nach: Lamprecht, S. 87.

37 Vgl. Krüger, Heinz-Hermann: „Es war wie ein Rausch, wenn alle Gas gaben" – die „Halbstarken" der 50er Jahre. In: Schock und Schöpfung, S. 269–274, hier S. 269.

38 Baacke, Dieter: Rock & Pop. Intensität als Stil. In: Schock und Schöpfung, S. 84.

39 Kersten, Joachim: Die Gewalt der Falschen. Opfermentalität und Aggressionsbereitschaft. In: Farin 1997, S. 100f. Der Männlichkeitsforscher Joachim Kersten entdeckt darin eine interessante Parallele zu der Rolle

von „Skins und strammen Neonazi-Schlägern in der Zeit nach der Wende. Die ‚Jungkrieger' von Hoyerswerda und Rostock führen den Ordnungskräften und den Männern in der Politik des ‚anständigen' Deutschland vor, wie man eigenhändig den Ort ‚asylantenfrei' macht. Die Zuschauer klatschen Beifall"; a. a. O., S. 101.

40 Daten nach Blücher: Freizeit in der industriellen Gesellschaft, dargestellt an der jüngeren Generation; hier zitiert nach Lamprecht 1965, S. 24. Aber natürlich zielte die Schaffung eines Jugendkultes durch die Industrie wie stets nicht nur auf die eigentliche Altersgruppe, sondern auch auf alle anderen Generationen, deren Angehörige sich nun preisgünstig ihre Jugend(lichkeit) durch den Kauf einer „James-Dean-Jacke" oder eines „Peter-Kraus-Pull"(overs) erhalten konnten. „Früher wollten die Töchter ihren Müttern gleichen, heute wollen die Mütter möglichst lange so sein wie ihre Töchter", spottete der *Rheinische Merkur*-Kolumnist Rainer Fabian (a. a. O., S. 68). „Der Jugendliche ist das neue Idol und bestimmt damit die Mode der Erwachsenen, die Tänze und Gesellschaftsspiele der Eltern, vielleicht auch deren Sexualgewohnheiten. Die Hausfrau und Mutter ist nicht sexy." Das ließ sich ja nun ändern: Schon bald machte 65 Prozent des jährlichen Textilienverkaufs sog. „Teenager-Kleidung" aus, obwohl deren Anteil an der Bevölkerung nicht einmal zehn Prozent betrug (vgl. Lamprecht, S. 37).

41 Beate Großegger: interfuse the girl scene oder: Was zum Teufel ist Girl Marketing? In: Heinzlmaier/Großegger/Zentner, S. 145.

42 Vgl. Lamprecht, S. 90.

43 Vgl. Lindner, Rolf: Teenager – Ein amerikanischer Traum. In: Schock und Schöpfung, S. 278–283, hier S. 278.

44 Graves/Schmidt-Joos/Halbscheffel: Rock-Lexikon, 1998, Band 2, S. 612.

45 Vgl. Lindner, Rolf: Subkultur. Stichworte zur Wirkungsgeschichte eines Konzepts, in: *Berliner Blätter* Nr. 15, 1997, S. 5, sowie derselbe: Jugendkultur und Subkultur als soziologische Konzepte. Nachwort von Rolf Lindner. In: Brake 1981, S. 182.

46 Eine ausführlichere Darstellung und Kritik des „sozialökologischen" Forschungsmodells der Chicago School findet sich bei Brake 1981, insbesondere S. 37–41.

47 König, René: Bemerkungen zur Stellung des Problems der Jugendkriminalität in der Allgemeinen Soziologie. In: *Kölner Zeitschrift für Soziologie und Sozialpsychologie*, Sonderheft 2, 1957; hier zitiert nach: Lindner/Brake 1981, S. 177.

48 Vgl. Lindner 1981, S. 178.

49 Hier zitiert in der Zusammenfassung von Griese, Hartmut: Jugend und Subkultur (1982). In: Griese 2000, S. 21.

50 Clarke, John/Hall, Stuart/Jefferson, Tony/Roberts, Brian: Subkulturen, Kulturen und Klasse. In: Clarke, John u. a., S. 39–131.

51 Gramsci, Antonio: Philosophie der Praxis. Gefängnishefte, Band 6. Argument, Hamburg 1994. Thompson, Edward P.: Plebejische Kultur und moralische Ökonomie. Ullstein, Frankfurt a. M./Berlin/Wien 1980. Thompson, Edward P.: Die Entstehung der englischen Arbeiterklasse. 2 Bände. Suhr-

kamp, Frankfurt a. M., 1987. Letzterer Titel bildete auch eine zentrale ideengeschichtliche Quelle für Gillis' „Geschichte der Jugend" (vgl. dort S. 276).

52 Hellmann, Kai-Uwe/Klein, Ansgar/Klein, Ludger: Editorial. In: *Forschungsjournal Neue Soziale Bewegungen*, Heft 2/1995: Subkultur und Subversion. Westdeutscher Verlag, Wiesbaden 1995, S. 2–10, hier: S. 3. Eine äußerst kritische theoretische Auseinandersetzung mit dem „statischen Stilbegriff des CCCS" (May, S. 80) vor allem am Beispiel des CCCS-Projektes „Resistance Through Rituals" sowie weiterer Arbeiten von Dick Hebdige führt May in seiner Arbeit „Provokation Punk", vor allem S. 11–24.

53 Hitzler, Ronald und Bucher, Thomas: Forschungsfeld „Szenen": Ein terminologischer Vorschlag zur theoretischen Diskussion. In: *Journal der Jugendkulturen* Nr. 2, Juni 2000, S. 42.

54 Helsper, Werner: Jugend und Religion. In: Sander/Vollbrecht, S. 279–314, hier: S. 285.

55 Vgl. dazu: Fuchs-Heinritz, Werner: Religion. In: Deutsche Shell, Band 1, S. 157–180.

56 Für diesen Report über die jungen Wilden der Christengemeinde waren außer dem Autor drei weitere Mitarbeiterinnen des *Archiv der Jugendkulturen* vor Ort: Conny Agel, Doris Hofer und Antje Pfeffer.

57 Ein Textauszug aus der sehr umfangreichen Homepage *www.jesus-freaks.de* der Freaks.

58 Prof. Wilfried Breyvogel, Erziehungswissenschaftler an der Gesamthochschule Essen, in seinem Vortrag „Jugendkulturen – Sozialität und magischer Kosmos" am 23. Juni 1997 in der Evangelischen Akademie Loccum.

59 In: Farin/Weidenkaff, S. 23.

60 Opaschowski, Horst W.: Das Erlebniszeitalter. In: Becker/Bolz/Bosshart u. a., S. 9–43, hier S. 31.

61 Heinzlmaier, Bernhard: Sympathieprofile. Wie sich die Szenen gegenseitig beurteilen. In: Heinzlmaier/Großegger/Zentner, S. 45.

62 Farin, Klaus/Meyer-Guckel, Volker: artificial tribes. Jugendliche Stammeskulturen in Deutschland. In: Farin/Neubauer, S. 23.

63 Hier zitiert in der Zusammenfassung von: Heinzlmaier, Bernhard: Szeneanalysen als neue Grundlage für das Jugendmarketing. In: Heinzlmaier/Großegger/Zentner, S. 29.

64 Hier zitiert nach Brake, S. 92.

65 Marshall, S. 35.

66 Clarke, John/Jefferson, Tony: Jugendliche Subkulturen in der Arbeiterklasse. In: *Ästhetik & Kommunikation* Nr. 24, 1976, S. 55. Clarke und Jefferson erklären in ihrem Aufsatz auch die Tatsache, daß westindische Einwanderer im Gegensatz zu asiatischen nicht zum Opfer von Skinhead-Übergriffen wurden, mit der Überlagerung des rassistischen Konfliktes durch schichtenspezifische Kulturunterschiede: „Die westindischen Einwanderer bedrohten die kulturelle Homogenität des Viertels weniger, weil viele ihrer kulturellen Verhaltensweisen denen der Arbeiterjugend näher standen als die der Asiaten, deren in sich gekehrter, auf die Familie zentrierter und erfolgsorientierter Lebensstil mehr zur Mittelklasse tendierte. Die westindischen Jugendlichen wurden beispielsweise deswegen

respektiert, weil sie ,ihren Mann standen' und bereit waren, sich handgreiflich zu wehren" (a. a. O., S. 58).

67 Die im wesentlichen auf die Organisation von Konzerten und Partys mit rechtsradikalen Szene-Bands und die Herausgabe entsprechender Fanzines konzentrierte Vereinigung wurde am 14. September 2000 von Bundesinnenminister Schily verboten, existiert aber scheinbar folgenlos weiter.

68 Vgl. Farin, Klaus: Skinhead – a way of life, 1999, S. 7. Detailliert finden sich die Daten zur ersten empirischen deutschen Skinhead-Studie in: Farin 1997/2001, vor allem im Beitrag von Helmut Heitmann: Die Skinhead-Studie, S. 69–95, speziell ab S. 74.

69 „Skinhead-Girl" Sandra (23) in ihrem Beitrag: Gründe, ein Skinhead zu werden oder es bleiben zu lassen. In: Farin 1996/1999, hier zitiert nach 1999, S. 47–56, hier S. 52.

70 S.H.A.R.P. (*S*kin*H*eads *A*gainst *R*acial *P*rejudice) ist eine 1986 in den USA entstandene Vereinigung antirassistisch orientierter Skinheads, die versuchen wollte, die rechtsradikalen bzw. rassistischen Tendenzen innerhalb ihrer Szene einzudämmen und das entsprechende Medienbild zu korrigieren. Die S.H.A.R.P.-Bewegung erlebte ihren Höhepunkt in Deutschland zwischen 1988 und 1992, inzwischen begegnet man dem Logo der S.H.A.R.P.s nur noch selten.

71 Aus: Farin 1996/1999, S. 42ff.

72 Hier zitiert nach: Rose, Tricia: Ein Stil, mit dem keiner klarkommt. HipHop in der postindustriellen Stadt. In: SPoKK (Hrsg.): Kursbuch JugendKultur. Stile, Szenen und Identitäten vor der Jahrtausendwende. Bollmann, Mannheim 1997, S. 146.

73 Mir ist bewußt, daß die Ethnisierung sozio-politischer Unterschiede durch Begriffe wie „schwarz" und „weiß" nicht nur unsinnig ist, sondern auch die Gefahr einer Stabilisierung rassistischer Stereotypen in sich birgt. Dennoch spielen gerade in der HipHop-Kultur Identifikationen als „Schwarze"/„Weiße" eine bedeutende Rolle. Deshalb benutze ich die Begriffe hier auch, und zwar als das, was sie sind: soziale Konstrukte.

74 Masters of Ceremonies, die wortgewaltigen „Erzähler" am Mikro.

75 Karrer, Wolfgang: Rap als Jugendkultur zwischen Widerstand und Kommerzialisierung. In: *Gulliver* 38: Rap. Argument, Berlin/Hamburg 1995, S. 2–44, hier S. 35.

76 Das Zitat ist wie die folgenden von Ali und Abdurrahman natürlich kein Interview-O-Ton, sondern eine literarische Bearbeitung von Feridun Zaimoglu, in dessen Buch „Kanak Sprak" zwei Dutzend junge Männer türkischer Herkunft zu Wort kommen.

77 Heinzlmaier/Zentner, S. 86–93, hier S. 92f.

78 Vgl. Fuchs, Thomas: HipHop in Deutschland. Das Beispiel Braunschweig (*State of Departmentz* und *Jazzkantine*) und Magdeburg (*Mad Enemy D*). In: *Gulliver* 38, S. 155–167, hier S. 162.

79 Siehe dazu den ausführlichen Bericht von *Dynamike*, Mitglied der 1987 gegründeten Dresdner HipHop-Gruppe *3 M-Men*, in Krekow/Steiner, S. 103–128.

80 Vgl. „Leck mich Afrika!“, eine Interviewstory über & mit *N.W.A.* von Dirk Schneidiger. In: *Spex*, September 1990, S. 38f.

81 „Von der Posse zum Pop“ – *taz*-Mitarbeiter Thomas Winkler in: *Journal der Jugendkulturen* Nr. 4, März 2001.

82 In: Farin/Wallraff, S. 118.

83 Die Urfassung dieses Beitrages erschien als Vorwort in: Farin, Klaus: Die Gothics. Interviews, Fotografien. Tilsner, Bad Tölz 1999, wurde für diesen Band jedoch weitgehend überarbeitet.

84 In: Farin, Klaus: Die Gothics, Bad Tölz 1999, S. 97, bzw. in der erweiterten Neuauflage Farin/Wallraff 2001, S. 89.

85 Alle Zitate nach: Graves/Schmidt-Joos/Halbscheffel 1998, Band 1, S. 241f.

86 Richard, Birgit: Schwarze Netze. Die Gruftie- und Gothic-Punk-Szene. In: SPoKK 1997, S. 131.

87 Selbstverständlich gibt es Versuche der rechtsextremistischen und rassistischen Einflußnahme auf die Gothic-Szene, und selbstverständlich ist auch ein Teil der Schwarzen anfällig für diese, allerdings nur, wenn diese nicht mit körperlicher Gewalt oder der Propagierung von Gewalttaten einhergeht. Quantitativ haben diese Ideologien in der Gothic-Szene bisher keine relevante Größenordnung erreicht, und es ist auch für die Zukunft nicht zu erwarten: die Ästhetik und Szene-Historie, der soziale (bildungsbürgerliche) und kulturelle Background der Schwarzen sichert ihnen offenbar eine größere Immunität gegen autoritäre und anti-individualistische Ideologien als den Angehörigen der meisten anderen „weißen“ Kulturen. Qualitativ interessant zu beobachten ist allerdings der Einfluß und die Entwicklung bestimmter Musikströmungen (EBM, Neofolk) und einzelner Bands und Musikprojekte aus der „sozialdarwinistischen“ und „neoheidnischen“ Ecke, vor allem die über die Grenzen ihres eigenen philosophisch-ideologischen Umfeldes hinaus bekannte Kult-Band *Death in June*. Genauere Analysen zu diesem Themenkomplex enthält die im Juni 2000 von den „Gothics gegen Rechts“ Bremen veröffentlichte Dokumentation „Die Geister, die ich rief...“ und deren Homepage *www.geister-bremen.de* bzw. *www.fortunecity.de/kraftwerk/bauhaus/149*.

88 Wiesendanger, Harald: In Teufels Küche. Jugendokkultismus. Gründe, Folgen, Hilfen. Frankfurt a. M. 1995, S. 29; hier zitiert nach Janalik/Schmidt 2000, S. 25.

89 In: *tip*-Magazin Nr. 23/1997, S. 22.

90 Kirsten Wallraff in: Farin/Wallraff, Teil 2, S. 81–91.

91 Weissenböck, Franz: Kommunikation ist mehr. Beziehungsmarketing für eine Profi-Zielgruppe. In: Heinzlmaier/Großegger/Zentner, S. 74.

92 Heinzlmaier, Bernhard: Jugendszenen. Szeneanalysen als Grundlage des Jugendmarketing. In: Heinzlmaier/Großegger/Zentner, S. 34.

93 Die Urfassung dieses Beitrages (von der in der nun vorliegenden Version allerdings nur noch 30 Prozent erhalten blieben) erschien 1993 als Vorwort in: Farin/Hauswald: Die dritte Halbzeit. Fußballfans und Hooligans, Basis Druck, Berlin, sowie – schon leicht bearbeitet – in der Neuauflage des gleichen Werkes unter dem Titel „Die dritte Halbzeit. Hooligans

in Berlin-Ost" in der Reihe des *Archiv der Jugendkulturen* im Verlag Thomas Tilsner, Bad Tölz 1998.

94 Hier zusammenfassend zitiert von Narciss Göbbel in seinem Beitrag „Fußballfans – Wilde Gesellen mit gebremstem Schaum". In: Schock und Schöpfung, S. 99.

95 Heinzlmaier, Bernhard: Jugendszenen. Szeneanalysen als neue Grundlage für das Jugendmarketing, in: Heinzlmaier/Großegger/Zentner, S. 18.

96 Siehe zum Beispiel: Findeisen, Hans-Volkmar/Kersten, Joachim: Der Kick und die Ehre. Vom Sinn jugendlicher Gewalt. Kunstmann, München 1999.

97 Hier zitiert nach: Gillis, S. 152.

98 **Aus: *sales profi. Das Magazin für Verkauf und Vertrieb,* Oktober 2000. Im Originaltext geht es natürlich um „Samurai-Verkäufer", die hier jeweils lediglich durch „Hooligans" ersetzt wurden.**

99 Aus: Rauschning, H.: Gespräche mit Hitler. Zürich/New York 1940, S. 237. Hier zitiert nach Fischer, S. 77.

100 Hier zitiert nach: Farin/Seidel-Pielen, S. 29.

101 Bergmann, Jörg/Leggewie, Claus: Die Täter sind unter uns. Beobachtungen aus der Mitte Deutschlands. In: *Kursbuch* 113, S. 7–37, hier S. 29.

102 **Ausnahmen bilden allerdings manchmal ältere Skinheads sowie sehr häufig Angehörige der rechten Szene, die gleichzeitig über einen längeren Zeitraum als Hooligans aktiv waren und in deren Konfrontationen offenbar eine gehörige Portion Selbstbewußtsein erlernt haben.**

103 *Sturmgesang*: „Was kann ich dafür", Funny Sounds 1996.

104 **Diesen Aufruf veröffentlichte Rolf Schwendter 1973 am Ende der 1. Auflage seines Buches „Theorie der Subkultur". Das Echo bestand allerdings, wie er in der 3. Auflage berichtet, aus „ganzen zwei Briefen".**

Verwendete Literatur

Bücher

Baacke, Dieter: Jugend und Subkultur. Juventa, München 1972.

Baacke, Dieter: Jugend und Jugendkulturen. Darstellung und Deutung. Juventa, Weinheim/München 1987 bzw. (hier zitiert nach der 3., überarbeiteten Auflage) 1999.

Baden-Württembergische Landeszentrale für politische Bildung (Hrsg.): Jugend – Jugendprobleme – Jugendprotest. Stuttgart 1982.

Becker, Ulrich/Bolz, Norbert/Bosshart, David u. a.: Toptrends. Grundlagen für das eigene Zukunftshandeln. Metropolitan, Düsseldorf/Berlin 2000.

Berliner Geschichtswerkstatt e. V. (Hrsg.): Vom Lagerfeuer zur Musikbox. Jugendkulturen 1900–1960. Elefanten Press, Berlin 1985.

Brake, Mike: Soziologie der jugendlichen Subkulturen. Eine Einführung. Campus, Frankfurt am Main/New York 1981.

Bucher, Willi/Pohl, Klaus (Hrsg. im Auftrag des Deutschen Werkbundes e. V. und des Württembergischen Kunstvereins Stuttgart): Schock und Schöpfung. Jugendästhetik im 20. Jahrhundert. Luchterhand, Darmstadt/Neuwied 1986.

Buford, Bill: Geil auf Gewalt. Unter Hooligans. Goldmann, München 1994.

Clarke, John u. a.: Jugendkultur als Widerstand. Milieus, Rituale, Provokationen. Syndikat, Frankfurt am Main 1979.

Cohen, Albert: Kriminelle Jugend. Zur Soziologie des jugendlichen Bandenwesens. Rowohlt, Reinbek 1961.

Deutsche Shell (Hrsg.): Jugend 2000. 13. Shell-Jugendstudie. Leske + Budrich, Opladen 2000.

Diederichsen, Diedrich/Hebdige, Dick/Marx, Olaph-Dante: Schocker. Stile und Moden der Subkultur. Rowohlt, Reinbek 1983.

Fabian, Rainer: Idole in unserer Zeit. Das Geschäft mit unerfüllten Wünschen. Herder, Freiburg 1967.

Farin, Klaus/Seidel-Pielen, Eberhard: Krieg in den Städten. Jugendgangs in Deutschland. Rotbuch, Berlin 1991.

Farin, Klaus: Skinhead – A Way Of Life. Eine Jugendbewegung stellt sich selbst dar. Europäische Verlagsanstalt, Hamburg 1996, sowie Tilsner, Bad Tölz 1999.

Farin, Klaus (Hrsg.): Die Skins. Mythos und Realität. Ch. Links, Berlin 1997, sowie (leicht aktualisierte Neuauflage) Tilsner, Bad Tölz/Berlin 2001.

Farin, Klaus: Jugendkulturen zwischen Kommerz & Politik. Tilsner, Bad Tölz 1999.

Farin, Klaus/Hauswald, Harald: Die dritte Halbzeit – Hooligans in Berlin-Ost. Tilsner, Bad Tölz 1998.

Farin, Klaus/Weidenkaff, Ingo: Jugendkulturen in Thüringen. Tilsner, Bad Tölz 1999.

Farin, Klaus/Wallraff, Kirsten: Die Gothics. Tilsner, Bad Tölz/Berlin 2001.

Farin, Klaus/Neubauer, Hendrik (Hrsg.): artificial tribes. Jugendliche Stammeskulturen in Deutschland. Tilsner, Bad Tölz/Berlin 2001.

Findeisen, Hans-Volkmar/Kersten, Joachim: Der Kick und die Ehre. Vom Sinn jugendlicher Gewalt. Kunstmann, München 1999.
Fischer, Kurt Gerhard: Gesellschaft und Politik. Metzlersche Verlagsbuchhandlung, Stuttgart 1971.
Gillis, John R.: Geschichte der Jugend. Beltz, Weinheim/Basel 1980, bzw. (ungekürzte Taschenbuchausgabe) Heyne, München 1994.
Graves, Barry/Schmidt-Joos, Siegfried/Halbscheffel, Bernward: Rock-Lexikon. Rowohlt, Reinbek (4. überarbeitete und erweiterte Neuausgabe) 1998, 2 Bände.
Griese, Hartmut M.: Jugend(sub)kultur(en) und Gewalt. Analysen, Materialien, Kritik. Soziologische und pädagogikkritische Beiträge. Lit (Reihe Sport – Gewalt – Gesellschaft, hrsg. von Gunter A. Pilz, Band 2), Münster 2000.
Großegger, Beate/Heinzlmaier, Bernhard/Zentner, Manfred: Trendpaket 3. Jugendkultur 2000 (Reihe Beiträge zur Jugendforschung, hrsg. vom Österreichischen Institut für Jugendforschung, Band 4). Zeitpunkt, Graz/Wien 1999.
Gulliver 38: Rap. Argument, Berlin/Hamburg 1995.
Hall, Stuart: Cultural Studies. Ein politisches Theorieprojekt. Ausgewählte Schriften 3. Argument, Hamburg 2000.
Hartwig, H.: Jugendkultur. Ästhetische Praxis in der Pubertät. Rowohlt, Reinbek 1980.
Heinzlmaier, Bernhard/Großegger, Beate/Zentner, Manfred (Hrsg.): Jugendmarketing: Setzen Sie Ihre Produkte in Szene. Ueberreuter, Wien/Frankfurt am Main 1999.
Hollstein, Walter: Der Untergrund. Zur Soziologie jugendlicher Protestbewegungen. Luchterhand, Neuwied/Berlin 1969.
Ice-T mit Heidi Siegmund: Ice T: Who Gives a Fuck? Knaur, München 1995.
Jacob, Günther: Agit-Pop. Schwarze Musik und weiße Hörer. Edition ID-Archiv, Berlin 1993.
Janalik, Heinz/Schmidt, Doris: Grufties. Jugendkultur in Schwarz. Schneider-Verlag Hohengehren, Baltmansweiler 2000.
Janke, Klaus/Niehues, Stefan: Echt abgedreht. Die Jugend der 90er Jahre. Beck, München 1995.
Jünger, Ernst: Feuer und Blut. Hanseatische Verlagsanstalt, Hamburg 1926.
Krekow, Sebastian/Steiner, Jens: Bei uns geht Einiges. Die deutsche HipHop-Szene. Schwarzkopf & Schwarzkopf, Berlin 2000.
Kursbuch 65: Der große Bruch – Revolte 81. Rotbuch, Berlin 1981.
Kursbuch 113: Deutsche Jugend. Rowohlt Berlin, Berlin 1993.
Lamprecht, Helmut: Teenager und Manager. Rütten + Loening, München 1965.
Lessing, Hellmut/Liebel, Manfred: Wilde Cliquen. Szenen einer anderen Arbeiterjugendbewegung. Extrabuch Bensheim 1981.
Markefka, Manfred/Nave-Herz, Rosemarie: Handbuch der Familien- und Jugendforschung. Band 2: Jugendforschung. Luchterhand, Neuwied 1989.
Marshall, George: Spirit of 69. Eine Skinhead-Bibel. Dunoon 1993.
May, Michael: Provokation Punk. Versuch einer Neufassung des Stilbegriffes in der Jugendforschung. (Reihe Veröffentlichungen des Instituts für Jugendforschung und Jugendkultur e. V., Band 6) Brandes & Apsel, Frankfurt am Main 1986.
Poell, Klaus/Tietze, Wolfgang/Toubartz, Elke: Wilde Zeit: Von Teddyboys zu

Technokids. Unterrichtsmaterialien zur Jugendkultur von den 50er Jahren bis heute. Verlag an der Ruhr, Mülheim an der Ruhr 1996.
Radtke, Günter: Die Tätowierten. Kriminalroman. Greifenverlag, Rudolstadt 1971.
Rohmann, Gabriele: Spaßkultur im Widerspruch. Skinheads in Berlin. Tilsner, Bad Tölz 1999.
Roth, Roland/Rucht, Dieter (Hrsg.): Jugendkulturen, Politik und Protest. Vom Widerstand zum Kommerz? Leske + Budrich, Opladen 2000.
Sander, Uwe/Vollbrecht, Ralf (Hrsg.): Jugend im 20. Jahrhundert. Luchterhand, Neuwied 2000.
Scherr, Albert: Soziale Identitäten Jugendlicher. Politik und Beruf im Lebenszusammenhang von Auszubildenden und Studenten. Leske + Budrich, Opladen 1995.
Schwendter, Rolf: Theorie der Subkultur. Europäische Verlagsanstalt, Hamburg (4. Auflage) 1993.
Schock und Schöpfung: siehe Bucher, Willi/Pohl, Klaus.
Shusterman, Richard: Kunst Leben. Die Ästhetik des Pragmatismus. Fischer Tb, Frankfurt am Main 1994.
SPoKK (Hrsg.): Kursbuch JugendKultur. Stile, Szenen und Identitäten vor der Jahrtausendwende. Bollmann, Mannheim 1997.
Stuebs, Albin: Romantisches Vorspiel. Roman. Nest-Verlag, Lauf 1946, bzw. J. H. W. Dietz Nachf., Berlin (undatierte Lizenzausgabe).
Tuckermann, Anja/Becker, Nikolaus: Horror oder Heimat? Jugendliche in Berlin-Hellersdorf. Tilsner, Bad Tölz 1999.
Willis, Paul: „Profane Culture". Rocker, Hippies: Subversive Stile der Jugendkultur. Syndikat, Frankfurt am Main 1981.
Zaimoglu, Feridun: Kanak Sprak. 24 Mißtöne vom Rande der Gesellschaft. Rotbuch, Hamburg 1995.

Broschüren

Grufties gegen Rechts Bremen/Music for a new Society: Die Geister, die ich rief…, Ausgabe 2. Bremen, Juni 2000.

Zeitschriften & Fanzines

Ästhetik & Kommunikation (Berlin), Nr. 24, 1976.
Berliner Blätter (Berlin) Nr. 15, 1997.
Big Two (Berlin), 1989.
Bravo (München) Nr. 47, 1958.
deutsche jugend (Opladen), Heft 7–8, 1994.
Forschungsjournal Neue Soziale Bewegungen (Wiesbaden), Heft 2: Subkultur und Subversion, Juni 1995.
Gulliver (Berlin/Hamburg), Nr. 38, 1995.
Im Klartext. Das Magazin zur Sozialen Marktwirtschaft (Bonn), Nr. 29, August 2000.
Journal der Jugendkulturen (Berlin) Nr. 2, Juni 2000; Nr. 4, März 2001.

Kölner Zeitschrift für Soziologie und Sozialpsychologie (Opladen), Sonderheft 2, 1957; Sonderheft 15, 1971.
konkret (Hamburg), Nr. 14, 1969.
sales profi. Das Magazin für Verkauf und Vertrieb (Wiesbaden), Oktober 2000.
Spex (Köln), September 1990.
Stern (Hamburg), Nr. 2, 1999.
tip-Magazin (Berlin), Nr. 23, 1997.
Wicked – HipHop-Magazin (Hamburg), Dezember 2000/Januar 2001.
Zillo (Stockelsdorf), 1998.
Zukünfte (Gelsenkirchen), Nr. 30, Winter 1999/2000.
Zyklon E (Erfurt), Nr. 2, 1995.

Bildnachweis

Foto © Boris Geilert/G.A.F.F., Berlin: S. 13, 81, 82, 111, 115, 117, 121, 155, 160, 164, 165, 198
Foto © Pierre Adenis/G.A.F.F., Berlin: S. 130, 131
Foto © Yorck Maecke/G.A.F.F., Berlin: S. 201
© G.A.F.F., Berlin: S. 203
Süddeutscher Verlag Bilderdienst: S. 37, 45, 46, 49, 52, 55
Foto: Christine Strub, Süddeutscher Verlag Bilderdienst: S. 70
Foto: S. Keita, Süddeutscher Verlag Bilderdienst: 93
Foto © Doris Hofer: S. 79, 85, 88, 137–140
Foto © Maco Saß: S. 142, 149
Foto © Harald Hauswald, Ostkreuz, Berlin: S. 178, 187

Die restlichen Abbildungen stammen aus dem Archiv des Verfassers.

Danksagungen

Werke wie dieses sind niemals ein Resultat individueller Leistung eines einzelnen Menschen. Da gibt es immer andere AutorInnen, die ihn beeinflußt und seinen Gedanken den *Kick* in die richtige Richtung gegeben haben, und nette KollegInnen oder Freunde und Freundinnen, die ihn auf die betreffenden Werke aufmerksam machten oder ihm ganz praktisch die entsprechenden Bücher ausliehen oder schenkten; da gibt es Menschen, die Kontakte zu Szenen knüpften, GesprächspartnerInnen vermittelten, entstandene Interviews transkribierten.

In meinem Fall gebührt Dank

- vor allem den zahlreichen AutorInnen, die für mich anregend das Thema Jugend(kulturen) zu früheren Zeitpunkten bearbeiteten. Ihnen allen sind Sie bereits im Laufe dieses Buches begegnet; sie wurden als Quellen im Literaturverzeichnis genannt. Zusätzlich und noch einmal besonders hervorzuheben wären da Dieter Baacke, der mich schon bei unserer ersten Begegnung vor etwa 15 Jahren mit seiner menschenfreundlichen Art sehr beeindruckte und mein Interesse an der „Jugendforschung" entfachte, und Robert Jungk, der mich mit seinem optimistischen Zuspruch immer wieder motivierte;
- selbstverständlich allen InterviewpartnerInnen;
- „Prof." Ansgar Klein für diverse Anregungen und Leihgaben aus seiner umfangreichen politik- und sozialwissenschaftlichen Bibliothek;
- Antje Pfeffer für die Beschaffung weiterer rarer Buchtitel, Texterfassung mehrerer Interviews und aufmerksame Begleitung beim Treffen der Jesus Freaks in Gotha;
- Anja Kohtz für die Transkription zahlreicher Interviews;
- Conny Agel, Harald Hauswald und Jan Christoph Wiechmann für die Beteiligung bei diversen Interviews;
- Raimund Bezold für Vorschuß und fünf Jahre Geduld;
- Joachim Kersten für Gespräche und weise Gedanken;
- Boris Geilert für langjährige fotografische Begleitung und Dokumentation.
- Doris Hofer für Texterfassung, Interviews, Kritik & Ideen, fast unerschöpfliche Geduld und vieles mehr.

Sie alle sind nicht verantwortlich für das Gesamtprodukt, das Ihnen hoffentlich dennoch eine anregende Lektüre sein möge.

kf, Berlin, 28. Februar 2001

Buchanzeigen

Kleine Ethnologie des Alltags

Hermann Bausinger
Typisch deutsch
Wie deutsch sind die Deutschen?
2., durchgesehene Auflage. 2000. 176 Seiten. Paperback
Beck'sche Reihe Band 1348

Thomas Bergmann
Giftzwerge
Wenn der Nachbar zum Feind wird
90. Tausend. 1992. 183 Seiten. Paperback
Beck'sche Reihe Band 473

Karl Bruckmaier
Sound*****
Die 101 wichtigsten Platten der Popgeschichte
2., unveränderte Auflage. 2000. 172 Seiten. Paperback
Beck'sche Reihe Band 1293

Martin M. Coers
Friede, Freude, Eierkuchen
Die Technoszene
2000. 188 Seiten mit 22 Abbildungen. Paperback
Beck'sche Reihe Band 1374

Rainer Moritz
Das FrauenMännerUnterscheidungsBuch
1999. 147 Seiten. Paperback
Beck'sche Reihe Band 1314

Dieter Thomä
Unter Amerikanern
Eine Lebensart wird besichtigt
2000. 197 Seiten. Paperback
Beck'sche Reihe Band 1394

Verlag C. H. Beck München

Farin, Klaus/Seidel-Pielen, Eberhard
Skinheads
4. Auflage. 1997. 224 Seiten mit 32 Abbildungen. Paperback
Beck'sche Reihe Band 1003

„‚Skinheads' ist ein unverzichtbares Buch für alle, die aus beruflichen Gründen mit Jugendlichen zu tun haben."
Burkhard Schröder, Jugendarbeit und Rechtsextremismus

„die sehr differenzierte Beschreibung einer proletarischen Jugendkultur"
Franz Kotteder, Süddeutsche Zeitung

„Ein ebenso bedrückendes wie informatives Buch."
ARD/ZDF-Videotextprogramm

„bitter notwendige Begriffsklärung"
Dirk Schümer, Frankfurter Allgemeine Zeitung

„Farin und Seidel-Pielen kommt das Verdienst zu, ein in der öffentlichen Diskussion stets ausgespartes Thema beim Namen zu nennen."
Karl-Heinz Breier, Süddeutsche Zeitung

„ohne Vorurteile und Scheuklappen"
Magnus Zawodsky, Wissenschaft und Technik

„lesenswert ... gewährt gute Einblicke in die Szene"
Hans Fenske, Das Historisch-Politische Buch

„sie wagen es, die Jugendlichen authentisch in ihrer eigenen Sprache zu Wort kommen zu lassen, um somit vielleicht die Sprach- und Verständnislosigkeit zwischen den Generationen abzubauen"
Werner Fleischer, Außerschulische Bildung

„Sehr sensibel charakterisieren Klaus Farin und Eberhard Seidel-Pielen den sozialpsychologischen Resonanzboden für rassistische Ideologien."
Karl-Heinz Breier, Süddeutsche Zeitung

„Das Buch vermittelt eine sehr differenzierte Analyse, die den Blick auf die Skins verändert" Gratwanderungen

„‚Skinheads' ist ein unverzichtbares Buch für Lehrer und Sozialarbeiter"
Burkhard Schröder, Deutsche Lehrerzeitung

Verlag C. H. Beck München